# 物归其境

## 考古人类学的观念与方法

田雪青
王毓川
著

新华出版社

图书在版编目（CIP）数据

物归其境：考古人类学的观念与方法 / 田雪青，王
毓川著.
　—北京：新华出版社，2022.7
　ISBN 978-7-5166-6330-1


Ⅰ.①物…　Ⅱ.田…　②王…　Ⅲ.①考古学—人类
学—研究　Ⅳ.①K85

中国版本图书馆CIP数据核字（2022）第122402号


**物归其境：考古人类学的观念与方法**

作　　者：田雪青　王毓川

责任编辑：蒋小云　　　　　　　　封面设计：中尚图

出版发行：新华出版社
地　　址：北京石景山区京原路8号　　邮　　编：100040
网　　址：http://www.xinhuapub.com
经　　销：新华书店
　　　　　新华出版社天猫旗舰店、京东旗舰店及各大网店
购书热线：010-63077122　　　中国新闻书店购书热线：010-63072012

照　　排：中尚图
印　　刷：天津中印联印务有限公司

成品尺寸：240mm×170mm，1/16
印　　张：15.5　　　　　　　　字　　数：198千字
版　　次：2022年7月第一版　　　印　　次：2022年7月第一次印刷
书　　号：ISBN 978-7-5166-6330-1
定　　价：68.00元

本书献给云南大学文物与博物馆学系和民族学与社会学学院

以此感谢七年来对我们的培养和支持

# 序：何为真相

让我们从一个故事开始说起。2017 年，为了给硕士学位论文收集资料，我去到了中国国家博物馆，当第一次见到司母戊鼎（也称后母戊鼎）的实物时，我被这件庞大的青铜器所震撼，虽然从初中历史课本的图片上就早已经知道它的样貌，但我仍然想把它的每个细节都刻在脑海里。正当我在欣赏这件国宝时，旁边的一位小朋友向他爸爸发问："这是用来干什么的？"他的爸爸回答道："这是用来放在院子里面做摆设的。"我心中暗想怎么可能，这分明是作祭祀之用。此时旁边的一对年轻情侣也在讨论这件青铜器，那位男士的意见认为这是用来煮东西的，身旁的女士则认为是古代皇宫里面的工艺品。看在他们与我年纪相仿，加上我没忍住，便插入他们的聊天之中，给他们解释鼎的功能，商王文丁如何用它祭祀，商朝时候还没有皇帝等等。但他们似乎并无心听我解释，只是客气地回应几句后便走开了。旁边一位老者听到了我们的谈话，待这对年轻情侣走后便和我说："小伙子，你的说法也不太对，这个鼎是象征着国家，古代王朝建国的时候，都要铸造一个大鼎，就像这个一样。"当时确实想和这位老者争辩几句，但毕竟是长辈，便礼貌地回答了一下。正当我感慨参观者们都不注意看博物馆为参观者提供的文物简介资料时，旁边又围上了一个旅游团，大家更是各抒己见。

如果大家喜欢逛博物馆，会发现这样的现象十分常见，甚至在一些历史文化类的旅游景点也时常发生。或许可以归咎于宣传教育问题，也或许可以归结于个人的知识储备问题，但我们内心总会有这样一想法："他们说错了，我知道的才是对的。"

在博士研究生的学习阶段，我开始深入的学习人类学的相关知识，2019 年我在云南省博物馆做一些志愿工作的时候，再次遇到的当年在国家博物馆遇到的情况，发现参观者们似乎对文物都有自己的解释。当我脑海中再冒出来"他们错了"这个念头时，我所储备的人类学知识告诉我这个想法十分危险，这时我才意识到问题远没那么简单。我开始思考这样这些问题：他们为什么会这样认为？他们真的错了吗？谁才是正确的？随着学习的延伸并且在读了很多人类学的著作之后，我慢慢理解了"他者"的视角，也开始明白我所知道的"常识"对别人来说并不是"常识"，反之亦然。这似乎开始走入哲学领域，也在老师们的建议下，进一步去了解了马克思主义和唯物史观，也开始阅读米歇尔·福科、欧文·潘若夫斯基、罗兰·巴尔特等人的著作，当然也包括冯友兰的《中国哲学史》，发现哲学对社会科学的研究是大有裨益的。在阅读和学习的过程中，我开始对这个问题有了一个比较初步的答案，他们之所以会对一个事物做出不同的回答，与每个人的知识谱系有关，而知识谱系的形成则是以文化情境为基础的。

如果在时间上延伸的话，我们今天的想法就已经如此多样，那么与几百年、几千年甚至几万年前的人们所想的是不是一样，他们当时在制作一件器物时是怎么想的，到底是他们错了还是我们错了？

当我的朋友们知道我的专业是考古学时，常常会开一个玩笑，说如果在挖掘的时候一具尸体突然复活了你怕不怕。我也会回答他们但愿如此，我最希望的就是他突然活过来告诉我他在做这个东西时是怎么想的。这显然是不可能的，那些已经逝去的人是不会亲口告诉我们这件器物的含义到底是什么，但正如法医界流行的"让死人开口说话"一样，古人通过文字、遗物遗迹，甚至自然环境，或有意或无意地告诉了我们他们是怎么想的。如果我们仔细寻找，能够穿越时空和古人对话，让古人"告诉"我们，这件文物的意义。

这显然是考古学一直在做的事情，对出土文物的解释是考古工作的重点，但在解释的过程当中，必须思考一个问题：这样的解释对吗？我们往往会跳入一个陷阱，因为我们现在对文物的解释是基于我们自己的知识谱系和文化情境，并且十分自傲地认为我们的知识谱系远比古人先进的多。在这样的情况下我们所做出的解释，是否和古人制作这件器物的初衷是一致的？如果是一致的，那似乎可以说是正确的解释，那如果不一致的话，是我们去指责古人的想法是错的呢还是指责自己错了？如果再把逻辑往前走一步的话，就出现了下一个问题：我们又是怎么判断我们和古人的想法是否一致的？真相到底是什么？如果这个问题再绕下去，可能就会陷入诡辩论的漩涡中了。

所以我们必须坚持一个原则：证据。要回答以上的一系列问题，就是要找出证据，可能是文字记载，可能是出土文物，也可能是记忆、传说、口述史等等，我们要用证据来证明他们是怎么想的而不是凭空的猜测。

因此要理解我在国家博物馆时遇到的情况，在证据的基础之上，人类学和考古学能提供很大的帮助，这本书就是围绕这两门学科展开讨论的。当前，社会上掀起了一股考古学热潮，小说、综艺节目都在推波助澜，我们也看到这个专业在各高校的招生数量日益扩大，身处这股热潮之中，更是要冷静思考，认真梳理各种理论和方法，厘清人类学和考古学之间的关系，坐好热潮中的冷板凳。

从总体上来说，我认为我的研究并没有提出什么理论，仅仅是通过人类学和考古学的理论梳理表达出如何用人类学的理论来解释考古材料的一种观念，所以本书以"观念"来命名，也想说明这仅仅是一家之言，也许可能会遭到批评甚至被驳倒，但这在科学的发展历程中是非常正常的事情，因此希望本书的读者能够加入讨论之中，共同来寻找真相。但如果本书所提出的观念能为今后的研究提供一些帮助或启示的话，那么这本书的目的也就达到了。

本书在写作的过程中，始终严格遵守学术规范，凡引用他人之说，必会标注出处。同时为了保持准确性和科学性，所引文献以 CSSCI 引文索引为主，所引著作均是在学术界产生一定影响力的学者所著。对于外文资料，尽量参看原著，并结合汉译本对翻译问题进行综合考虑，因此可能会与已出版的译著所做翻译略有不同，但同样会标注引文来源。

本书也得到了很多同学和老师们的帮助，才勉强保持住了本书的"学术性"。并且在写作过程中，力求逻辑清晰、语言精练，但迫于自身水平有限，一些地方可能出现疏漏或者错误，在此诚恳致歉并希望各位专家学者批评指导。

谨以上为序

王毓川　田雪青

2022 年立春

# 目　录

绪论：重提考古人类学

## 第一章　考古学和人类学的交集

## 第二章　考古人类学的中国化

# 绪论：重提考古人类学

100 年来，几代考古人筚路蓝缕、不懈努力，取得一系列重大考古发现，展现了中华文明起源、发展脉络、灿烂成就和对世界文明的重大贡献，为更好认识源远流长、博大精深的中华文明发挥了重要作用。

——习近平:《致仰韶文化发现和中国现代考古学诞生 100 周年的贺信》

2020 年 9 月 28 日，习近平总书记在中央政治局第二十三次集体学习时强调:"要做好考古成果的挖掘、整理、阐释工作。考古学界要会同经济、法律、政治、文化、社会、生态、科技、医学等领域研究人员，做好出土文物和遗址的研究阐释工作，把我国文明起源和发展以及对人类的重大贡献更加清晰、更加全面地呈现出来，更好发挥以史育人作用。"[①]习近平总书记强调的关键一点就是对考古成果的阐释工作，这也是考古学的最终落脚点，但以何种理论和方法来对考古资料进行阐释，一直是考古学研究的重中之重。

实践要有理论的指导，对考古资料的阐释，也要建立在理论基础之上。考古学发展至今，理论体系已经十分丰富，其中考古人类学作为考古学理论体系中的一环，同样也能对考古资料的阐释起到指导作用。

---

[①] 习近平:《建设中国特色中国风格中国气派的考古学 更好认识源远流长博大精深的中华文明》，载《求是》，2020 年 23 期，第 1 页。

　　我们先从这个名词开始谈起。考古人类学翻译自单词"Ethnoarchaeology"，由"Ethnology"和"Archaeology"两个单词拼合而成。在许多著作中，还有 Anthropology for Archaeology、Archaeological Ethnography、Ethnographic Archaeology、Ethnography for Archaeology 等相关词出现，由于"Ethnoarchaeology"一词在国内外学术界获得较为普遍的承认，并逐渐成为一种习惯性用法，因此在本书中继续沿用这一词作为指代这一学科的英文名词。在中文翻译上，1983 年这一单词由梁钊韬和张寿祺首次翻译为"民族考古学"，[①] 对于这一翻译是否准确目前还在讨论中，因此一些著作还会翻译为"民族考古志""民族学的考古学""考古民族学"等。而"考古人类学"一词由张光直提出，[②] 本文之所以选择这样的翻译，是从"民族学"和"人类学"两个词语的区别与联系来理解的。

　　关于人类学、民族学、考古学等学科的名称和归类问题学术界一直有争论，从研究对象上来说，20 世纪八九十年代，人类学研究汉族，民族学研究少数民族。进入 21 世纪以来，民族学扩展到汉族研究，人类学也同样关注少数民族的问题。从研究内容上来说，人类学初步定义为人类的知识，包含了人类社会的各个领域，去了解社会文化的结构和变化，但与其他学科没有多少交叉，也没突出学科特色，于是人类学从整体出发，进行"概化"的研究，通过主位的视角，研究产生各个联系的细节，关注文化与社会，用自己的独特视角去解释人类社会和文化的变化发展，这便是民族学与人类学的学术视野。人类学（Anthropology）这一术语常被看作是民族学（Ethnology）的同义词，Ethnology 一词最早出现在 1607 年。但是作为一个学科的名称来使用，则是 1830 年法国著名科学家让·雅克·昂佩勒（Ampere

---

① 梁钊韬、张寿祺：《论"民族考古学"》，载《社会科学战线》，1983年04期，第206–213页。

② 张光直：《考古人类学随笔》，北京：生活·读书·新知三联书店，1999年版。

J.）提出的，他将民族学作为人文科学的一门学科。1839 年法国博物学家爱德华（Edwards M.）将这个词用作巴黎民族学会的称号，该学会是世界上最早成立的民族学会，其当时的主要任务是研究欧洲历史上各个民族的起源与关系。到 19 世纪中期以后，民族学进一步明确了自己的研究范围，即"对人类文化和作为社会动物的人类进行比较研究"。[①] 从早期对民族学的理解可以看出民族学和人类学在研究内容上也具有一致性。从研究方法上来说，民族学和人类学也是一致的，即都是运用参与观察等田野调查的方法，多进行比较研究。[②] 因此不管是从研究对象、内容还是方法上看，民族学和人类学之间的界限十分模糊，人类学基本上等同于民族学，二者彼此间也经常互相统一。[③]

在国外，大体上来说美国多采用文化人类学（Cultural Anthropology）一词，英国多用社会人类学（Society Anthropology），欧洲则多叫民族学（Ethnology），可以看出同一门学科在不同的国家和地区就有三种不同的称呼。[④] 列维－斯特劳斯针对有关文化人类学与社会人类学的争论指出："文化人类学和社会人类学所包括的范围其实是相同的，只是前者从技术和事物的研究出发，然后及于决定社会生活方式的超技术方面的意识和政治活动；而后者却是从社会生活的研究出发，然后及于表现意识和政治活动的技术事物。好比是同样的两本书，内容分章相同，安排的顺序及页次却各不相同。"我国著名学者杨堃也指出："研究人类的社会生活的，叫作文化

---

① 夏建中：《文化人类学理论学派——文化研究的历史》，北京：中国人民大学出版社，1997年，第2页。

② 王建民：《中国民族学史》，昆明：云南教育出版社，1997年，第3页。

③ 林耀华：《民族学通论（修订本）》，北京：中央民族大学出版社，1997年，第1页。

④ 夏建中：《文化人类学理论学派——文化研究的历史》，北京：中国人民大学出版社，1997年，第2页。

人类学或社会人类学，亦即我们所说的民族学。"① 正如费孝通主张对于人类学和民族学要注重研究内容而不是学科的名称。

　　虽然说将力量用于区分民族学和人类学的名称问题没有太大的意义，但从学术界现在的发展情况来看，"人类学"这个名词有逐步取代"民族学"而成为通用术语的趋势。② 尤其是在今天强调"中华民族共同体意识"的背景下，很多研究都是对一个地区的群体而展开，越来越难找到纯粹就以一个民族为对象展开研究的学者。同时，我们讨论的重点之一便是"文化"，而非集中于少数民族问题，因此为了体现学科特色，本书采用"考古人类学"一词作为"Ethnoarchaeology"的翻译，也作为接下来要讨论的关键词。要说明的是，由于人类学还分为体质人类学和文化人类学，就目前学界的情况来看，常常用"人类学"直接指代"文化人类学"，当要研究人体进化和变化机理时，往往会强调"体质人类学"一词，故本文也遵循这一惯例，凡出现"人类学"一词，即指"文化人类学"。另外由于民族学和人类学两个名词为同义词，并且考古人类学和民族考古学也是由同一单词翻译而来，因此在文本的书写中，视行文情况以及在引用时尊重不同学者的观点而将这些词汇交叉使用，不做概念上的区分。

　　美国考古学家杰西·沃尔特·费克斯（Jesse Fewkes）在 1901 年首次提到"人类学 – 考古学家"（Ethno-archaeologist），并鼓励考古学家开展自己的人类学田野调查实地工作。③ 直到 20 世纪 50 年代末和 60 年代，随着考古学家开始探索考古人类学可能具有的应用，人们才广泛接受考古人类学

---

① 夏建中：《文化人类学理论学派——文化研究的历史》，北京：中国人民大学出版社，1997年，第3页。

② 夏建中：《文化人类学理论学派——文化研究的历史》，北京：中国人民大学出版社，1997年，第3页。

③ Fewkes, J. *Tusayan Migration Traditions*. Washington: Washington Government Printing Office. 1901. pp.579.

作为考古学真正的分支学科。[1]

关于考古人类学的概念问题，西方学者们做过很多定义，在此摘录部分如下表所示。[2]

| 学者名 | 定义 |
| --- | --- |
| 迈克尔·斯坦尼斯拉斯基（Stanislawski） | 在活的（通常是非工业）人群中直接观察或参与观察并研究人工制品的形式、制作、分布、意义和使用，他们的制度化设置以用与之相关的社会单位[3] |
| 理查德·古尔德（Gould） | 为考古学目的开展民族志研究，将物质遗存与产生他们的人类行为联系起来[4] |
| 克里斯托弗·汉克斯（Hanks） | 运用考古学方法处理民族志资料[5] |
| 阿蕾尼·加里和埃里克·休塞康姆（Gallay and Huysecom） | 考古学的参照科学。当考古学重建历史图景并试图推断出类型学规则时，考古人类学试图通过在现代所作的观察；借由研究其起源机制，发现那些规则的内在原因[6] |
| 爱德华·斯达斯基和利文斯通·苏特罗（Staski and Sutro） | 通过实地观察或文献对民族志或历史情境的研究，以提取有助于理解任一时空内人类行为模式和物质文化的关系的信息[7] |

---

[1] David, N. and Kramer, C. *Ethnoarchaeology in action*. New York: Cambridge University Press. 2001. pp.6–31.

[2] （美）尼古拉斯·戴维，（美）卡罗·克拉莫 著，郭立新，姚崇新 等 译：《民族考古学实践》，长沙：岳麓书社，2009年，第11页。

[3] Stanislawski, M. B. *Ethnoarchaeology of Hopi and Hopi-Tewa pottery-making: styles of learning*. New York: Columbia University Press.1977, pp.379.

[4] Gould, R. A. *Beyond analogy in ethnoarchaeology. In Explorations in ethnoarchaeology*. Albuquerque: University of New Mexico. 1978, pp. 249–293.

[5] Hanks, C. C. *An ethnoarchaeological approach to the seasonality of historic Cree sites in central Quebec*. Arctic 1983（36），pp.351.

[6] Gallay, A. and Huysecom, E. *Ethnoarchéologie africaine.Documents du Département d'Anthropologie et d'Ecologie*. Geneva: Université de Genève. 1989, pp.49.

[7] Staski, E. and Sutro, L. D. *The ethnoarchaeology of reuse disposal*. Anthropological Research Papers 42. Tempe: Arizona State University. 1991,pp.2.

| 学者名 | 定义 |
| --- | --- |
| 威廉姆·朗格克里（Longacre） | 由考古学家开展的对物质文化变异性以及它与人类行为和现存社会组织关系的研究，这种研究用于考古学阐释[①] |
| 鲁迪格·沃森（Vossen） | 联结着人类学的文化科学和考古学……从方法论的角度，包括两个不同的研究途径："活的考古学"（living archaeology）和"实验考古学"（experimental archaeology）[②] |
| 法瑞德·卡汉（Khan） | 研究那些在考古学上可以观察到特殊现象的现代（当代）和传统过程[③] |
| 斯科特·迈克阿舍尼（MacEachern） | 活着的人们与考古学重建的交集[④] |
| 卡罗·克拉莫（Krammer） | 出于提升考古学研究的动机而进行田野工作，积累可能在考古记录上留下可辨认/识别遗存的某些社会文化行为的文献[⑤] |

　　以上所示的仅是部分概念，可以初步了解西方学术界对考古人类学的一些讨论，更多的概念讨论将会在文中一一呈现。随着中外学术交流的逐渐频繁，20世纪80年代，这一概念被引入中国，以梁钊韬、张寿祺、容观复、汪宁生、童恩正等一批学者投入对考古人类学的研究之中，产生了一批重要的成果，为这一学科的发展做出了巨大的贡献。"考古人类学"作为

① Longacre, W. A. *Ceramic ethnoarchaeology: an introduction*. In Ceramic ethnoarchaeology, W. A. Longacre (ed.), pp.1–10. Tucson: University of Arizona Press. 1991, pp.1.

② Vossen, N. *Ethnoarchaologie: ü ber die Enstehung und Zielsetzung einer neuen Wissenschaft*. Ethnographische–Archaologische Zeitschrift 1992（33），pp.4–5.

③ Khan, F. *The potential of ethnoarchaeology with special reference to recent archaeological work in Bannu district, Pakistan*. In Living traditions: studies in the ethnoarchaeology of South Asia, B. Allchin (ed.), New Delhi: Oxford and IBH Publishing Co. Pvt. Ltd. 1994, pp.83.

④ MacEachern, A. S. *Symbolic reservoirs and cultural relations between ethnic groups: West African example*. African Archaeological Review 1994（12），pp.245.

⑤ Krammer, C. *Ethnoarchaeology*. In Encyclopedia of Cultural Anthropology. D. Levinson and M. Ember (eds.), New York: Henry Holt and Co. 1996, pp.396–9.

一个舶来词，在梁钊韬和张寿祺刚刚引入的时候，翻译为"民族考古学"，同时给出的定义是"以民族学的方法和资料，跟考古学的方法和资料，与历史学的文献互相印证，互相补充、互相综合，对一些历史性的事物，做出更深入细致的说明"①。

对于这一概念，容观夐做出了进一步的说明，认为民族考古学是以考古实物为对象，通过民族志资料、历史文献来研究考古实物的内涵，即从研究一个现代落后民族部落的行为去推断考古学文化遗存，以今论古、以今证古的民族志类比分析法来重建人类历史的过去。②张寿祺则又提出了民族考古学的另外一种指向，认为民族考古学是人类学家将一些从事民族志研究的人训练成为像田野考古工作者一样的，这门科学乃被设计成为适合考古学家的特殊需要，而成为考古学者在他们工作中对于文物遗迹罕见的一些问题能觅得解决的线索。③这两种指向的差异在于一种是以民族志的材料对考古材料进行研究，另一种是在民族学的研究中加入考古学的研究方法。

很多考古学家支持第一种指向，如汪宁生认为民族考古学是将民族学材料和考古学材料的比较研究。④李仰松同样认为民族考古以史前考古和民族志有关实物资料为起点，由已知探求未知，在可比性条件下对考古材料进行诠释。⑤宋兆麟也支持此观点认为民族学田野调查能收集到很多现代少

---

① 梁钊韬、张寿祺：《论"民族考古学"》，载《社会科学战线》，1983年第04期，第211页。

② 容观夐：《科学研究必须从最顽强的事实出发——评〈论民族考古与"民族考古学"〉一文》，载《中山大学学报（哲学社会科学版）》，1987年02期，第140页。

③ 张寿祺：《关于"民族考古学"形成的时间与因素诸问题》，载《社会科学战线》，1988年01期，第333页。

④ 汪宁生：《论民族考古学》，载《社会科学战线》，1987年02期，第315页。

⑤ 李仰松：《民族考古学论文集》，北京：科学出版社，1998年，第3页。

数民族的资料，这些资料能与考古资料进行比较，并复原古代社会。①

20 世纪 90 年代后，民族考古学出现了第三种指向。童恩正提出民族考古学是一种研究现代少数民族历史的考古学。②王恒杰则认为中国的民族考古学是研究中国古代民族的考古学文化。③张增祺也持此观点，并对西南地区古代少数民族的文化做了很多详细的研究。④但无论是现代民族的历史进行考古学的研究还是对古代民族的考古，其研究对象都是民族，研究目的是探寻现代民族的历史抑或古代民族的历史。

但随着老一辈学者的相继逝世，关于考古学和人类学相结合的讨论似乎陷入一种停滞状态。20 世纪，考古人类学理论体系的建设并没有完成，不管是在中国还是在西方，考古人类学理论指向并不统一，以至于至今没有一个较为统一的、完整的、体系化的考古人类学理论，虽然现在不断有学者加入对考古人类学的研究中，但依然充满分歧和争论。当然，这样的争论对于一门学科的建立和完善是非常有益的，正是在争论之下，考古人类学才有了进一步发展的希望。

在新时代，我们要建设的是一个中国特色、中国风格、中国气派的考古学，因此要进一步丰富和完善中国考古学的理论体系。在这一时期重提考古人类学，一方面是对考古人类学的发展史做出回顾和总结；另一方面，也是最重要的一点，即对考古人类学的理论与方法做出反思、补充，力求将其建构为一个较为完善的、准确的理论体系，为考古资料的阐释提供一个视角。

---

① 宋兆麟：《另一条考古之路——民族考古研究的回顾》，载《史前研究》，2004 年第 00 期，第 89 页。

② 童恩正：《南方——中华民族古文明的重要孕育之地（发刊词）》，载《南方民族考古》，1987 年第 01 期，第 5-11 页。

③ 王恒杰、张雪慧：《民族考古学基础》，北京：中央民族大学出版社，1999 年，第 4 页。

④ 张增祺：《中国西南民族考古》，昆明：云南人民出版社，2012 年。

　　基于以上，本书的研究主题十分明确，即在理清人类学和考古学的关系基础上，回答"什么是考古人类学"及"如何利用考古人类学"的问题。我们主要集中在以下几个方面展开分析：一是对人类学和考古学的结合过程做出回顾，对西方考古人类学的起源与发展做出述评，通过分析人类学和考古学的结合历程，理解考古人类学这一概念的内容；二是对考古学和人类学在中国结合的过程做出述评，剖析考古人类学进入中国后的发展与实践；三是基于学术史的基础上阐释考古人类学的基本观念；四是以例说明考古人类学如何指导对考古资料的阐释，即方法论问题。

　　总之，考古人类学作为一个旧概念在当下被重提，尤其是在建设中国特色考古学体系这一关键阶段，说明这一学科在经历了长期的发展仍然具有强大的活力，但直到目前为止，对这一学科的体系脉络梳理并不清晰，以导致对这门学科的本质把握出现偏差，因此要了解这一学科的本质，要从解析学术史开始。

# 第一章　考古学和人类学的交集

> 考古学、现在和过去、主观和客观都处在不断变化的辩证关系中，它们和我们相互依赖，相互生成。[①]
> ——（英）伊恩·霍德、（美）斯科特·赫特森：《阅读过去：考古学阐释的当代取向》

现代考古学诞生于 19 世纪，在均变论的影响下，地质学家查尔斯·莱尔（Charles Lyell）在 1833 年提出古代的情况在本质上和当代类似或者相"契合"，人类的历史也是如此，这标志着现代考古学的一个基本概念：过去和现在有许多方面是非常相似的。[②]随后，汤姆森（Thomsen, C. J.）三期论的提出奠定了对遗迹遗物研究和分类的基本原则。1871 年，海因里希·谢里曼（Heinrich Schliemann）雇用了大量工人试图挖掘特洛伊城，他采用探方工作的方式标志着现代考古挖掘工作的诞生。[③]

现代考古学从诞生开始就和人类学密不可分。相对于考古学来说，现

---

[①]（英）伊恩·霍德、（美）斯科特·赫特森著；徐坚译：《阅读过去：考古学阐释的当代取向》，北京：北京大学出版社，2020年，第252页。

[②]（英）科林·伦福、保罗·巴恩 著，中国社会科学院考古研究所 译：《考古学：理论、方法与实践》，北京：文物出版社，2004年，第24页。

[③]（美）布赖恩·费根 著，袁媛 译：《考古学与史前文明》，北京：中信出版社，2020年，第10页。

代人类学建立的时间更早，虽然和考古学一样，古代的很多思想家已经对人类文化展开过研究，但不可否认的是现代人类学是伴随着殖民掠夺建立的。第一次工业革命后，殖民掠夺在 19 世纪走向了一个高峰，英国、法国等国为了更好地进行殖民统治，开始对被殖民地的土著居民展开系统性的研究，如普里查德（Prichard, James）在 19 世纪初就开始这样的工作。他利用同国外水手交流的机会，了解异文化的一些情况，这些记录写在了 1843 年出版的《人类自然史》一书上。

1839 年，巴黎民族学会成立。作为第一个人类学的专业性机构，他们的目的是帮助当局了解被法国殖民的海地、阿尔及利亚、波利尼西亚等地方的土著居民，以更好地展开殖民活动。此后，1842 年美国民族学会成立，1843 年英国民族学会成立，同年开始出版专门的学术期刊。虽然现代人类学和考古学都是作为工业革命和殖民主义的产物，但我们仍然不可否认人类学和考古学为人类社会的发展所做出的巨大贡献。人类学建立之初，深受达尔文进化论的影响，诞生了人类学的第一个学派——古典进化论学派。这一学派的思想很快渗透到考古学领域，在欧洲对于石器时代展开的研究中，考古学家们很乐意看到史前文明的落后并且为自己有着先进的工业文明而沾沾自喜。美国人也非常乐意分享这种看法，他们一边夺取着印第安人的土地，一边在中美洲的考古工作中将美洲土著的遗存视作印第安人落后的证据。也就是在这一时期，人类学和考古学开始融为一体。如果从学科建设的角度来说，人类学和考古学从大范围上来看，可以说是同时建立，并在此后同时发展的。人类学理论的每次一转向，都直接影响了考古学理论的转向，可以说如果抛开人类学，考古学是无法独立发展为像今天一样完善的学科。

当然，任何学科的发展都离不开其他学科的帮助，但很少有学科像人类学和考古学那样存在如此多的交集，在这交集中最典型的就是考古人类学。至少从命名上来看，考古人类学就是人类学和考古学相结合的典型代表，但考古人类学的内涵远比它的名字复杂得多。考古人类学的发展史，就是一部人类学和考古学的融合史。只有通过对人类学和考古学关系史的讨论，才能真正理清考古人类学的思想脉络。

# 第一节　物与文化：考古学对人类学的关注

## 一、进化考古学：考古学和人类学的初步结合

　　从 19 世纪中叶开始，人类学和考古学开始走到一起，最先做到这一点是英国考古学家、生物学家、政治家约翰·卢伯克（John Lubbock），后来被授予艾夫伯里勋爵（Lord Avebury）。

　　他的代表作《史前时代：用古代遗存和现代野蛮人的生活方式与习俗来说明》①一书就已经带有强烈的人类学倾向，在他的书中，所谓的"现代野蛮人"指的是霍屯督人、维达人②、安达曼群岛岛民、澳大

约翰·卢伯克（1834—1913）

利亚土著、塔斯马尼亚人、斐济人、毛利人、塔希提人③、汤加人、因纽特人、北美印第安人、巴拉圭人、巴塔哥尼亚人④和富甘人⑤。卢伯克在书

---

① Pre-historic Times, as Illustrated by Ancient Remains, and the Manners and Customs of Modern Savages, 此书于1865年在美国出版，至1913年共再版七次，在当时颇有影响力，一度被作为考古学教材使用，第七版之后由于影响力衰退加之强烈的民族主义思想便未再版，至今卢伯克的著作仅有《人生的乐趣》一书被译为中文版。

② Veddahs, 斯里兰卡土著居民。

③ Tahitians, 法属比例尼西亚岛土著居民。

④ Patagonians, 南美阿根廷和智利南部的巴塔哥尼亚印第安人，主要包括特维尔切人、亨纳肯人和阿劳坎人。

⑤ 南美洲南端土著居民，由于受天花影响人口急剧减少，1999年最后一位纯血统富甘人去世。

中指出，这些"野蛮人"的生活习性与史前人类具有"相似性"，因此他将"原始、野蛮"人群与史前人类进行类比。卢伯克这种思想的产生与进化论有直接的关系，他既是达尔文的邻居，也是进化论的坚定支持者，因此他认为"直线进化论"对考古学具有重要的解释意义，虽然他注意到由于受到环境的影响不同地区的人类进化程度会出现差异，但他坚持认为这些差异并不是文化的多元化，而是进化的先后程度不同，现代社会（他所指的现代社会是 19 世纪）依然存在很多"原始"人群，这些"原始"人群的生活习俗与石器时代的人类是一样的，因为他们的进化"停留"在了原始人类阶段，因此可以用现代野蛮人的生活方式与习俗来解释史前人类的文化。

如果从当时欧洲的人类学发展情况来看，卢伯克的思想也是殖民主义人类学背景下的产物。19 世纪的欧洲学者认为人类学就是研究其他的"异文化"和本文化的"民俗学"。他们对人类学并没有清晰的认识，认为人类学就是对域外的、殖民地的土著居民进行研究，以"野蛮人"和"原始文化"作为研究对象。

在殖民贸易和进化论的共同催生下，除殖民贸易商人和殖民统治官员的需要了解当地土著的社会经济因素之外，殖民当局的政府官员和传教士将他们在当地的所见所闻报道给国内，也引起人们的极大兴趣。因此，学者研究的方向也为之一变，从前专攻欧洲考古学和欧洲古代史的人，渐渐转向比较语言学、比较宗教学、异民族文化风俗的人类学研究。1874 年，斯宾塞的《社会学原理》出版，在书中，斯宾塞将生物进化与社会进化视为本质相同的事物。他认为社会的发展一方面受地理环境和相邻社会的影响，另一方面受既定群体中个体成员的体质、智力特质的影响，而后者是受遗传决定的。在此基础上，他进一步将达尔文的自然选择与自己的最适者生存理论结合起来，用以解释社会也与生物个体的变异一样，自然选择过程将导致最强竞争者的生存和人口质量的不断改进，从而为"弱肉强食"的强权政治行为提供了理论基础。[①]

纵观卢伯克的学术生涯会发现，他在种族主义、狭隘沙文主义的道路上越走越远，甚至提出进化是持续向前的，"原始"人群数量停滞不前或者人口减少是由于"进化的选择"，而且是他们"心甘情愿"的，这种观念虽然与自文艺复兴和启蒙运动以来欧洲兴起的人文主义和理性主义背道而驰，但却也是当时欧洲中上层贵族的普遍思想，虽然也有学者认为卢伯克提出这些思想是为了获取中上层贵族的支持而谋求政治资源。[②]但从根源上来说，是他受制于殖民主义盛行的时代桎梏。

值得关注的是，卢伯克所采用的方法，是用人类学田野资料为考古学研究提供支撑，他本人并没有亲自到过他所提到的"原始"人群的聚集地，但由于当时民族志书写的兴起，人类学家们在世界各地书写的民族志为卢伯克的研究提供了丰富的资料，用民族志材料来解释考古学的物质文化在卢伯克的宣扬下迅速成为热潮，很快被美国考古学家们接受。

当时人类学在美国的发展和欧洲一样，人类学家们将欧美文明视为文化的高阶段来看待其他文化，如路易斯·亨利·摩尔根的《古代社会》[③]就是典型例子，虽然摩尔根已经初步提出了文化相对论的观点，但还是没有完全摆脱进化论思想的局限性。[④]他把文化发展分为蒙昧、野蛮和文明三个

---

① 夏建中：《文化人类学理论学派——文化研究的历史》，北京：中国人民大学出版社，1997年，第13、19页。

② （加拿大）布鲁斯·G·特里格 著，陈淳 译：《考古学思想史》，北京：中国人民大学出版社，2010年，第137页。

③ 《古代社会》一书于1877年首次出版，中译版详见（美）路易斯·亨利·摩尔根 著，杨东莼、马雍、马巨 译：《古代社会》（新译本），北京：中央编译出版社，2007年。

④ 陈沛照、袁芳：《从〈古代社会〉看摩尔根的民族学思想》，载《湖北民族学院学报（哲学社会科学版）》，2016年34（01）期，第12-16页。

阶段，这三个阶段并不是按照时间划分的，而是按照"发展程度"划分的，例如他把波利尼西亚人和澳大利亚土著人一并放在蒙昧时代的中级阶段，与原始人类相等同。实际上，今天没有一个比较称职的研究文化的学者会把这两种民族的文化放在同一范畴内。[①] 但在当时的美国人类学界，这样的观念十分盛行。在这样的学术背景下，卢伯克的理论很快被美国考古学界所接纳。

随着中美洲和墨西哥地区一些玛雅城市遗迹被发现，卢伯克的理论受到了一些质疑，但很快便被人类学家们所压制。1881 年，摩尔根发表的一篇论文指出，中美洲所发现的石头建筑与易洛魁人的长屋同类，并以此证明新大陆的土著部落群体没有进化到比原始群体更高的社会。[②] 这一观点在当时的美国得到推崇，既反映了人类学家们对考古年代学的忽视，也反映了整体学术观的局限性。

考古学家们受此观念影响颇深，在对加州埃默里维尔贝墓葬发掘中，主持发掘的马克斯·乌勒（M. Uhle）曾指出所出土的物质资料"体现技术过程逐渐复杂和改善"，但另一位考古学家克罗伯（A. L. Kroeber）却反而以此为依据指出"这证明了这一地区的土著文化没有任何重大发展"。[③] 由此反映出，当时的考古学反而是为人类学的殖民主义和民族主义思潮服务的，对考古材料的解释都指向验证土著居民的"原始性"。

1879 年，美国民族学局成立，雇用了一批偏好将土著居民视为"原始"的人类学家，更是将这一观念推向高峰。可以看出，尽管美国的考古学在 19 世纪后期有了一些进步，但依然无法摆脱单线进化论思想下以卢伯克理

---

① 庄孔韶：《人类学经典导读》，北京：中国人民大学出版社，2008年，第10页。

② Lewis Henry Morgan, *Houses and House-life of the American Aborigine*, North American Ethnology 1881（4）. U. S. Geological and Geographical Survey of the Rocky Mountain Region.

③ Kroeber, A.L. *The archaeology of California*. In F. Boas et al.1909, pp.1–42.

论为指导的对考古材料的解释，完全可以视作欧洲殖民主义思想的翻版。

随着对澳大利亚、非洲等地的考古工作日益进步，进化考古学迅速占领的这些地区，并被广泛用于对这些地区出土的考古材料进行解释。如在澳大利亚，由于鲍德温·斯宾塞（Baldwin Spencer）和吉伦（F. J. Gillen）所著的《澳大利亚中部的土著部落》①在澳大利亚人类学界占有极高的地位，同时斯宾塞的思想一度指导了澳大利亚考古学界。在书中，斯宾塞提出澳大利亚的土著居民是"被困于低级野蛮人状态的人类较早童年期的后裔"。②在这样的思想引导下，直到20世纪早期，澳大利亚出土的一系列考古材料被用来证明"土著人在技术上毫无变化"。③

在非洲，进化考古学有了一些变化，考古学家们并不执着于用考古材料来解释非洲土著的"原始性"，而是用考古资料来贬低非洲文明的"落后性"，以此"证明"欧洲文明的"先进性"。例如著名的英国考古学家特鲁德·卡顿·汤普森（Gertrude Caton Thompson）在1929年对罗德西亚废墟（即今津巴布韦地区）的调查，得出的结论是这些建筑"材质低劣，不可能保持千年之久"因此"是班图人所建，年代肯定在公元之内"。④考古学家们在贬低非洲文明的同时，越来越多的考古发掘成果表明非洲的古代文明或许并不是那么落后，尤其是随着撒哈拉以南和埃及考古的进行，很多考古资料表明古代非洲在农业、冶金、艺术等方面的造诣并没有欧洲考古学家们想象的那么落后，但面对这些新的资料，考古学们却提出了另一观

---

① *The Native Tribes of Central Australia*. 此书于1899年首次出版。

② Spencer, W. B. *Guide to the Australian Ethnographical Collection in the National Museum of Victoria*. Melbourne: Government Printer. 1901, pp.12.

③ Murray, T. and White, J. P. *Cambridge in the bush? Archaeology in Australia and New Guinea*. World Archaeology. 1981（13）, pp.256.

④ Kuklick, H. *The Savage Within: The Social History of British Anthropology,1885–1945*. Cambridge: Cambridge University Press. 1991, pp.152–153.

点，认为古代非洲之所以能够产生如此成就，都是得益于欧洲和中东文化的传播，因此非洲文化仅仅是欧洲和中东文化的"衍生品"，这种观点以德国人类学家、考古学家利奥·费罗贝尼乌斯（Leo Frobenius）为代表，他在1910年的发表的一篇论文指出在尼日利亚的伊费地区（尼日利亚西南部城市）出土的青铜和陶制头像是"希腊早期文明在非洲大西洋沿岸传播的证据"。[①] 除此之外，当时在剑桥大学任教的迈尔斯·伯基特（Miles Burkitt）将南非出土的石器也解释为"受到欧洲旧石器时代、莫斯特时期的影响"。[②]虽然形式不同，但在非洲的考古学依然是以"欧洲中心论"为核心的，一方面是由于在非洲展开考古工作的学者大多都来自欧洲国家，而更重要的是殖民主义思潮和单线进化论的影响。

进化考古学存在很多的缺陷，其中最大的缺陷就是忽略文化的多样性，以单线进化论来对考古材料进行阐释。他们相信以当地所发现的考古资料可以证明当地土著社会发展的程度，并且由于带有强烈的种族主义和殖民主义倾向，所以哪怕把进化考古学称之为殖民主义考古学也不为过。但也就是在这一时期，考古学和人类学产生了交集并且结合日益紧密，考古学家的资料来源除了考古发掘以外，民族志成了考古学的另一主要资料。不管是有意还是无意，考古学的资料来源不再局限于出土文物，为跨学科的考古学奠定了基础。

---

① Willett, F. *Ife in the History of West African Sculpture*. London, Thames and Hudson.1967, pp.13–14.

② Burkitt, M.C. *Prehistory: A Study of Early Cultures in Europe and the Mediterranean Basin*. Cambridge: Cambridge University Press. 1921. *South Africa's Past in Stone and Paint*. Cambridge: Cambridge University Press. 1928.

## 二、文化历史考古学：对单线进化论的摒弃

考古学与人类学的结合既是进化考古学的优势，也是进化考古学走向没落的原因。由于进化考古学依靠的是同样受到单线进化论思想影响的人类学，导致进化考古学在面对越来越多的对出土器物的阐释时疲态渐显。对于东方，或者说对于中国，面对中国古代辉煌的文明成就，西方学者已经无法用进化考古学来进行解释，尤其是面对在中国文明影响下的南亚、东南亚地区同样有着超出西方学预想的古代文明。一些学者试图用"文化退化"来搪塞，[①] 但依然无法阻止进化考古学的没落。

最先开始跳出单线进化思维圈的是 20 世纪初期的澳大利亚考古学家。随着澳大利亚土著人的政治活动日益频繁，土著人的社会地位逐渐提高，考古学家开始思考一种可能性，即民族志中所描述的澳洲土著文化和考古发掘的史前文化可能没有直接联系。诺曼·廷德尔（Norman Tindale）在1929 年对澳大利亚南部德文唐斯遗址（The Devon Downs）的发掘中指出"从古代到现代土著人栖息的时期中可能发生过文化变迁"。他们开始关注澳大利亚原始文化的独特性，并就澳大利亚所发现的原始文化遗存与现在土著之间是否有直接关联展开讨论。[②]

澳大利亚考古学家们的这场讨论，促进了考古学迈向下一个阶段，

---

① "文化退化"论认为一些曾经先进的文化由于受到环境的影响而逐渐退化，最终落后于欧洲文明，代表人物有乔治·赖斯纳（George Reisner），他在埃及凯尔迈王室墓地的研究认为，埃及的技术是由复杂到简单的过程，详见Reisner, G. A. *The Archaeological Survey of Nubia*, Report for 1907–1908.1910.2 vols. Cairo: National Printing Department. Excavations at Kerma, I–IIL. Boston, MA, Harvard African Studies.5. 1923 Excavations at Kerma, N–И. Boston, MA, Harvard African Studies 6. 1923.

② Murray, T. and White, J. P. *Cambridge in the bush? Archaeology in Australia and New Guinea*. World Archaeology 1981（13），pp.255–263.

古斯塔夫·奥斯卡·蒙特柳斯
（1843—1921）

即文化历史考古学的诞生。① 促使这一转变的是瑞典考古学家古斯塔夫·奥斯卡·蒙特柳斯（Gustaf Oscar Montelius）。

19 世纪末至 20 世纪初，人类学一种新的理论——文化传播论开始兴起。文化传播理论试图把人类文化的发展归因为文化的移动、接触、冲突和借用。它基本上可以分为两个流派：德奥传播论学派和英国传播论学派。② 其中对考古学影响较大的以弗里德里克·拉策尔（Friedrich Ratzel）和弗朗兹·博厄斯（Franz Boas）为代表。

德国人类学家拉策尔作为传播学派的先驱，所提出的基本观念认为迁徙和其他形式的接触是各地文化相似的主要原因。也就是说，文化要素是伴随着族群迁徙而散开的。如果在不同地区发现相似的物品，那么它们必然有同一个来源。因此相似的物质文化就是各族群之间历史联系的证明。③

之后是博厄斯，他身处进化论和传播论针锋相对的时代。他坚决反对进化论的观点，提出了"文化区域"和"年代—区域"概念，"文化区域"是指可以按照不同的文化特点划分地理区域，人类学的研究单位是一个部落的文化。一个部落的文化便是其"生活样式"（mode of life）或思想与行

---

① 关于名称问题，特里格称之为culture-historical archaeology，即文化历史考古学，详见（加拿大）布鲁斯·G·特里格 著，陈淳 译：《考古学思想史》，北京：中国人民大学出版社，2010年，第164页。

② 高永久等 编著：《民族学概论》，天津：南开大学出版社，2009年，第35页。

③ 夏建中：《文化人类学理论学派——文化研究的历史》，北京：中国人民大学出版社，1997年，第55-56页。

为的团集体。一个部落的文化包含许多单位，这便是"文化特质"（culture-trait）研究者入手时须以一个特质为单位。这些特质其实也不是简单的一件事物，它必有许多附带的东西合成为一个"文化丛"（culture complex），一部落的文化丛常自成一种"型式"，这便叫作"文化型式"（culture type）。同样的型式常集于同一地域，故可以文化型式为标准而区分地域为"文化区域"。[①]"年代—区域"概念是指每个文化区域必然有一个文化中心，文化的年代和区域之间有一种关系，即时间越长，区域便散布得越广。[②] 博厄斯既继承了传播学派的理论观点，同时也开创了人类学历史学派，也称之为博厄斯学派。1887 年，他加入美国国籍之后，便在美国的哥伦比亚大学大力发扬他的理论，形成了美国历史学派，被视为美国人类学的奠基者，称为"美国人类学之父"。

文化传播论的发展促使考古学和进化论之间的决裂。从理论角度来说，进化考古学主张只要处于相同的文化发展层次，不同甚至毫无关联的群体都可以做出类比；而文化传播论认为文化的本质是不会轻易改变的，只有相互关联的文化才能拿来类比，以研究文化是如何传播的，在传播的过程中会发生怎样的变迁。[③]

蒙特柳斯的学术生涯可以分作两个阶段，第一个阶段是 1876 年到 1879年间，得益于欧洲铁路网的架设，他能够较为方便的前往欧洲各地收集考古材料，可以说他是第一位将视野放宽到整个欧洲而不是局限于一个地区或是一个部落的考古学家。在这一阶段，蒙特柳斯并不注重对考古材料的阐释，而是展开对收集到的器物进行类型学的比对研究，他用式样和装饰

---

① 林惠祥：《文化人类学》，北京：商务印书馆，2011年，第55–56页。

② 吴泽霖、张雪慧：《简论博厄斯与美国历史学派》，载《民族学研究》，1981年01期，第327页。

③ Wylie, M. A. *The reaction against analogy*. Advances in Archaeological Method and Theory 1985（8），pp.66–67.

的差异来定义器物的类型，然后将相似的器物进行比对，以确定器物之间的发展联系，他所作的这一切，奠定了考古类型学的发展基础，[①]从中也可以看到拉策尔的传播论思想对蒙特柳斯的影响。到了1880年，他已经有了一份在当时最为详细的斯堪的纳维亚青铜时代类型学年表，也就是在这时，他开始对进化考古学产生了怀疑，他发现相互关联的区域之间所发现的器物也是相互关联的，而毫无关联的两个区域虽然文化水平可能处在同一阶段，但器物之间毫无关联。他的类型学年表表明，史前时期中东地区的文化通过巴尔干半岛和意大利传播到了西欧，即"光明来自东方"。[②]

　　蒙特柳斯很明显对传播论十分熟悉。1899年之后，他开始集中于对考古材料的阐释，进入他学术生涯的第二阶段，当然，阐释的理论基础来自传播论。蒙特柳斯所坚持的理论核心是在历史上的一些发明会出现在特定的地区（由环境所决定），并且这些发明会向周边地区传播，因此要对一个器物做出解释，就要寻找传播链，即明确它是从哪来的，起源在哪里。[③]他的这一观点和博厄斯不谋而合，抑或说就是由博厄斯的文化区域论得到的启示。

　　蒙特柳斯的理论也受到很多欧洲中心论者的批评，因为蒙特柳斯提出欧洲文明来源于中东地区，这是欧洲中心论者所不能接受的。以卡尔·舒哈特（Carl Schuchhardt）、阿道夫·福特万格勒（Adolf Furtwangler）为代表的德国考古学家坚持认为欧洲文明起源于雅利安人创造的迈锡尼文明。奥地利考古学家马瑟斯·马奇（Matthäus Much）和法国史前学家萨洛蒙·雷

---

① 陈雍：《从类型学断代法到考古类型学——由蒙德柳斯〈方法论〉说开去》，载《华夏考古》，2020年04期，第116–128页。

② Gustaf Oscar Montelius. *Der Orient und Europa*. Stockholm, Königl. Akademie der schönen Wissenschaften, Geschichte und Alterthumskunde. 1899.

③ Gustaf Oscar Montelius. *Die typologische Methode: Die älteren Kulturperioden im Orient und in Europa*. Stockholm, Selbstverlag. 1903, vol.1.

纳克（Salomon Reinach）用《东方的幻想》<sup>①</sup>一书对蒙特柳斯的理论进行了
无情的驳斥。但很明显的一点，要想真正驳斥蒙特柳斯的理论，就必须推
翻他的类型学年表，然而这一点在当时无人做到。对蒙特柳斯的驳斥反而
促进了他的理论在 20 世纪初的流行，尤其是对基督徒极为吸引（他们相信
上帝降临于中东的巴勒斯坦地区）。一些基督徒甚至将蒙特柳斯的理论作为
《圣经》真实性的证据，再加上当时以英、法两国为主的欧洲国家开始干
涉中东事务，蒙特柳斯的理论正好为帝国主义对中东的干涉和侵略提供依
据。因此在 20 世纪初，蒙特柳斯的理论成了欧洲考古学理论体系的核心。

　　虽然蒙特柳斯的理论在一定程度上否定了人类的创造性，认为文化的
发展仅仅是模仿和传播，但并不影响他成了一名伟大的考古学家，因为他
的研究对进化考古学的冲击是致命的。从他开始，进化考古学被宣判死亡，
考古学界并没有为进化考古学进行哀悼，反而视为一种解放，使得考古学
家们可以用更为宏观的视野审视人类文明的传播和发展，当时的考古学界
将蒙特柳斯奉为肱骨，他的理论很快由欧洲遍及俄国、美国、澳大利亚等
地，考古学进入了蒙特柳斯时代。

　　蒙特柳斯的理论在德国颇受欢迎。1911 年，德国人类学家、考古学家、
柏林大学考古学教授古斯塔夫·科西纳（Gustaf Kossinna）的代表作《德国
人的起源》出版，1927 年他的另一本书《德国人的起源与扩散》出版。在
这两本书中，科西纳运用传播理论对古代德国人的发展史做出考古学研究。
他指出物质文化的异同可以反映种族的异同，根据考古材料所反映出来的
文化特征可以区分族群身份，并且文化的延续和传播代表了族群的延续和
扩散。只要在地图上标出器物的分布，就可以找出器物之间的联系并能标
出族群的分布。因此可以通过考古材料所展现的文化特征将德国人与斯拉

---

① *Le Mirage oriental*，于1893年首次出版。

夫人、凯尔特人和其他族群相区分。<sup>①</sup> 他利用文化传播论，塑造了德国人辉煌的文明史，得到了后来担任德国总统的保罗·冯·兴登堡（Field Marshall Paul von Hindenburg）这样的上层保守派政治人物的注意，也使得科西纳的学术生涯从此平步青云。

科西纳的学术贡献，相较于蒙特柳斯来说是进一步关注到了考古器物的文化特征。不同于蒙特柳斯仅仅关注器物类型的变化，科西纳还强调器物类型在演化和传播过程中所展现出来的族群文化特征，将文化的概念真正引入考古学之中。<sup>②</sup>

不过科西纳在后来陷入了狂热的民族主义桎梏中，在他去世前的几年，他和纳粹分子走得越来越近。虽然科西纳在 1931 年去世，但在 1933 年纳粹上台后，将科西纳对德国人种族问题的研究结论贯彻到各级学校中，为科西纳的学生和追随者们设置了大量的职位，将反对纳粹的考古学家踢出研究岗位。这使得科西纳的思想成了纳粹推行残忍的种族主义政策的理论依据。我们不能否认科西纳为考古学做出的贡献，但也要辩证地看待他的种族主义观点。

科西纳利用文化传播论对考古材料进行解释的方法也影响到了另一位考古学家戈登·柴尔德（Vere Gordon Childe）。1925 年，他的代表作《欧洲文明的曙光》出版。在书中，他采用科西纳对考古学文化解读的方法探讨了欧洲文明的起源与发展问题，柴尔德以宏观的视野避免了科西纳的种族主义偏见，同时将蒙特柳斯采用类型学的方法将文化的传播序列排列出来。

---

① Kossinna, G. *Die Herkun ft der Germanen*. Leipzig, Kabitzsch. 1911.*Ursprung und Verbreitung der Germanen in Vor und Fr ü hgeschichtlicher Zeit*. Berlin, Lichterfelde. 1926–1927, 2 vols.

② 关于对文化概念的解读并非本文讨论的重点，可参看爱德华·泰勒 著，连树声 译：《原始文化》，桂林：广西师范大学出版社，2005年；林惠祥：《文化人类学》，北京：商务印书馆，2011年。

可以说在柴尔德之前，考古学对文化的研究还不算完整，直到《欧洲文明的曙光》出版，才迎来了"史前考古学一个新的起点"。[1]

柴尔德对于考古学的贡献是巨大的，但在这里，我们重点要讨论柴尔德对人类学的看法。1946年，柴尔德发表了一篇题为《考古学与人类学》的论文，集中展现了他作为一名考古学家对人类学的态度。[2] 柴尔德认为，人类学和考古学的关注点是一致的，即对文化进行概括描述，并且在描述的同时，都要做出文化上的分类。[3] 在文化是如何形成的问题上，他赞同传播论的观点，但同时反对极端传播论。[4] 在柴尔德看来，文化在传播的过程中会以各种"标签"做出表示，如农业、手工业、宗教、政治等都属于"标签"，考古工作就是寻找这些带有"特征"的标签，并根据标签的数量来确定一个文化的地位。

柴尔德的这种想法与人类学的功能主义非常接近，以马林诺夫斯基（Bronislaw Kaspar Malinowski）和拉德克利夫－布朗（Racliffe-Brown, A. R.）为代表的功能主义将文化或社会视为有机的统一体，企图阐明每一个别构成要素在现实存在的社会或文化中的相互关联和它们在总体中发挥的作用（即功能）。[5] 柴尔德认为，功能主义想要达到这一目的，即对文化中每个

---

[1] Daniel, G. E. *A Hundred Years of Archaeology*. London: Duckworth. 1950, pp.247.

[2] Childe, V. G. *Archaeology and anthropology*. Northwestern Journal of Anthropology, 1946(3), pp.243–251.

[3] （英）戈登·柴尔德 著，方辉、方堃杨 译，陈淳 审校：《历史的重建：考古材料的阐释》，上海：上海三联书店，2012年，第146页。

[4] 极端传播论认为创造只有一次，之后就开始传播，并且在传播过程中会不断退化，持这一观点的以英国传播学派为主，代表人物有埃利奥特·史密斯、佩里、拉格伦，尤其是以佩里在1923年出版的《太阳之子》引发巨大的争议。

[5] （日）绫部恒雄 编，中国社会科学院日本研究所社会文化室 译：《文化人类学的十五种理论》，北京：国际文化出版公司，1988年，第28页。

要素的功能进行阐释，就必须借助考古学。①因此柴尔德努力推动考古学和人类学的结合，他既采用人类学传播论的理论，也采希望考古学能够为人类学的研究提供帮助。

由于受到蒙特柳斯的影响，柴尔德同样主张利用考古资料来对文化的发展阶段做出划分。他认为人类学家在书写民族志时，也要对文化发展阶段做出划分并进行分类，也就是希望在进行人类学的研究时，要找出处于相同文化发展阶段的族群并将他们归位一类来书写民族志，所以同阶段的文化（也就是由技术共同标准所定义的、在序列中占据同样相对位置的文化）之间是可以比较的。人类学家关于当代野蛮或蒙昧社会的图像能适当地用来补充考古学家的图像，这不只是用来说明一些看来奇特的文物是如何使用的。另一方面，考古学结论为当代社会的等级及其在进化序列中的位置提供了可信的线索。事实上，两类记录合并为某种一般性的文化历史，并为文化阶段提供了一种普遍性和客观的序列。由摩尔根勾画、并由恩格斯凭借更为广博的欧洲考古学知识加以改良的七分法，至今仍无与伦比。而很自然的是，规模更大、技术更精良的今后考古发掘以及得益于功能观和其他学派方法论优点的民族志研究两方面的新发现，都很自然会要求对这一杰出的论断做出全面彻底的修正。②从这里可以看出，柴尔德似乎又回到了进化考古学的理论范畴中，因为他认为同阶段文化之间是可以相互比较，并且可以利用当代仍处于野蛮或蒙昧社会阶段的族群所使用的器物来类比通过考古发掘出土的器物，通过考察野蛮或蒙昧社会阶段族群对这些器物的使用方法来解释类似的出土器物。

---

① （英）戈登·柴尔德 著，方辉、方堃杨 译，陈淳 审校：《历史的重建：考古材料的阐释》，上海：上海三联书店，2012年，第149页。

② （英）戈登·柴尔德 著，方辉、方堃杨 译，陈淳 审校：《历史的重建：考古材料的阐释》，上海：上海三联书店，2012年，第152页。

从柴尔德所处的时代不难看出，进化论刚受到传播论的打击，但传播论的理论体系尚未完备，内部争论不断，而功能主义刚刚兴起，人类学处于一个高速发展且争论不断的年代。在这样的学术环境下，柴尔德的思想虽然以传播论为基础，是文化历史考古学坚定的支持者，但不免受到进化论和功能主义的影响。他并不完全排斥这些理论，反而希望考古学能调和这些理论。就像他所说的那样：考古学和人类学的结合是用于协调功能论、传播论和进化论，鉴于人类历史99%都是史前史，因此只有数量足够并独立性存在或存在过的无文字社会才能为可靠的推断提供基础，这一方法为实现指明历史进步方向的通则提供了光辉的前景。[①]

当然进化论也给柴尔德带来了一些负面影响。他在1926年出版的《雅利安人》一书中声称，印欧人群的成功不是因为他们拥有比其他人群更优秀的物质文化和天生聪慧，而是他们讲一种优秀的语言，并得益于这些优点能够产生的更高智力，日耳曼人群"体质上的优越性"使得他们成为一种最优秀语言最初的合适持有者。[②]柴尔德在晚年逐渐放弃了进化考古学的观点，认为当时是屈服于日益弥漫的种族主义情绪，并且为此感到羞愧。

总之，柴尔德是一位文化历史考古学的典型代表。他吸收了蒙特柳斯的传播类型学和科西纳的考古文化概念，进一步完善了文化历史考古学的理论体系。他的影响力至今依然强大。虽然他的思想中保留了一些进化考古学的观点，但并不影响他成为考古学史上一位伟大的科学家。

在以柴尔德为代表的考古学家的推动之下，文化历史考古学在欧洲迅速发展壮大。在第一次世界大战之后，文化历史考古学逐渐取代进化考古学的地位，单线进化论遭到考古学的摒弃。通过这一过程可以发现一个非

---

① （英）戈登·柴尔德 著，方辉、方堃杨 译，陈淳 审校：《历史的重建：考古材料的阐释》，上海：上海三联书店，2012年，第152页。

② Childe, V.G. *The Aryans: A Study of Indo-European Origins*. London: Kegan Paul. 1926, pp.211.

常有趣的现象，即考古学和人类学之间的关系产生了微妙的变化。在进化
考古学时代，考古学与人类学是一种相互利用的关系，考古学利用民族志
材料来对考古材料进行阐释，人类学利用考古学材料来证明族群发展的阶
段和层次问题。而到了文化历史考古学时代，人类学理论成了考古学的指
导性理论。如果用等级来描述的话，人类学的地位在考古学之上，从理论
与方法的角度来说，人类学更像是理论，而考古学只是在民族学理论指导
下的一种研究方法。也就是这一时期，关于考古学学科定位问题的争论由
此开始，很多学者干脆将考古学归入人类学体系。虽然像柴尔德一类的考
古学家很反对这一点，他们希望将考古学作为一个独立的学科来看待，但
无法阻止人类学和考古学相融合的趋势，这种趋势持续至今。也就是在这
样的背景下，考古人类学的概念被提出。

# 第二节　合二为一：考古人类学的起源

## 一、新的词语：考古人类学概念的提出

在绪论部分已经提过，"人类学 - 考古学家"一词是由美国考古学家费克斯在 1901 年最先提出的。他在《图萨扬人的迁移传统》一书中使用了这个词汇。要理解费克斯书中所写的这个词语的意思，首先要来看他的研究。

图萨扬人是今美国亚利桑那州科科尼诺县附近的土著居民，在 19 世纪后期，考古学家先后在这里发掘出土了一批遗存和遗物，由此命名为图萨扬遗址（Tusayan Ruins），一开始被认为是原始时代的图萨扬人生活的证据，加上当时缺少年代学的测定技术，一些考古学家将之错误地定义为"石器时代"遗存。虽然后来证明图萨扬遗址是距今约 1100 年的早期土著居民遗迹，但当时引起了很多美国考古学家的注意，费克斯就是其中之一。

费克斯在对图萨扬人的研究时指出，由于新大陆（北美大陆）的孤立性，居住在这块大陆的居民的文化发展没有受到外界干扰，一直处于停滞阶段。这意味着，诸如早期图萨扬人的文化和现代北美洲中部平原的印第安人的文化发展程度是一致的。费克斯深入观察现代印第安人的生活以及他们使用的器物，并以此为依据来解释图萨扬遗迹所出土的器物和早期图萨扬人的生活。费克斯在史前遗物和现代社会的器物之间构建了一种平行关系，历史器物的名称和功能可以通过观察现存土著居民的生活中使用的器具推导出来。[1] 他的这种研究方式，明显受到进化考古学的影响。当然，

---

[1]　徐坚：《民族考古学：定义问题》，载《江汉考古》，2009年04期，第49页。

费克斯的学术研究主要是在 19 世纪后期展开的，当时进化考古学在欧美是主流理论，尤其是在美国，将印第安人视为"原始野蛮"的族群这种狭隘种族主义观念在美国考古学界十分盛行。19 世纪后期的美国考古学家十分热衷于用印第安人的文化去解释考古材料，并且将印第安文化视作研究考古材料最重要的资料来源。恰好在当时人类学家书写的大量美洲地区的民族志为考古学研究提供了帮助，而一些考古学家不满足于人类学家书写的民族志，亲自化身为人类学家，去印第安社区收集资料。费克斯就是这样的考古学家。他为了解释图萨扬遗迹，亲自前往多个印第安社区进行人类学田野调查。在学术生涯后期，他越来越热衷于书写民族志。他在图萨扬印第安人社区的田野调查记录被整理成《霍皮蛇仪式》一书，成为 19 世纪后期北美民族志的典范。[①]可以说费克斯兼具考古学家和人类学家双重身份。他努力融合两门学科，甚至希望两门学科合并，他在书中首先拼合了人类学和考古学两个单词，写为 "Ethno-archaeologist"。如果直译为中文，就是"人类学 - 考古学家"，即鼓励考古学家以人类学家的身份去收集资料。

可以说 "Ethno-archaeologist" 只是一个新词旧意，甚至连新词都算不上，只是单词的拼合而已。说是旧意，是因为费克斯秉承进化考古学的研究思路，随着传播论开始指导考古学研究，进化论遭到了批判，费克斯自然没能幸免。他的《图萨扬人的迁移传统》一书很快被新的浪潮淹没，没有再版，但他的人类学著作却被多次再版，可见学术界更认可他在人类学方面的贡献而不是考古学方面。

在蒙特柳斯时代，人们对于采用民族志作为资料解释考古材料出现了两种分化，一边是以柴尔德为代表的考古学家，他们主张采用民族志依然

---

① 《霍皮蛇仪式》于1897年首次出版，之后由美国民族学局多次再版，最新版本由阿文尤出版公司于2000年再版。

是有效的资料，处于同一发展阶段的族群可以用来类比；而另一派较为极端的蒙特柳斯思想维护者则对这种方法嗤之以鼻，霍克斯（Hawkes）、史密斯（Smith）、利罗依古尔罕（Leroi-Gourhan）和拉明（Laming）等人对将民族志运用于考古学提出尖锐的批评。他们认为当代人类行为与史前人类行为之间没有逻辑联系，因而民族志类比在考古学中的运用也是无效的。[①]

对考古学和人类学相关联的批评在 1939 年达到了顶峰，这一年，人类学家唐纳德·汤姆森（Donald Thomson）在发表的一篇论文中以狩猎采集业族群为例指出狩猎采集者文化在不同季节的活动可能与完全不同的物质文化相伴，也有可能的是，并非所有考古学"文化"具有明确定义的边界。当物质文化的变化呈渐变或梯度变化时，考古学文化的描述有可能是高度武断和主观的，因此会被操纵来迎合阐释的框架。[②] 他们认为，考古学所能揭示的文化和现代人类文化没有关联，用现代的人类文化去解释考古材料或者用考古材料来说明现代人类文化是一种攀附行为，这只是为了迎合殖民主义者的思想，考古学家们不应该用考古资料来建构族群身份，更不能将用考古资料所建构起来的"人"和今天的人相关联。

汤姆森的观点或许有些极端，虽然现代考古学已经证明古代的一些民族不管是在文化上还是生物学方面与现代民族确实有关联，但并不妨碍当时以汤姆森为代表的民族学家希望将考古学的影响从民族学当中"剔除"出去。这样的思想流行了 20 余年，直到 1969 年还非常有活力。这一年民族学家弗雷德里克·巴思（Frederick Barth）发表论文指出族群是认同的一种主观意识，它被许多不同背景的个人和群体所操纵，常常与考古学家研

①　中国历史博物馆考古部：《当代国外考古学理论与方法》，西安：三秦出版社，1991年，第166页。

②　Thomson, D. F. *The seasonal factor in human culture*. Proceedings of the Prehistoric Society 1939(5), pp.209–221.

究的物质文化无关，这使得民族身份不应该成为考古记录中对文化差异或文化变迁所做的唯一，甚至是最重要的解释。[①]

由于讨论的两极分化，从 20 世纪 30 年代到 60 年代，考古学和人类学的关系被割裂，随着功能主义的大规模兴起，人类学家不希望考古学干涉对现代人类文化的解释，考古学家也不再继续依赖民族志来解释考古发现。在英国，50 年代出版的考古学专著大部分都开始采用生物学、物理学、地质学等自然科学来对考古材料做出研究，以唐·布罗斯韦尔和埃里克·希格斯（Don Brothwell and Eric S. Higgs）在 1963 年出版的《考古学的科学》[②]一书为标志，考古学的自然科学时代到来，虽然像柴尔德这样的考古学家仍在苦苦支撑，坚持以考古材料来阐释文化，但很快被二战后自然科学快速发展的浪潮所淹没。考古学的研究，集中在了体质人类学、测年法、物质构成、技术等方面，很少有人再去关心物质背后的文化问题。历史文化考古学走向了末路，自然科学的兴起仅仅是压死骆驼的最后一根稻草，归根结底是历史文化考古学太过于依赖传播论，他们不关心文化的创新和新的发明如何改变社会，也不关心个别文化对整体文化系统的影响。

历史文化考古学的没落使考古学家不再关心民族志，这也是人类学家喜闻乐见的，所以在这一时期人类学的发展势头依然保持强势，但与考古学的距离却越来越远，在这样的背景下，考古人类学在二三十年间没有被人提起。

在这样的趋势之下，考古人类学停留在了仅仅创造出了一个名词的阶段（甚至这个名词都还不完整），很少有人再进一步深入讨论其概念或者含义，在考古学和人类学分离的大趋势下，考古人类学被丢弃到了一边。即

① Barth, F. *Ethnic Groups and Boundaries: The Social Organization of Culture Difference.* Boston: MA, Little Brown. 1969.

② Brothwell, D. R. and E. S. Higgs. *Science in archaeology.* London: Thames and Hudson. 1963.

便如此，我们仍然要承认费克斯所创造的"Ethno-archaeologist"一词不管是作为一种构想还是一种复合词，成了考古人类学概念的起源。

## 二、过去的社会生活：像人类学家一样工作

在早期考古人类学概念遭到摒弃并且随着考古学和人类学分道扬镳，似乎没有考古学家再去关注人类学问题，直到20世纪70年代以后英国考古学家格拉厄姆·克拉克（John Grahame Douglas Clark）在社会学派的影响下重拾了考古学对人类学的兴趣。自功能主义兴起之后，人类学家们沉溺于对人类学资料建构

格拉厄姆·克拉克（1907—1995）

和功能的解释，但他们过于集中对人类行为的研究而忽略行为之间的关联性，这种称之为行为观察的做法被再次兴起的社会学派所反对。

准确地说，人类学社会学派的诞生早于功能主义，社会学派的创始人埃米尔·涂尔干（Emile Durkheim）早在1917年就已经去世，但由于功能主义思潮的强大，社会学派的发展一直受到阻碍。涂尔干来自法国一个中产阶级家庭，在求学时受到马克思主义的影响，他看到了资本主义社会中分崩离析的现象，这使他逐渐树立起对社会做出整体观察的学术取向。1893年他的《社会分工论》出版，标志着社会学派基本思想的确立，此后于1897年和1912年相继出版了《社会学方法的规则》和《宗教生活的基本形式》，标志着他的理论体系的完善。社会学派最基本的观念是强调

社会是一个整体，对一个族群的研究应该是要了解社会关系，所有关于人类行为、社会现象的解释应该从人类群体的内部结构中去寻找。在此基础上，他提出了"集体意识"的概念，并坚持认为，社会学研究的主要对象应是"社会事实"。所谓"集体意识"是指社会中多数人所共有的信仰与情感，通过它而形成该社会生活的固定制度。包括语言、道德、信仰、习俗、传统意识，甚至包括神话等。集体意识是整个社会集体共有的，它不会随着个体的主观意愿而改变或者消失，并且集体意识会影响甚至强加在个人意识之中。他把后者这种不是个人从直接经验中取得，而是由社会强加给个人的意识，称为"集体观念"或者"社会事实"。[①] 因此，人是社会的产物，人的意识就是社会意识，人的追求就是社会的追求。[②] 这种思想在《宗教生活的基本形式》一书中体现得淋漓尽致，该书作为社会学派的经典著作，至今仍然是学习人类学必读的一部书籍。他在书中指出，社会绝对不是无逻辑的或反逻辑的存在，也不是混乱的和虚幻的存在，尽管人们常常这样认为。恰恰相反，集体意识是精神生活的最高形式，因为它是各种意识的意识。既然集体意识超然于和凌驾于个体的和局部的偶然性之上，它就会从永恒和本质的方面来看待事物，并将此结晶化为可沟通的观念。[③] 从涂尔干的思想中我们可以看到马克思主义的影子，也可以看到进化论和传播论的残片，但他的社会中心论早已自成体系，并且逐渐走向了社会普同论的极端。他的这些观点在殖民主义和民族主义盛行下的欧洲很难被接受，当然他自己也陷入了逻辑陷阱中。因为他在认为集体意识高于一切的同时

---

① 夏建中：《文化人类学理论学派——文化研究的历史》，北京：中国人民大学出版社，1997年，第98页。

② 庄孔韶：《人类学经典导读》，北京：中国人民大学出版社，2008年，第27页。

③ （法）爱弥尔·涂尔干 著，渠东、汲喆 译：《宗教生活的基本形式》，北京：商务印书馆，2011年，第609–610页。

又认为社会是一个特殊的主体，不论它在想些什么，都会带有特殊的性质，于是社会普同性和社会特殊性之间的逻辑矛盾就出现了。①

尽管如此，涂尔干的思想在当时虽然没有被发扬光大，但也影响了功能主义的形成，马林诺夫斯基继承了他关于社会结构和社会事实的思想，拉德克利夫－布朗继承了他的社会中心论和比较社会论，后来这二人奠定了功能主义的理论基础。

由于带有强烈的马克思主义倾向，涂尔干的理念在欧洲似乎很不受待见，在功能主义兴起之后便陷入沉寂，在人类学领域也很少被人提起，虽然也涌现出了诸如马歇尔·莫斯（Marcel Mauss）、吕西安·列维－布吕尔（Lucien Levy-Bruhl）、罗伯特·赫尔兹（Robert Hertz）和阿诺德·范·盖内普（Arnold Van Gennep）等优秀的社会学派学者，但依然无法让社会学派从法国走向世界，所以通常也会把社会学派称为法国社会学派。

社会学派的观点也开始渗透到了考古学。1939 年，考古学家克拉克在《考古学与社会》一书中提出了一个概念，即考古学应该研究人类在过去是如何生活的，考古材料必须从功能观的视角给予观察，并且只有与社会相连才有意义。②克拉克宣称，考古学家的最终目的应该是从社会史的角度来解释他们的材料，应该将一个考古学家研究一处史前居址看作一个人类学家研究一个活的社群。③也就是说，他主张将考古材料所展示的一切意义看作一个完整社会结构下的个别体现，因此要将考古材料置于一个完整的社会结构中，它的意义才会被凸显出来。所以考古学家应该像人类学家那样，通过一个个的证据（即考古材料）来还原出一个完整的社会结构。为

---

① （法）爱弥尔·涂尔干 著，渠东、汲喆 译：《宗教生活的基本形式》，北京：商务印书馆，2011年，第609-610页。

② Clark, J.G.D. *Archaeology and Society*. London：Methuen. 1939, pp.1.

③ （加拿大）布鲁斯·G·特里格 著，陈淳 译：《考古学思想史》，北京：中国人民大学出版社，2010年，第271页。

了便于理解，他绘制了一幅社会结构示意图：

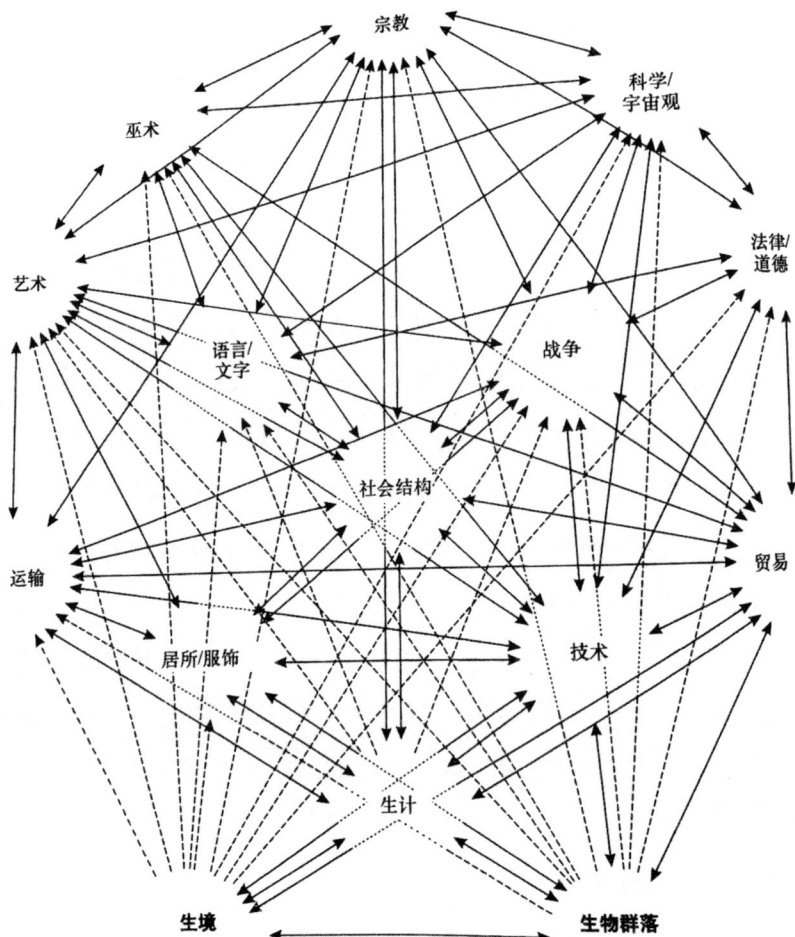

克拉克绘制的社会结构示意图 [①]

---

① 克拉克早在《考古学与社会》一书中初步绘制了一幅关于社会系统的示意图，但直到1953年
他在Reckitt的讲稿中才重新将这幅示意图补充完整，详见Clark, J.G.D. *The economic approach
to prehistory: Albert Reckitt Archaeological Lecture*. Proceedings of the British Academy 1953(39),
pp.215–238.

但当时的克拉克还没有找到一种很好的办法来让考古学家对人类活动遗存进行社会文化的研究，难度在于人类学家可以去往他们想去的地方进行参与观察，从而勾勒出一个族群的社会结构，而考古学家不能。考古学家没有时间机器可以穿越到他们想要了解的社会，加上极其有限的考古资料，使得考古学家很难做到这一点。他并没有严格审视将人类学的研究方法用于考古学这种类比的适当性，面对考古资料有限的情况，他也同意采用民族志类比来解释考古材料。但与此同时他又否定单线进化论，他所做的类比仅仅是一种参考，并非像单线进化论那样用现代族群去类比古代族群。

虽然克拉克关注到了考古材料与整个社会系统之间的联系，但当时的克拉克受功能主义的影响还很大，仍然集中于对考古材料的解释，并没有将社会学派理论在考古学应用的研究继续下去。在此后的 20 年中，他将视野转向了生态考古学的研究。在植物学家和生物学家的帮助下，他对欧洲古代环境的变迁与人类活动之间关系方面的研究做出了卓有成效的分析。

直到 1975 年，他出版了《斯堪的纳维亚早期石器时代聚落》一书，为了解释以狩猎采集为基础的人类聚落在季节性流动中所产生的生活方式和社会结构的变化，他再次拿出了社会结构理论，认为在斯堪的纳维亚早期石器时代的人类有着完整的社会结构，但在迁徙的过程中，社会等级会发生改变。这种改变反应在了房屋遗址、石器和食物的分配上。因此今天通过考古发掘能够看到的器物样式可以用来定义社会群体，分析社会结构。[①]这本著作重提了社会学派的观点，促进了考古学家从关注器物本身到通过器物的研究来关注社会结构，在社会学派沉寂近半个世纪后，他们的观点

① Clark, J.G.D. *The Earlier Stone Age Settlement of Scandinavia*. Cambridge：Cambridge University Press. 1975, pp.53–54.

再次被考古学家提起。正因为如此，《斯堪的纳维亚早期石器时代聚落》并不太受到欢迎，因为用半个世纪前的理论来做解释已经落后了。[①]

　　和柴尔德及其他考古学家专注于人工制品类型学的趋势相反，克拉克关注的是社会景观、经济和文化，而不是简单地贴上人工制品的标签。[②] 克拉克着迷于史前人类的生存和社会模式，从 70 年代之后，克拉克在大量使用新开发的科学技术分析考古材料的同时，也在利用民族志来更好地了解史前人类的生存方式。然而与之前进化考古学及文化历史考古学不同的是，他并没有不加批判地使用这些民族志材料进行类比。他认为，当较老和较新的社会之间存在持续的历史联系，并且他们都生活在非常相似的环境条件下时，才能够用现代民族志去类比古代社会。[③]

　　克拉克对社会结构的研究在当时轰动一时，甚至晚年的柴尔德也受到了影响。在柴尔德去世后整理出版的《欧洲社会的史前史》一书表明，柴尔德晚年开始转入对史前社会结构的研究，但由于 1956 年他意外坠亡，他的研究戛然而止，因此在对社会结构方面，尤其是在讨论目的和方法时，他常为研究史前社会能学到什么而感到困惑，研究史前社会似乎只限于劳动分工、社会等级和政府等某些方面。柴尔德看来更加关注问题的细节和这种方法的局限性而非论证其潜力。相比他后期别的著作，此书更加侧重概括而非证明其论点，也反映了他的思路范围已被他久已定型的概念所拖累，他也从未对这些概念做严格的检验。他认可这些概念时间过久，以至

① Coles, J. *John Grahame Douglas Clark, 1907–1995*. Proceedings of the British Academy. 1997(94), pp.381–382.

② Mulvaney, John. *Grahame Clark in the Antipodes*. In Arkadiusz Marciniak. John Coles (eds.) *Grahame Clark and His Legacy*. Newcastle upon Tyne: Cambridge Scholars Publishing. 2010, pp.29.

③ Fagan, Brian. *Grahame Clark: An Intellectual Biography of an Archaeologist*. Boulder, CO: Westview Press. 2001, pp.136.

于无法对它们做批判性评估。[①]

现在我们可以回过头来重新审视克拉克的思想，他在考古学与人类学结合方面最重要的理论应该就是试图像人类学家那样通过田野调查来分析社会结构，古代族群所留给现在的器物就是一个个证据，在解释完器物的材质、用途和功能之后，考古学家的工作并没有结束，而是把这些器物的功能连接起来，建构出一个完整的社会结构模型，这才是一个器物存在的意义。如果说人类学家是通过参与观察的方式来书写民族志，那么考古学家就是通过对器物的研究来书写古代社会的样貌。

他的这一思想对于考古人类学的发展是极其重要的，也使考古学和人类学之间的关系产生了变化。在克拉克之前，考古学和人类学是一种相互利用与指导的关系。克拉克则把这种关系变成了模仿，即让考古学的研究方法去模仿人类学的方法，尤其是去模仿社会学派的研究方法。他希望通过这种模仿，让考古学不要沉迷于对器物的研究，而是透过器物去关注社会结构。他的这一理念并没有得到当时学术界的认可。随着过程考古学的兴起，考古学家们对于社会结构的问题已经不感兴趣了，这也导致克拉克在后期的作品并没有他早年那么受欢迎，而这并不妨碍他作为 20 世纪一位重要的考古学家在理论和方法上的贡献，克拉克在挖掘和调查考古项目方面以及对史前社会研究的开创性工作而被人们铭记。[②]

---

① （加拿大）布鲁斯·G.特里格 著，何传坤、陈淳 译：《柴尔德：考古学的革命》，北京：中国人民大学出版社，2020年，第172页。

② Marciniak, Arkadiusz. Coles, John. *Preface*. In Marciniak, Arkadiusz. Coles, John. (eds.) *Grahame Clark and His Legacy*. Newcastle upon Tyne: Cambridge Scholars Publishing. 2010, pp.ix.

### 三、审视文化：新考古学对考古人类学概念的重构

正当克拉克将研究视角从环境考古学转向社会考古学的时候，从 20 世纪五六十年代开始，新进化论在人类学领域悄然兴起。

提到新进化论，就不得不提莱斯利·怀特（Leslie White）和朱利安·斯图尔德（Julian Steward）。怀特将自己看作是摩尔根学派的直接继承人，他提出文化的特性就是进步，每种文化都会沿着一条主线发展，在这一过程中，发展缓慢的文化会被发展迅速的文化所超越并且吞并，因此当回过头去审视文化的时候，应该去寻找这一条主线，而这条主线往往都是最进步的文化。在这条主线的进化过程中，人类获取能量的多少决定着文化进化的速度和程度，所谓能量，也可以理解为能源，怀特发现，人类文化的每一次进步都与新能源的发现和利用有关，人类进化的阶段可分为四个：一是从利用自身能源如体力进行狩猎采集；二是利用太阳能的转化如谷物栽培；三是利用燃料如煤、石油、天然气；四是利用核能。因此技术发展是文化得以进化的基础，反过来文化又能决定发明和创新的程度。[1]

虽然怀特本人很反对把他的理论称之为"新进化主义"，也确实不可否认他的理论与摩尔根时代的单线进化论有很多不同。他更关注技术革命与文化发展的关系，以能源的使用量来计算文化的进化程度，因此他更愿意称这套理论为"技术决定论"。在今天看来，技术决定论太过于关注能量的使用而忽视了自然环境的承载能力，按照怀特的观点，要促进文化的发展，就要大量使用能量，那么就要大规模开采煤炭、石油等资源，在两次工业革命中很多国家确实是这样做的，也产生了显著的技术进步，但所造成的环境破坏后果十分严重，事实证明以牺牲环境为代价的技术进步是不

---

[1] 夏建中：《文化人类学理论学派——文化研究的历史》，北京：中国人民大学出版社，1997年，第218-226页。

可取的。

　　斯图尔德则从多线进化论的角度来发展进化论思想，他认为相似的环境下会产生相似的文化形态并沿着相似的轨迹进化，不同的环境则会造就与之相对应的文化形态，并且决定了文化发展的方向。由于世界环境的多样性，因此出现了文化的多样性，他特别强调，在这个世界上很难找出两个完全相似的环境，因此也就很难找到两种完全一样的文化，但如果扩大视野，可以找出一些环境相似的地区，例如秘鲁、中美洲、埃及、美索不达米亚地区、中国，这五个地区都是处于干燥和半干燥地带，虽然地理位置不同，但由于环境的大体相同，所以这五个地区的进化方向也大致相似，文化可以在不同地区沿着大致相似的方向进化，这就是多线进化论。[①] 根据上述理论，斯图尔德认为进化人类学的目的是解释处于相同发展层次上的文化共同特征。[②]

　　新进化论的思想迅速渗透到考古学领域。1961 年，罗伯特·阿舍（Robert Ascher）发表了《考古解释中的类比》一文。在这篇文章中，他重提了人类学、考古学、历史学之间的关系。在他看来，三者之间的材料是可以相互利用的，但在利用的过程中要注意相似性的类比。[③] 这样的提法，很明显是受到斯图尔德观念的影响，以民族志来类比考古材料，在被忽略了近半个世纪后再次被提起。同年，卡尔·赫德（Karl G. Heider）发表的《考古学假设与民族志事实：一个来自新几内亚的谨慎神话》引起了考古学界的关注。他通过在新几内亚中部高地的一个巴布亚社会的长期调查注

① 夏建中：《文化人类学理论学派——文化研究的历史》，北京：中国人民大学出版社，1997年，第227–228页。

② Steward, J. H. *Theory of Culture Change.* Urbana: University of Illinois Press. 1955, pp.209.

③ Ascher, R. *Analogy in archaeological interpretation.* Southwestern Journal of Anthropology 1961(17), pp.317–325.

意到在一片聚落区中，由于达尼人会重新利用废弃的物质，并且挖掘旧房址用来作甜薯园，这就导致了在一个生活区里很少有废弃物，也没有垃圾堆。这出现了一种特殊的情况，即房屋的总数至少两倍于某个时期所使用的数量。[①] 基于此，他提醒考古学家，这样的现象在原始社会中也可能出现，由于物质资料的匮乏，原始人很可能不断地废物利用，导致在发掘时看到很多的建筑遗存，但实际上他们的社会结构往往不会那么复杂，并且由于他们极致的废物利用，他们也不需要和相邻的其他族群发生太多交易，因此一个族群的文化特征可能是相对固定的。如此一来我们就可以寻找到另一个文化类似的族群来进行类比，就可以很好地控制类比的基础。赫德的思想在一些方面也受到怀特的影响，因为他认为没有对外交易，技术革新就很难发生，那么文化就会相对固定，与此同时他又接受斯图尔德的学说，认为在不同的区域只要条件类似，文化的发展趋势是一样的。

这两位学者的研究方法看似回到了进化考古学时代，因为他们又开始采用现代民族志同原始社会进行类比，但要注意的是，他们为类比设定了一个条件，即必须有相似的环境。这是斯图尔德多线进化论的典型体现，在新考古学的持续影响下，路易斯·宾福德（Lewis Binford）学术地位的确立代表着新考古学派的出现，也标志着考古人类学进入了一个新的时期。

宾福德出生于弗吉尼亚州的诺福克。在服兵役期间，他被军队征召为口译员，分配到一个人类学家小组，负责在二战期间被美国占领的太平洋岛屿上重新安置当地居民。他还参与了冲绳岛的陵墓考古发掘工作，他们的工作是将这些陵墓移走以便为军事基地让路。虽然宾福德没有接受过正规的考古学训练，但他通过这些考古工作对考古学逐渐熟悉起来。离开军

---

① Heider, K. G. *Archaeological assumptions and ethnographic fact: a cautionary tale from New Guinea.* Southwestern Journal of Anthropology 1961(23), pp.52–64.

队后，宾福德去北卡罗来纳大学学习人类学，然后在 1957 年转入密歇根大学，获得了联合培养的硕士和博士学位。他的论文是关于美国原住民和弗吉尼亚州第一批英国殖民者之间的互动。可以说，宾福德是一位人类学家出身的考古学家。

1961 年和 1962 年，宾福德先后发表了两篇文章：《作为人类学的考古学》和《考古系统学与文化过程研究》，在这两篇文章中，他的思想已经形成。他正式认定，考古学的目的和美国传统人类学的是一致的，就是要全方位解释文化行为的异同。他建议，通过把人类行为与器物功能进行整合，以勾勒出一个文化系统，如此一来就可以解释不通族群之间文化系统的异同之处。[①] 作为怀特的学生，宾福德在技术问题上的看法和他的导师是一致的，他认为人工制品与人类行为、文化系统相联系，人工制品能够反映一个族群的技术进步程度，自然也就能反映他们的文化发展程度。[②] 如此一来，相似的人工制品说明技术发展程度的相似，那么跨文化之间的族群是可以用来类比的，所以他更加关注跨文化的相似性而不是差异性。

宾福德将技术和文化之间联系起来考察的办法标志着新考古学正式走上了学术舞台。新考古学坚持主张，文化是人类超机体的适应手段，不用管文化存在于人工制品中还是制作者头脑中，文化都可以适应自然环境、人口压力以及周围文化系统的变化而产生变化，因此文化就是为了适应环境而产生的，要了解一种文化的变迁无须搞清特定人类群体实际知道和相信什么，只要搞清环境的变迁即可。也正是这样，考古学家不一定要关注特定的宗教信仰、习俗传统和特异行为，而是要重点关注环境。这里的环境不仅仅是指自然生态环境，还包括社会环境，如人口、周围的文化系统

① Binford, L. R. *Archaeology as anthropology*. American Antiquity 1962(28), pp.217–225.

② Trigger, B. *A History of Archaeological Thought*. Cambridge: Cambridge University Press. 2006, pp.394.

等。宾福德认为，史前人类对他们的环境有几近完美的了解，因此能够对任何问题提出最理性的对策，这些都反映在了石器制作、工具的使用等方面。这就意味着，人类就能像生态系统其他任何部分一样，主动地去适应环境。[①]

新考古学否定了单线进化论和传播论，以宾福德为代表的考古学家致力于解释环境和文化的关系，由于深受新进化论的影响，他们认为技术存在革新的可能，是因为只有技术不断的革新，才能去适应环境的变化，所谓的文化只有在适应环境时才有意义，如果一种文化不适应环境的变迁，就会慢慢失去活力，最终消亡。同时他也反对类型学的研究，在他看来，文化内部并非统一的，每个人都可以用自己的方式参与到文化系统中，因此一个完整的文化系统是由多个相互关联的文化个体组成的，所以类型学将器物进行类比以找出不同之处或者发展规律是无意义的。这些不同的器物可能是不同的个体制作的，但不能就此说明文化发生了变迁。因为在同一时段、同一地点、同一文化系统中不同的个体可能会制作出不同的器物，而整个文化系统其实根本就没发生变化。宾福德指出，与其研究器物所谓的变化规律，不如研究器物在文化系统中所发挥的作用。[②]

为了更好地解释他关于文化系统的理论，他在1965年发表的《考古系统学与文化过程研究》一文中举了一个例子，如果在一个遗存中发现一把小刀，那么金色的刀柄代表着其主人是一个上层贵族，镌刻在刀刃上的符号代表着宗教信仰，而锋利的刀刃则可以用来切割。[③] 这把刀就包含着

---

① Trigger, B. *A History of Archaeological Thought*. Cambridge: Cambridge University Press. 2006, pp.395.

② Trigger, B. *A History of Archaeological Thought*. Cambridge: Cambridge University Press. 2006, pp.397.

③ Binford, L. R. *Archaeological systematics and the study of culture process*. American Antiquity. 1965(31), pp.203–210.

三个亚系统信息：金色刀柄代表着这个文化系统中的权力亚系统，即社会技术方面（Sociotechnic）；刀刃上的符号代表着宗教亚系统，即思想技术（Ideotechnic）；锋利的刀刃代表着工具的制作和使用亚系统，即技术规则（Technomic）。①这些亚系统构成了一个完整的系统，而这个系统是为了适应环境而产生的。例如锋利的刀刃说明他们有着先进的冶金技术，这是为了适应恶劣的生存环境而出现的，可能是自然环境的恶劣，也可能是面临战争；金色刀柄代表权力，既能说明黄金在这种文化体系中的珍贵，也能说明他们为了适应环境建立起了一套权力等级制度；刀刃上的符号说明他们所依赖的宗教产生于对环境的心理调适。因此我们可以通过文化系统来对器物做出解释，反之也可以通过器物来还原一个文化系统。

从这一方面来说，宾福德比克拉克走得更远。克拉克仅仅关注社会结构的问题，而宾福德则认为社会结构仅是文化系统中的一个亚系统，考古学家要重建的不单只是社会结构，更是要重建社会结构背后一套庞大而完整的文化系统。他把这一想法称之为"中程理论"，即考古学的研究由四个部分组成：①记录相关人类行为和可观测环境之间的因果关系；②在静态的遗迹中识别器物的特征；③通过观察考古发掘出的器物特征推断过去的动态人类行为；④对这些推论进行验证。

在这些理论基础上，宾福德重新拿出了"考古人类学"这一用词，与之前所不同的是，宾福德所理解的考古人类学是一种能提供从考古证据来推断人类各种行为所需要的通则。②这句话确实很难理解，需要拆分，这要从宾福德在1972年出版的《考古学的观点》一书说起。在这本书中，宾福德提到，既然器物能够反映人类行为和环境的关系，那么在解释器物之前

---

① Sociotechnic、Ideotechnic、Technomic这三个词汇是宾福德自创。

② Trigger, B. *A History of Archaeological Thought*. Cambridge: Cambridge University Press. 2006, pp.400.

就必须解释人类行为和环境之间的关系，他把人类行为和环境视作两个变量，这两个变量决定了该如何对器物做出解释，因此器物、人类行为、环境三者之间有着一种恒定的关系。可惜的是，古代世界的人类行为和环境已经不再能够被观察，但很多器物直到今天仍然被使用，既然三者之间有着恒定的关系，那么只要去寻找人类行为和环境这两个变量就可以。很明显，在现代社会中，这两个变量是存在的，我们可以去观察现代社会中这些"活体"文化，以器物为切入点寻找到这三者之间的恒定联系，就可以对古代文化做出解释。[①]宾福德的这种恒定关系理论也同时认为人类的行为是有着高度的规律性的，因此需要借助人类学家前往各个活态文化中进行考察，当考察的文化数量越多，这种恒定规律就会被慢慢发现，当到达一个数量级时，这种规律就具有统计学意义，这就是人类行为的通则。当通过人类学的调查找出这个通则之后，就可以轻松解释任何考古资料。

宾福德曾将考古学和物理学相比较，他认为考古学家应该向物理学家学习，通过大量的研究找出一条普适性的公式，然后再用这个公式去解决问题。宾福德想要找的这个公式就是人类行为的通则模式，考古人类学的工作就是利用这种通则模式来解释考古材料。这与之前在进化考古学时期将现代族群直接和古代族群进行类比的模式不同，宾福德是想通过对现代族群文化的观察找出通则模式后再去解释古代社会的物质文化。因此考古人类学工作的第一步应该是大量收集民族志资料，推导出这个通则模式。

这就是宾福德所理解的考古人类学，到此为止就可以为考古人类学下一个宾福德式的定义：考古人类学是利用对现代活态文化的大量人类学研究以得出一个人类行为的通则模式，之后再用这种通则模式解释考古材料。

宾福德以身作则践行了这一概念。他一生中的很多时间花在了人类学

---

① Binford, L. R. *An Archaeological Perspective*. New York: Seminar Press.pp.33–51.

田野调查之中，尤其是 1969 年至 1973 年在对因纽特人为期四年的调查中，宾福德亲身参加，撰写了很多与民族志有关的文本。①

宾福德的思想也遭到了很多批评，一些人类学家依然还在轻蔑的声称考古学"永远注定是人类学的次要部分。"②还有一些考古学家也认为宾福德没有在理论上有所创新，仅仅是提出了一种研究方法而已，不能称之为理论革命。③另外，宾福德所提出的构想太过于庞大了，他认为要想找出这个通则模式，就需要大量的民族志材料，而至于民族志材料到底需要多少他并没有具体说明，但可以肯定要想找出一个人类行为的通则模式所需要的民族志材料数量是不在少数的，可以说是一个很难完成的任务，他穷其一生都在找寻这个通则模式，直到 2001 年的一次论坛上，宾福德在会议上表达了他的失望，因为他对大量进行民族志和考古材料记录的构想仍未实现。④

不可否认的是宾福德作为新考古主义的代表人物，也是作为 20 世纪后半期伟大的考古学家做出的一系列贡献，他的"考古学即人类学"命题成为当代考古学的主导范式之一。⑤他真正从理论意义上定义了考古人类学研

---

① 这些文本包括: *Mortuary practices: their study and their potential*. In J.A. Brown, 1971, pp.6–29; *An Archaeological Perspective*. New York: Seminar Press. 1972; *For Theory Building in Archaeology*. New York: Academic Press. 1977; *Nunamiut Ethnoarchaeology*. Now York: Academic Press. 1978; *Willow smoke and dogs' tails: hunter gatherer settlement system and archaeological site formation*. American Antiquity 1980(45), pp.4–20; *Bones: Ancient Men and Modern Myths*. New York: Academic Press. 1981. *Working at Archaeology*. New York: Academic Press. 1983; *In Pursuit of the Past*. London: Thames and Hudson. 1983.

② Hoebel, E. A. *Man in the Primitive World*. New York: McGraw-Hill. 1949, pp.436.

③ Meltzer, D. J. *Paradigms and the nature of change in American archaeology*. American Antiquity 1979(44), pp.644–657.

④ Hegmon, M. *Setting theoretical egos aside: Issues and theory in North American archaeology*. American Antiquity 2003(2), pp.212–243.

⑤ Rajendran, S. *Legendary Archaeologist Lewis Binford Passes Away*. The Hindu. 2011, Apr, pp.13.

究的基本理论和方法，使得考古人类学具备了完善的理论体系和方法，从一门学科建设的角度来说，当一门学科有了具体的理论体系和方法之后，才能标志着这门学科的建立，虽然考古人类学的概念早已提出，但直到宾福德时代，考古人类学才能称之为一门学科。虽然当时仍有学者认为考古人类学不过是新考古学或者过程考古学的附庸，但依然不能泯没宾福德在民族学和考古学两门学科的结合方面做出的努力。

在宾福德等人的推动下，以"考古人类学"（Ethnoarchaeology）为关键词的著作以每年 13.4% 的速度增长，相较于 50 年代以前著作的总和增长了将近十倍。[①] 研究范围几乎扩展到了除了东亚和中亚以外的各个地区，考古人类学工作的对象更加广泛，包括不同环境中的村落农耕者和游牧者。涉及的主题包括象征主义和思维系统。特别是撒哈拉以南非洲地区，成为最受考古人类学者欢迎的地区。在二战以后，非洲大陆的反殖民浪潮和独立运动使很多非洲国家对民族国家的建构有了巨大的需求，这就导致了考古学研究需求的增长，而美国企图插手非洲的政治利益也倾向于支持大部分学者前往非洲进行研究，很多考古学家在各类基金和学术经费的支持下前往非洲从事考古人类学的工作，他们不但主持当地的考古发掘工作，还前往土著社区进行调查，民族志的数量在 20 世纪 60 年代快速增长，其中一部分就是由考古学家编纂的。[②]

---

① （美）尼古拉斯·戴维，（美）卡罗·克拉莫 著，郭立新、姚崇新等 译：《民族考古学实践》，长沙：岳麓书社，2009年，第18页。

② Washburn, S. *Social life of early man*. Viking Fund Publications in Anthropology, Chicago: Aldine. 1961, pp.31.

# 第三节　考古人类学的发展

## 一、人类学还是考古学：考古人类学的归类问题

随着考古人类学的再次兴起，关于这门学科如何归类的问题引发了人类学和考古学两个学科之间的争论。长期以来，考古学家习惯了将考古人类学作为考古学的一个分支学科来看待，直到 1962 年宾福德发表了《作为人类学的考古学》，把考古学归入了人类学范畴。[①] 克拉克对此也表示了支持。1967 年，克拉克（Clarke D. L.）发表了《分析考古学》一书响应宾福德的号召，认为考古学仅研究古代遗存是很不够的，必须把遗存放到"活的"的社会里，分析它们与社会历史的联系，重视研究文化发展的过程。[②]

但以考古学家自居的学者坚定地认为，他们所从事的田野调查工作肯定是以解释考古资料为目的的，如克拉莫（Kramer）对考古学者从事人类学调查的行为提出的看法是：可以假定一些社会文化系统的行为因素与物质之间具有关联，如果他们表现为考古记录，此类遗存也许可用来推断与之相关的行为。对当代（人类）行为的观察可以促进对过去行为的洞见与了解，特别是当过去的环境与相比较的当代社会文化系统非常相似时更是如此。[③] 因此对于考古学家来说，考古人类学归类于考古学似乎是毋庸置疑的，在他们看来人类学只不过是为了阐释考古资料而借用的手段，或是一

---

① Binford, L. R. *Archaeology as Anthropology*. American Antiquity.1962(28), pp.217–225.

② Clarke, D. L. *Analytical Archaeology*. London: Methuen. 1968.

③ Kramer, C. *In Ethnoarchaeology: implications of ethnography for archaeology*, New York: Columbia University Press. 1979, pp.1.

种研究方法，本质上来说仍然是考古学的工作。这种观点从19世纪末就一脉相承，考古人类学的学科归属问题在一些考古学家看来似乎不是一个值得讨论的话题，但是随着人类学学科的发展，这一问题便引起了争论。

争论的起源是人类学家在进行田野调查的时候往往会看到一些古代器物，包括出土文物、传世器物、遗迹等，而很多古代遗存遗迹在他们调查的族群中有时有着非常重要的功能，人类学家不得不直面这些遗存遗迹。

进化论学派理解的考古资料是作为民族志书写的材料，适用于证明文化发展层次的证据。泰勒在《原始文化》一书中探讨了考古学和人类学的关系：像复活节岛上的巨大石雕人像，这些人像或许是现在岛上居民的祖先制作的，但是现在岛上的居民不足以完成这样巨大的工程。还有更加重要的例子就是密西西比河流域的原住居民，人类学家称它为"土岗建筑者"，因为这个部落能够建造面积惊人的土城和院墙，其中在一个占地四平方英里的广场中，正方形和圆形的建筑构件能够准确地按同一尺度接合，说明了他们能够采用一些先进的设计和建造技术。[①]他用这些例子来说明现在生活在这些地方的人们远不如他们的祖先，因此出现了"文化退化"现象，由此认为研究人的原始状态的钥匙存在于史前考古学中。这把钥匙就是石器时代生活的事实本身，这个事实证明：远古的人们是处在蒙昧状态之中的。[②]

传播论学派也将考古材料运用到了极致，如埃利奥特·史密斯在他的《古埃及人》一书中认为：古代埃及文明是世界上最古老的文明，其他古代文明皆起源于埃及，由埃及传播而来；以对古埃及的考古发现为基础提

---

[①] （英）泰勒 著,连树声 译：《原始文化：神话、哲学、宗教、语言、艺术和习俗发展之研究》，桂林：广西师范大学出版社，2005年，第43页。

[②] （英）泰勒 著,连树声 译：《原始文化：神话、哲学、宗教、语言、艺术和习俗发展之研究》，桂林：广西师范大学出版社，2005年，第45页。

出文明的起源是一致的，一经创造之后就只有传播的功能，不可能再有同样的创造；古代埃及文明的传播开始于由古埃及人首先发明的出海船舶，有了出海船舶，就有了传播文明的工具，船舶航行到哪个地方就把文明传播到哪个地方。史密斯把从埃及传播于全世界的这种高度文明称为"太阳文明"，这是由崇拜太阳和建筑史前巨石等文化特征而得名。[①]

　　尽管进化论和传播论早已遭到了很多批判，但在人类学家眼中考古学不过是为人类学提供证据材料的观点始终不变，正如前文所提，这种想法直到 20 世纪中叶还根深蒂固，甚至在近几十年还在存在。格洛丽亚·伦敦（Gloria London）在 2000 年发表的论文《考古人类学与对过去的诠释》中指出，在早期的人类学实地调查中，访谈可以收集到很多证据，但很少会注意到物品，如在在喜马拉雅社区的访谈中，每次采访都是从一杯茶开始的，茶的表面漂浮着一层酸牦牛黄油（酥油茶）。随着每次采访的结束，我们可以品尝茶杯中的黄油并体验其黏糊糊的口感，却无法感受到盛酥油茶的杯子。我们发现的只是杯子，没有人会去采访杯子。我们看到的杯子也许是木制的，但它也可以是玻璃的、陶瓷的；这个杯子可能是本地制造或进口的；对于这些受访者没有提供细节，那么这个杯子在社区文化系统中到底发挥什么样的作用，它为什么一定要是木质的。这些人类学研究中被忽视的方面最好由考古学家来解决，他们有目的地收集有关古代文物的具体细节，并利用这些文物的细节来解释被人类学家所忽视的这些物品。考古人类学研究并不是简单地记录一个社区的花盆、山羊或打谷板的数量，而是从一个问题开始，利用考古材料进行定量分析、抽样调查和观察等技术进行系统的测试，以理解一个社区的文化样貌。[②] 从这些分析内容来看，

---

① 虎有泽、贾东海：《世界民族学史》，北京：中国社会科学出版社，2017年，第48页。

② Gloria London. *Ethnoarchaeology and Interpretations of the Past.* Near Eastern Archaeology. 2000(63), pp1–2.

她的论文明显还带有考古工作是为人类学提供资料的观点。

这场争论从根源上来说，还是宾福德和克拉克为了阐述考古材料而进行大量的民族志研究。当然采用其他学科的研究成果作为自身学科的研究材料也无可厚非，跨学科研究一直长期存在，人类学也不只是单单借助考古学的成果，就像宾福德也曾大量借助生态学、地理学、生物学等大量研究成果。

关于考古人类学的分类问题，应该从研究的本质来说明，得益于宾福德的贡献，考古人类学已经可以作为一门学科进行独立的研究，虽然这仅仅是个开始，其学科理论和方法在 20 世纪 70 年代还远远没有完善，争议也还在继续，但他本人认为应该归属到人类学学科之下。我们可以发现宾福德进行大量的民族志研究是为了找寻通则模式，而通则模式的目的是为了解释考古材料。可能他本人都没注意到，考古人类学的方向实际上已经逐渐明朗，即用人类学的理论来解释考古材料，至少从学科指向的角度来说，考古人类学应该归入考古学的门类之下。

之所以会产生争议，其实本质上是方法之争，按照宾福德的看法，在进行考古人类学的研究时，既要采用考古学的方法，也要采用人类学的方法，至于哪种方法占主导地位，不同的学派可能会产生不同的看法。例如进化考古学和历史文化考古学仍然是以考古发掘、类型学、地层学为主导，人类学只是作为一种补充以验证研究的结果。新考古学为了建立一个具有普适性的通则模式，需要大量的民族志材料进行分析，在分析之后才对考古材料做出阐释，因此田野调查和民族志分析占据了研究的主导。学科的研究方法不应该成为学科归属问题的争论基础，"条条大路通罗马"的谚语很明显地告诉我们，不管采用什么样的方法，达到目的才是根本，考古学家的任务是研究过去的文化。[①] 这一点同样也是考古人类学家要做的工作。基于以上讨论基本可以明确，同时也是在 20 世纪 70 年时逐渐明确的一个方向，即考古人类学属于考古学的一个分支学科。

## 二、后过程主义下的考古人类学：理论与方法的新视野

自从宾福德掀起了一场考古学的热潮之后，从 20 世纪 70 年代开始，考古学进入了"知识爆炸"阶段，新的理论和方法开始大量涌现。

首先是后过程考古学的出现。后过程主义考古学在 1970 年后初现端倪，到了 1985 年伊恩·霍德（Ian Hodder）将这一趋势总结为后过程主义考古学。这种趋势是源自对之前考古学理论的发展产生了怀疑，这些怀疑论观点认为，人类的行为太复杂和太难以捕捉，因此人类行为很难通过物质遗存保留下来。而人类的行为又是如此独特和富于变化，即使在物质遗存上留下痕迹也往往难以理解。考古学家对异己的社会进程的看法又不可避免地受到当代社会政治意识形态的干扰和影响。更重要的是，考古遗存本身也非一成不变和稳定的，它们是各种自然和人为因素共同作用的结果。所以，希望从这样的材料来全面了解古代人类的行为几乎是不可能的。[②] 甚至晚年的宾福德也对自己过于庞大的通则论感到怀疑（详见第二节）。

而这种怀疑催生出了后过程主义考古学的基本认识，即人类的行为太过于复杂且多样化，因此人类的文化是人类的信仰和行为是受到跨文化的影响而产生的异质和多样性的集合。[③] 后过程主义否定了人类文化的一致性，

---

① （加拿大）布鲁斯·G·特里格 著，陈淳 译：《考古学思想史》，北京：中国人民大学出版社，2010年，第334页。

② 陈淳：《考古学理论》，上海：复旦大学出版社，2004年，第137页。

③ Robb, J. E. *The archaeology of symbols*. Annual Review of Anthropology. 1998(27), pp.329–346.

对在新进化论影响下形成的新考古学提出了挑战，这显然是受到马克思主义人类学的影响。

　　早在 1884 年，恩格斯就在《家庭、私有制和国家的起源》一书中将历史唯物主义用于人类学的研究之中。恩格斯提出了"分工"这一重要的概念，他指出先前的一切社会发展阶段上的生产在本质上是共同的生产，同样，消费也是在较大或较小的共产制共同体内部直接分配产品。生产的这种共同性是在极狭小的范围内实现的，但是它随身带来的是生产者对自己的生产过程和产品的支配。他们知道，产品的结局将是怎样，他们把产品消费掉，产品不离开他们的手。只要生产在这个基础上进行，它就不可能越出生产者的支配范围，也不会产生鬼怪般的、对他们来说是异己的力量，像在文明时代经常地和不可避免地发生的那样。但是，分工慢慢地侵入了这种生产过程。它破坏生产和占有的共同性，它使个人占有成为占优势的规则，从而产生了个人之间的交换这是如何发生的。① 根据唯物主义观点，历史中的决定性因素，归根结底是直接生活的生产和再生产。但是，生产本身又有两种。一方面是生活资料即食物、衣服、住房以及为此所必需的工具的生产；另一方面是人自身的生产，即繁衍。一定历史时代和一定地区内的人们生活于其下的社会制度，受着两种生产的制约：一方面受劳动的发展阶段的制约，另一方面受家庭的发展阶段的制约。② 马克思主义产生于 19 世纪，但直到 20 世纪中叶，欧洲的人类学家才开始真正关注马克思主义，马克思主义人类学家提倡一种以人为本的理念，他们从社会分工和社会生产的角度来解释文化，同时强调生产方式中存在着巨大的多样性，

---

① 恩格斯 著，中共中央马克思恩格斯列宁斯大林著作编译局 编译：《家庭、私有制和国家的起源》，北京：人民出版社，2018年，第193页。

② 恩格斯 著，中共中央马克思恩格斯列宁斯大林著作编译局 编译：《家庭、私有制和国家的起源》，北京：人民出版社，2018年，第4页。

人类意识在社会变迁中起着重要的作用，由利益矛盾引发的社会冲突（即社会矛盾）是人类社会充满活力并且不断推动社会进步的主要原因。①

因此马克思主义人类学研究的重点在于族群内部的分工、社会生产、阶级矛盾、社会矛盾等问题，以此解释文化的发展和变迁。即不同的社会分工、社会生产会产生不同的文化样态，这就是文化特殊论。这产生了一个较为复杂的相对主义，由于每种文化都是特殊的，也就是一种文化相对于其他文化是特殊的，当我们看待一个文化时，这个文化相对于我们也是特殊的，当另外一个人再来看待这个文化，"我"对于"他"来说，以及这个文化对于"他"来说也是特殊的。每个人都会以不同的方式看待世界，就如每个人心中都有一个哈姆雷特。举一个例子，一个人类学家 A 前往一个社区进行田野调查，他发现这个社区的人还在使用石器，于是他便判定这个族群是原始的，但另外一个人类学家 B 发现这个社区的人能够在石器上进行精美的雕刻，这一点哪怕用机器都很难做到，因此他又认为这个族群是先进的，而处于这个社区当中的居民 C 则认为使用石器并在石器上进行雕刻是"常识"而已，并没有什么先进和原始的概念。在这个例子中出现了三个主体，人类学家 A、人类学家 B 及生活在这个社区的居民 C。这三个人的观念无分对错，因为任何一个主体相对于另外两个主体都是特殊的。马克思主义人类学站在了 C 这一边，他们认为一个族群的先进还是落后不是由外界的谁来决定，而是由他们自己来决定。准确地说，是由他们自己的社会分工和社会生产来决定，不管外界如何认为，只要他们认为自己的生产方式符合自身利益，那就是一种合理的存在。所以马克思主义人类学并非要去分析一个文化的原始或者先进，更不是进行文化的类比，而是深

① （加拿大）布鲁斯·G·特里格 著，陈淳 译：《考古学思想史》，北京：中国人民大学出版社，2010年，第336页。

入剖析一个族群的社会生产方式，追求的是客观事实，这样的客观事实是不以人的意志为转移的。所以马克思主义人类学家同马克思主义的追随者一样，他们常常鼓励社会弱势群体的主动表达他们自己的看法，鼓励人们打破经济或者社会的垄断，争取自身利益，揭露富人或者权贵以"为了社会进步和人类发展"为由而剥削劳动阶级的谎言，在马克思主义人类学家看来，外部的指责和横加干涉不仅不会促进所谓的社会进步，反而还破坏了一个族群中原有的、稳定的社会生产关系，是对这个族群利益的侵犯。

马克思主义人类学反对进化论、传播论、结构主义和新进化论，因为这些理论将文化的变迁看作是由外来因素影响下才产生文化的变迁，马克思主义人类学则坚持文化变迁是由内部生产关系决定的。在马克思主义人类学的影响下，后过程主义考古学应运而生，并在 70 年代到 80 年代占据了主流位置。1975 年，菲利普·科尔和安东尼奥·吉尔曼（Antonio Gilman）在当年美国人类学学会的年会上，组织了第一次有关马克思主义思想与考古学之间关系的专题讨论会。他们与卡罗尔·克拉姆利（Carole Crumley）的作品都倾向于立足于经典马克思主义理论。托马斯·帕特森（Thomas Patterson）的工作则将经典马克思主义与新马克思主义结合起来。1977 年，马修·斯普里格斯（Matthew Spriggs）在剑桥大学组织了另一次重要的马克思主义考古学会议。他提出，那时法国的马克思主义人类学看来为年青考古学家提供了"一种潜在的统一视角"。[1]

1980 年，由剑桥大学主持召开的"考古学的象征主义和结构主义"研讨会中公布了由伊恩·霍德主编的《象征与结构考古学》一书，这本书不但标志着后过程主义考古学走向成熟，也标志着考古人类学新体系的建立。

---

[1] （加拿大）布鲁斯·G·特里格 著，陈淳 译：《考古学思想史》，北京：中国人民大学出版社，2010年，第339页。

1982 年，霍德的《活的象征：物质文化的考古人类学研究》<sup>①</sup>出版，同年出版了《现在的过去：给考古学家的人类学指南》，霍德的这些著作为考古人类学的理论体系变革提供了重要的理论基础。

《行动中的符号》一书超过四分之三的部分记录了肯尼亚巴林戈地区部落和苏丹南部努巴部落的民族志，其他章节还涉及赞比亚的洛齐州，以及肯尼亚 Leroghi 高原上的牧民和狩猎采集者社区。在民族志的调查中，他开始讨论具有相似类型的文物或风格属性的区域是否代表相似的社会文化单位，也就是以往考古人类学提出的相似文化的类比问题，他认为这样来理解一个族群的文化太过于简单。霍德提出，物质文化通过社会行为赋予其意义，而不是为了适应环境而产生的。<sup>②</sup>简言之，物质是行动的象征，而行动由于不同群体的意识形态和符号代码而异。<sup>③</sup>因此哪怕是形制极其类似的物质只要出现在不同的文化之中，它们的意义其实是不同的。如此一来，他就否定了文化历史考古学派和新考古学派的种种观点。霍德提出，物质文化不只是社会结构的反映，而是社会关系的反映，例如在非洲的一些部落中，利用矛和葫芦的形制来划分等级界限，葫芦暗示着长者的权威，矛暗示着部落中的女性和青年人不得觊觎长者的权力。<sup>④</sup>因此地位较高的群体会利用物质来让他们的权力合法化。<sup>⑤</sup>在这个例子当中，葫芦和矛成了阶级关系的界限，而不仅仅是用来盛水或者战斗，如果我们不理解在这个部落

① 《Symbols in Action. Ethnoarchaeological Studies of Material Culture》，或译为《行动中的象征》。
② Ian Hodder. *Symbols in Action: Ethnoarchaeological Studies of Material Culture*. Cambridge: Cambridge University Press. 1982, pp.125.
③ Ian Hodder. *Symbols in Action: Ethnoarchaeological Studies of Material Culture*. Cambridge: Cambridge University Press. 1982, pp.217.
④ Ian Hodder. *Symbols in Action: Ethnoarchaeological Studies of Material Culture*. Cambridge: Cambridge University Press. 1982, pp.58–74.
⑤ Ian Hodder. *Symbols in Action: Ethnoarchaeological Studies of Material Culture*. Cambridge: Cambridge University Press. 1982, pp.119–122.

中长者和女性、青年人之间的阶级关系，就无法理解葫芦和矛的含义。

　　在霍德的观念中，物质的作用是进行社会互动，并积极地参与到社会文化建构中，因此人工制品是"活的象征"（Symbols in Action）。考古学应该通过物质文化来阐释社会关系，并在这种社会关系中理解物质文化的意义。霍德进而将这种理论发展为"背景考古学"（Contextual Archaeology），即认为如果要了解考古学上的一个问题或者对一个考古材料进行阐释，例如一个墓地，那么考古学家不仅仅要发掘、研究这个墓地，更是要观察其他的一切与这个墓地相关的方面，例如聚落形态、人口、其他物质资料等等，去了解这个族群的社会分工、阶级关系、意识形态等，重建出一个完整的社会关系结构，然后在这个宏大的背景结构中从他们的社会结构内部出发来理解这个墓地。霍德对考古学提出了一个更高的要求，即考古发现要做出更加全面的内在研究。①

　　在《现在的过去》一书中，霍德为了进一步阐释他的思想，专门就考古人类学话题单列一章。霍德认为考古人类学主要有三种功能，一是对聚落的位置、器物尺寸和形态变迁做出人类学调查，这一点是在民族志撰写中往往被忽视的，人类学家似乎更加关注语言、宗教、仪式等，而人类学家所忽略的，正是考古学家最需要的，所以有时候就需要考古学家亲自撰写适合自己的民族志；二是从正在迅速消失的社会抢救信息，当然这些信息并不是将他们视为"落后"或者"原始"，而是以他者的眼光看待自身社会变迁的信息哪怕是他者在融入现代化社会中的一切信息；三是建立着眼于法则的民族志类比，这种法则把物质模式和适应及文化情境联系起来，也就是说，我们要建立的是一种物质活动的情境而不仅仅是记录一个

---

① （加拿大）布鲁斯·G·特里格 著，陈淳 译：《考古学思想史》，北京：中国人民大学出版社，2010年，第344页。

族群有多少陶罐或者多少头牛，因为只有在特定的文化情境中才能理解这些物质，当一个文化情境被建立起来以后就会发现，不仅人会撒谎，陶罐也会。[①]

霍德把他的理论也称之为"物质文化理论"，这一理论的核心在于物质符号受到主观价值影响。物质符号既是行为的模型，也是服务于行为的模型，由于物质符号被赋予了价值，具有定性特征，它们都不是任意选择的，因此就必须借助器物的使用，并从形态与特定价值相结合的特殊历史局势理解符号。[②]这种特殊历史局势就是特定的历史文化情境。可能会有人认为要解释一个陶罐而去理解整个文化情境属于小题大做，对此霍德举了一个有趣的例子，他遇到一个朋克歌手，这个歌手的衣服上全是别针，当问他为什么全身上下都是别针，他自己也说不清，认为"只是图个乐"，也就是说他们自己都无法准确解释自己的行为，所以为了了解这个别针的功能，我们就要去了解这个朋克歌手的生活情景，包括他的家庭、教育、社交等，复原出他的文化情境，最后就能了解到别针象征的是一种朋克式的攻击性和抗争性。[③]同样的道理，如果仅靠陶罐去解释陶罐，是很难读出信息的。

在《现在的过去》一书中霍德经常提及"情境"一词，这是他观念中的关键词汇，因此他在《阅读过去：考古学阐释的当代取向》一书中对这一词汇做出了具体的解释。所谓的情境；就是相关环境的总和，取决于过去的社会行为者和现在的情境分析者从情境的这个定义看，相似群体（如

---

① （英）伊恩·霍德 著，徐坚 译：《现在的过去：给考古学家的人类学指南》，北京：北京大学出版社，2020年，第37-39页。

② （英）伊恩·霍德 著，徐坚 译：《现在的过去：给考古学家的人类学指南》，北京：北京大学出版社，2020年，第226页。

③ （英）伊恩·霍德 著，徐坚 译：《现在的过去：给考古学家的人类学指南》，北京：北京大学出版社，2020年，第213-217页。

文化单位）周围的边界并不等同于情境边界，因为不同文化单位之间的差异可能与理解每个文化单位内客体的意义相关。因此，只有在显著的相似和差异都缺失的情况下，才有情境的边界。同样，这种定义以客体为中心，从属于特定环境。"客体"可能是某种属性、器物、类型、文化或者其他；但是，不同于单一文化或者类型的概念，情境随着客体的具体位置、被考量的变化维度，以及操作意图而改变。"文化"是情境的组成成分或者侧面，但却不能界定情境。[①] 简而言之就是行为的环境性、技术性和行为性情境。[②] 因此界定一个情境的范围并不是传统的考古学文化范围，而是器物维度的变化，也就是与器物相关联的一切，例如一个青铜器，要解释这个青铜器的意义，首先要解释它的操作链，即如何被做出来的，为什么要采用这样的技术，做出来之后谁在使用它，为什么只有特定的人能使用它，这是由怎样的社会结构决定的，之后如何使用它，为什么要这么使用，如果用于祭祀是由怎样的宗教体系决定的，如果用于装饰又是由怎样的审美观决定的，为此我们要想搞清这个青铜器的意义，就要对操作链、社会结构、宗教、审美观等先做系统论述，建构起一个完整的文化情境，之后将这个青铜器置入这个文化情境中，那么它的意义就显而易见了。而这个文化情境并不是无边无际，每一个要素都与这个青铜器有关系，因此界定情境的边界就是由器物的维度来决定。

尽管霍德承认重建文化情境是一个十分复杂的过程，甚至令人感到绝望和困顿不堪，但他依然坚持，过去的情境性信息可以促成对功能性和观

---

① （英）伊恩·霍德、（美）斯科特·赫特森 著，徐坚 译：《阅读过去：考古学阐释的当代取向》，北京：北京大学出版社，2020年，第197页。

② （英）伊恩·霍德、（美）斯科特·赫特森 著，徐坚 译：《阅读过去：考古学阐释的当代取向》，北京：北京大学出版社，2020年，第212页。

念性意义的理解。①

　　霍德将考古人类学的研究推向了一个新的高度，他打破了狭隘的器物和文化类比研究，这也正是考古人类学发展出现困境的症结所在。考古人类学的转型一方面是重新评估了人类学和考古学之间的关系，在新的体系下，考古学家应该运用民族志的方法，撰写"考古民族志"用于描述过去的文化情境。过去的人们已经消逝，自然也无法从他者的口中得到任何资料，但他们的行为、文化等等都印刻在了遗迹遗物上，从某程度来说，这些物质遗存比口述资料更加稳定也更加可信，它们才是文化的直接载体，考古民族志就是要书写一部过去的民族志，而资料的来源就是物质文化遗存，所以考古学家要学习人类学家如何一步步的分析文化以及如何表达文化，这就是考古学和人类学之间新的连接，抑或说，考古学家要向人类学家一样工作；另一方面，考古人类学的转型使其研究重点放在了物质文化和民族志上面，考古人类学不能拘泥于对器物的无限分析，当一部民族考古志编纂出来的时候，在这个文化情境中的所有器物就都能得到解释，而不是一个器物解释完后再继续解释下一个器物这样低效率地工作。

　　考古人类学的发展至今已经有百余年，回顾学科史可以发现，所有的争论围绕如何解释考古材料的这一问题上，当然，这一问题也是考古学的终极问题。从进化考古学到文化历史考古学再到新考古学可以发现一个基本的规律，每一次考古学观念的转变，都是在人类学理论发生转变时发生的，这就意味着考古学和人类学的关系本就密不可分，甚至可以说，考古学的一切理论都是基于人类学的理论而产生的，考古人类学亦是如此。

　　在进化考古学时期，对考古材料的解读是依据单线进化论，由于这一

---

① （英）伊恩·霍德、（美）斯科特·赫特森 著，徐坚 译：《阅读过去：考古学阐释的当代取向》，北京：北京大学出版社，2020年，第257页。

理论的基础是认为人类文化的发展是按照不同阶段的序列顺序发展的，因此虽然所有人都处于同一个时间段，但有的族群发展缓慢甚至停滞。这些"原始"的族群所处的发展阶段和人类原始时期的发展阶段是一致的，所以才会出现用现在的民族志材料直接类比考古材料。这种方法在考古学作为一门现代意义的学科刚刚兴起时作用巨大，不但推动了人类学和考古学的相互结合，更是引发了考古学热潮，使得考古学在发展初期就受到人类学、社会学乃至于自然科学的极大关注，为考古学在后来的发展奠定了坚实的基础。随着人类学理论的发展，单线进化论遭到了批判，在这一理论支撑下的进化考古学同样走到了死胡同。

文化传播论的兴起解决了进化考古学的困境，蒙特柳斯采用传播论的观点对器物进行类比研究，开创了类型学研究的先河，卓有成效地建立起了欧洲文化传播图系。在蒙特柳斯的影响下，科西纳、柴尔德等人投入文化历史的考古学研究之中。他们努力解释文化随着历史的前进脚步是如何一步步散播出去的，并以此来对考古资料进行解释。他们的研究建立在文化传播论的基础上，也使考古学越来越依赖人类学的理论。这一时期的考古学如果脱离了人类学的理论体系，似乎就变成了只会挖掘地下宝藏的淘宝者。

人类学和考古学的紧密结合使得考古人类学这一概念被提出，然而当这个名词被提出的时候，仅仅是一个简单的词汇而已，只是表达了考古学和人类学相交叉的一个意思。由于最开始的考古人类学秉承的依然是进化考古学的观点，在这个名词刚被发明出来就随着进化考古学而归于沉寂，直到克拉克重拾了考古学对人类学的兴趣。和之前一样，还是人类学理论的发展改变了考古学的研究方法，这一次是法国社会学派的兴起。在社会学派理论的影响下，克拉克的视角转向了利用考古材料来对社会结构进行分析，并且认为只要有联系，现代族群的社会结构可以用来和过去类比。

在他的影响下，考古人类学被再次提起。

随着新进化论在人类学界的影响日益扩大，以宾福德为代表的新考古学派日渐成熟。由于多线进化论认为在不同的地区人类文化可以沿着相似的道路发展，宾福德由此提出人类的行为具有一种通则模式，因此需要大量的人类学田野调查来收集样本。当样本的数量达到一个程度的时候，就能发现这种通则模式，并利用这种通则去解释考古材料。宾福德过于庞大的构想很难实现，但他却掀起了一股考古人类学的热潮。越来越多的考古学家开始进行人类学调查。在考古学家进行考古发掘的同时，对所在地区的部落进行田野调查似乎成了一种常规模式。这也让人类学和考古学的学科边界日益模糊。

当学者们争论考古学该是一门独立的学科还是应该归入人类学的门类之中时，"作为考古学的考古学"的呼声受到瞩目，以霍德为代表的后过程主义考古学开始对之前的所有考古学理论和流派进行反思。在马克思主义人类学的影响下，后过程主义考古学不但只关注社会结构，还开始关注社会生产、社会分工、社会阶级等一切与文化相关的因素，他们的视野越来越广阔，最终归集为一点：人类行为的一切都会归于物质。这种与马克思主义唯物论相一致的理论很快受到欢迎，霍德也随之提出物质文化的概念，认为通过物质可以复原出文化情境，考古材料应该置入文化情境中来分析。为了复原文化情境，考古学家就要借鉴民族学家撰写民族志的方法来书写考古民族志。当一本考古民族志写成的时候，只要将考古资料放到里面，它的意义就显而易见了。这就是霍德观念下的考古人类学，抑或称之为新考古人类学。

新考古人类学的核心是书写考古民族志。考古民族志的书写要结合历史学和人类学，也要超越历史学和人类学。之所以要超越历史学，因为考古民族志的书写材料不仅仅是有文字记载的历史文献资料，还包括了丰富的物质文化。尤其是从考古学的角度来说，物质资料比口述史、文献更加稳定和真实。而超越人类学之处，则是考古民族志所记录的并不只是现代的活态文化，也是已经消亡的文化，并且努力建立过去与现在的联系，书写一个长时段的、跨越时间的民族志。

　　书写考古民族志，就是在书写过去。考古人类学百余年的发展，其实都是在致力于这样一个目标：考古学的工作并不在一器一物，而是通过器物看到庞大而壮美的文化系统。考古学家阅读过去，也参与书写过去，不管有关于考古人类学的争论如何激烈，所有人的这个愿望始终没有改变。

# 第二章　考古人类学的中国化

> 文化人类学研究全世界各种不同文化习俗与社会制度，具备所有种类的蓝图，这些习俗与制度，在考古遗址里面，只有一点物质痕迹残留。不熟知文化人类学的考古工作者，很自然地将这些遗物只当作物质文化处理。熟知各种习俗制度蓝图的考古工作者，便有可能根据残存的部分将全部习俗或制度复原。[①]
>
> ——张光直：《考古人类学随笔》

在中国，科学意义上的考古学是近代从西方传入的。20 世纪初期，以章太炎、梁启超等为代表的知识分子将考古学的概念引入中国。同一时期，许多外国学者随着帝国主义势力的在华扩张而进入中国，如瑞典地理学家斯文·赫定（Sevn Hedin）进入新疆考察，日本学者鸟居龙藏等调查了东北的许多遗址。最著名的还是匈牙利人斯坦因（Stein, M. A.）对敦煌经卷的掠夺。还有很多例子不胜枚举，这些外国学者的活动对中国历史文化遗存的破坏是不可估量的，但另外一方面他们刺激了中国考古学的诞生。

准确地说，中国科学考古学的诞生是以 1921 年瑞典学者安特生（Andersson, J. G.）带领一批中国学者发现并命名仰韶文化为标志，之后中

---

① 张光直：《考古人类学随笔》，北京：生活·读书·新知三联书店，1999年，第124–125页

央研究院历史语言研究所考古组的成立和对安阳殷墟的发掘使得考古学作为一门专业学科出现在中国学科体系之中。时至今日，中国考古学走过了百年发展历程，2021 年 10 月 17 日，仰韶文化发现暨中国现代考古学诞生100 周年纪念大会在河南省三门峡市举行，回顾了中国考古学百年来所走过的辉煌道路。

就在中国考古学诞生后不久，1928 年前后，中央研究院社会科学研究所民族学组等专业研究机构的建立，标志着中国人类学学科建设的开始。同时，中山大学语言历史研究所的人类学组、中央研究院历史语言研究所的人类学与民物学组相继成立。同年，最早的有关人类学的实地调查活动开始展开，标志着中国人类学田野工作的开端。有了田野调查活动，就可积累大量的民族志的第一手资料，学科的发展也有了基础。尽管在最初的调查中的方法依然较为简单，成果也难免有幼稚、肤浅，以历史的眼光来看，这些调查较过去的调查有了很大的进步和变化。从学科建设的角度来讲，中国学者自己进行的田野调查所显示出的意义更为重要。从文献到实地、从书斋到田野，是民族学发展过程中的关键飞跃。①

中国的人类学和考古学一样，都是在西方思想影响下立足于中国古代优秀的文化基础之上而诞生的，因此不管是从理论上还是实践上，受西方思想影响颇深，可以说两门学科的大部分理论和方法都是直接来源于西方国家。由于在当时的历史背景下，国内局势的动荡再加上学术交流的不畅，中国考古学和人类学的理论和实践发展速度远远赶不上西方国家，起步晚、发展慢是这两门学科的共同特征。因此中国人类学和考古学的结合也同样晚于欧美国家。也就是在这样的背景之下，考古人类学的观念开始进入中国并逐步发展起来。

① 王建民：《中国民族学史（上卷）》，昆明：云南教育出版社，1997年，第120页。

# 第一节　以"民族考古学"之名

## 一、新的概念

"Ethnoarchaeology"作为一个舶来词，在 20 世纪 80 年代初被引入中国。梁钊韬和张寿祺将其翻译为"民族考古学"，并给出的定义是"以民族学的方法和资料，跟考古学的方法和资料，与历史学的文献互相印证，互相补充、互相综合，对一些历史性的事物，做出更深入细致的说明"。[①] 这种定义的产生一方面与当时中国习惯将 Anthropology 和 Ethnology 都翻译为民族学有关，另一方面也只是从字面意思上理解，即将民族志资料作为解释考古材料的补充。虽然当时两位学者的理解并不太深入，但开始以考古学的视角注意到了民族志资料，标志着在中国，人类学和考古学开始有了交集。

中国的考古学，长期以来一直是历史学的分支学科，甚至是历史学的组成部分抑或是附庸。这种思想到 20 世纪八九十年代还十分盛行，正如夏鼐所指出的考古学与文献探索为基础的狭义历史学构成了广义历史学，犹如车的两轮，鸟的两翼，不可偏废。[②] 张忠培在 1990 年发表的《关于考古学的几个问题》中也认为一考古学属人文科学范畴，是历史学的有机的组成部分。[③] 直到 2011 年，随着中国考古学学科体系的建设完备，考古学才被升为一级学科。

20 世纪的中国考古学，更像是一种纯粹意义上的考古学，考古学家对

① 梁钊韬、张寿祺：《论"民族考古学"》，载《社会科学战线》，1983年04期，第211页。
② 夏鼐：《什么是考古学》，载《考古》，1984年10期，第931页。
③ 张忠培：《关于考古学的几个问题》，载《文物》，1990年12期，第27页。

考古材料的关注远远多于对其背后文化体系的关注，解读器物的资料往往
被限制在器物本身及文字史料范围内，这导致了长期以来考古发掘获得的
资料被认为就是用来正史、证史和补史的。在这样的背景下，当时还处于
"边缘学科"的人类学自然无法得到考古学家的关注。80年代，中国人类
学界将过多的注意力放在旧有成果的整理上，没有在学科理论和方法上及
时创新，滞后于其他社会人文学科，没有更好地适应当时中国社会对民族
学的迫切需求，乃至延误了学科发展的大好时机。[①]人类学在中国学术体系
的边缘化导致民族志材料没有机会发挥应有的作用。考古学和人类学完全
毫不相关的认识，以及对人类学的忽视，导致了在考古学研究中如果使用
民族志材料则被认为是"不太专业"的象征。虽然这与人类学和考古学在
我国起步晚、基础薄有一定关系，但不可否认至少在理论和思想领域当西
方已经走入后过程主义时代，中国考古学和人类学还停留在较早期，明显
落后于西方世界。

　　梁钊韬、张寿祺两位学者将民族考古学的概念翻译出来之后，出现了
与1901年费克斯刚刚创立"Ethno-archaeologist"概念时一样的现象，即只
是从字面意思上来理解这一概念，他们在《论"民族考古学"》一文中认为
民族考古一词具有民族学与考古学相结合而成为新的一门学科的含意。[②]在
文末，梁钊韬和张寿祺也初步做出了一些概念上的简单解读，认为民族考
古学可以用民族志材料类比考古材料，并且可以对中国少数民族的历史做
出研究。[③]1988年，张寿祺又对这一概念做了进一步解释，他认为所谓的民
族考古学是人类学家将一些从事民族志研究的人训练成为像田野考古工作

---

① 王建民、张海洋、胡鸿保：《中国民族学史（下卷）》，昆明：云南教育出版社，1998年，第
350页。

② 梁钊韬、张寿祺：《论"民族考古学"》，载《社会科学战线》，1983年04期，第211页。

③ 梁钊韬、张寿祺：《论"民族考古学"》，载《社会科学战线》，1983年04期，第211–222页。

者一样进入田野进行考古工作，这门科学的设计是为了适应考古学家的特殊需要，因而成为考古学者在他们工作中对于文物遗迹罕见的一些问题提供解决线索的一种方法。[①] 梁钊韬之所以不断强调民族考古学这一概念，与当时人类学学科的关注点转向对原始文化的研究有一定关系。从80年代末期到90年代初期，中青年学者都集中到了对原始文化的研究上，如1991年全国通过的两篇民族学专业博士学位论文，一篇是关于中国阿尔泰语系诸民族萨满教的形态，另一篇是关于图腾文化研究。与此同时，还有费孝通指导社会学理论和方法专业的两位博士学位获得者的论文，一篇是对费孝通本人的社区研究理论与方法的总结，另一篇则是对四川西部羌族地区的社区调查报告。其他一些研究原始文化的成果也多是在这一阶段出版或开始策划的。[②] 随着很多关于原始文化的研究成果陆续出版，考古学界尤其是史前考古方面的学者注意到了人类学家对原始文化记录的民族志。虽然梁钊韬是以人类学研究为起点，但他也对考古学颇有研究，例如1958年他主持的曲江县马坝乡的考古工作对于马坝人的研究填补了旧石器时代人类进化史上重要的一环。因此受到人类学和考古学双重训练的梁钊韬也发现这些对原始文化研究的民族志对考古学有着重要的帮助。虽说梁钊韬对于民族考古学概念的解释过于简单，但也提醒了考古学家要注意人类学的研究方法并参看民族志材料。

　　梁钊韬和张寿祺的解读带有进化考古学的色彩，之后容观复对他们的观点做出了进一步的说明，认为民族考古学是以考古实物为对象，通过民族志资料、历史文献来研究考古实物的内涵，即从研究一个现代落后民族

---

① 张寿祺：《关于"民族考古学"形成的时间与因素诸问题》，载《社会科学战线》，1988年01期，第333页。

② 王建民、张海洋、胡鸿保：《中国民族学史（下卷）》，昆明：云南教育出版社，1998年，第352页。

部落的行为去推断考古学文化遗存，以今论古、以今证古的民族志类比分析法来重建人类历史的过去。[①]

　　在《民族考古学初论》一书中，容观夐进一步解释：作为记录和分析田野工作得来的特定群体文化物质的民族志资料，或从历史的比较的观点来研究人类文化的文化人类学的资料，都可以为考古学的应用研究提供具体群体历史文化背景和生产生活模式材料……像一些民族学家和历史学家携手合作去研究民族史那样，考古学界则盛行用民族志材料解释考古发现，民族考古学正是考古学和民族学相结合研究同一事物的产物。[②] 为了更好地阐释这种观点，容观夐在书中列了一些例子，其中最典型的就是对春秋战国时期屈肢葬的解释。容观夐认为我国某些少数民族，截至解放时如云南省的永宁纳西族、独龙族、怒族、普米族，四川省甘孜藏族自治州的藏族、普米族、纳西族，广东省连南瑶族自治县的瑶族，广西壮族自治区隆林各族自治县和天峨县的壮族，以及台湾地区的高山族等都实行或残存这种葬俗。通过与这些地区少数民族屈肢葬葬俗的对比，可以发现这种葬俗发源于原始社会，盛行于原始社会，而残留于后世。屈肢葬俗是原始社会制度的投影，它的渊源是基于原始人灵魂不灭的观念。所以，它普遍地、不分地域地存在于原始社会的结构之中。[③] 这便是一种典型的用现代人类文化来解释考古材料的方法。容观夐认为还可以进行跨文化的比较，例如在云南晋宁石寨山出土的一批贮贝器中出现了"羽人舞"的图案，为了解释图案的含义，可以参看美洲纳弗和印第安人的太阳崇拜舞蹈的例子。纳弗和印第安人在进行太阳祭祀仪式时，舞者身上会涂有象征太阳的白色黏土，手

---

① 容观夐：《科学研究必须从最顽强的事实出发——评〈论民族考古与"民族考古学"〉一文》，载《中山大学学报（哲学社会科学版）》，1987年02期，第140页。

② 容观夐、乔晓勤 著：《民族考古学初论》，桂林：广西民族出版社，1992年，第2页。

③ 容观夐、乔晓勤 著：《民族考古学初论》，桂林：广西民族出版社，1992年，第90—91页。

持羽毛装饰的舞棒，围着火堆排成紧密的行列跳舞，舞姿模仿太阳的运行。他认为印第安的这种舞蹈和石寨山出土的铜鼓、贮贝器中不少铜鼓鼓面中心的太阳芒纹，以及舞人形象十分类似，由此可见舞蹈也是一种直接服务于特定祭祀活动的形式。①

从《民族考古学初论》一书中可以发现，容观夐等学者的资料来源受到进化考古学和新考古学的影响较大，对于后过程主义的关注较少。容观夐承认，迫于当时资料来源有限，他对从马克思主义考古学到后过程考古的新发展"知之甚微"，②并且他提出的这些方法"直接来自斯图尔德和怀特"。③但实际上，新考古学的理论来源即新进化论相较于单线进化论有了巨大的改变，因此新考古学和进化考古学虽然都主张用现代民族志和考古材料进行类比，但新考古学更强调必须有相似的环境才可以类比（详见第一章）。很显然容观夐忽略了这一点，认为现代民族志材料可以直接与考古材料相类比。

通过对西方考古人类学史的回顾可以发现，以现代民族志材料与古代社会直接进行类比的方式已经遭到了批判，但容观夐的贡献依然是非常巨大的，他以一个人类学家的身份关注到了考古材料，呼吁考古学家不但要关注民族志材料，更要关注"文化"这一重要的概念，他指出人类行为的动向产生于各该文化体系的复杂的相互作用之中，这是人类学整体论基本命题的基础，也是考古学工作者坚持系统观点，进行多学科综合研究的基础。④容观夐抨击我国的考古学依然停留在了20世纪60年代，考古学的评价标准依然以出土什么珍贵文物，发现什么重要遗址为衡量成就的标准，

---

① 容观夐、乔晓勤 著：《民族考古学初论》，桂林：广西民族出版社，1992年，第112-113页。
② 容观夐、乔晓勤 著：《民族考古学初论》，桂林：广西民族出版社，1992年，第27页。
③ 容观夐、乔晓勤 著：《民族考古学初论》，桂林：广西民族出版社，1992年，第125页。
④ 容观夐、乔晓勤 著：《民族考古学初论》，桂林：广西民族出版社，1992年，第114页。

对新考古学的思想拒之门外，如果中国考古学不接受新的思想，依然停留在孤立的、表象的描述出土文物的阶段，那么中国考古学将会退回到六十年代甚至更早的水平。[①]

以现在的眼光回头看容观夐的思想，虽然由于资料的局限性没能进一步了解后过程主义考古学，但在《民族考古学初论》的最后已经提及霍德的《现在的过去》一书并做了简要介绍，可惜他认为霍德的观点太过于注重心理因素的分析而忽略了生态环境的作用，因此是不可取的。[②] 总之，容观夐的思想仍然是以进化考古学和新考古学为基础的，这在当时的中国考古学界是一种非常新颖的思想，当然也是一种不太被容易接受的思想，将人类学纳入考古学的体系中在当时依然很难被考古学家所接受，所以容观夐的观点也被长期忽视，虽然一部分原因是容观夐是人类学家出身，长期从事人类学方面的工作，[③] 但根本原因是当时中国考古学界对理论问题的忽视，仍然坚持将考古学作为一门实践类学科看待。容观夐的贡献是，不但将人类学带入考古学之中，更是唤起了考古学对理论问题的研究。从 90 年代之后，中国考古学界越来越重视理论体系的建设，这与容观夐这样的学者努力将西方考古学理论翻译、介绍到中国的工作是密不可分的。

## 二、人类学中的考古学

20 世纪 80 年代末期，民族考古学概念被引入中国后也引起了国内人类

---

① 容观夐、乔晓勤 著：《民族考古学初论》，桂林：广西民族出版社，1992 年，第 143–144 页。

② 容观夐、乔晓勤 著：《民族考古学初论》，桂林：广西民族出版社，1992 年，第 165 页。

③ 容观夐曾任职中山大学人类学系副主任、中国民族史学会顾问、百越史学会名誉理事、中国人类学会理事、广东省民族研究学会名誉会长、广东省民俗学会副会长、广西瑶学会顾问等。

学家的思考。在有着辉煌文明的中国，文明遗存数不胜数，人类学家在进行田野调查的时候，经常会遇到一些现在还在使用的文物。正如上文提到张寿祺对民族考古学的解释一样，他对容观夐的观点持反对意见，认为容观夐的类比是以"整体论"为依据的，张寿祺所谓的"整体论"是指认为人类行为的出现乃在一定的文化体系中所产生出的复杂相互性影响下而形成。[①] 张寿祺提出一些人类学家将一些局部的情况拼凑在一起就称其为整体是不符合唯物主义的，是一种主观的臆断。[②] 因此"整体论"不能作为对一个文化研究的理论基础，更与民族考古学没有直接联系，所以容观夐的类比研究是不成立的。这样的类比，只是一种乱拉、乱扯、乱拼、乱凑，应该以当时事物的时间、地点、条件为着眼点进行观察。[③]

很明显可以看出，张寿祺极力反对单线进化论和进化考古学的思想，他是想"就事论事"，即以特定的事物进行类比。1990 年，张寿祺在《我国西南民族的"芦笙文化"及其地理分布》一文中即采用了这种方法。在这篇文章中，张寿祺用云南祥云县大波那 1 号墓出土的两件铜的芦笙壳、云南江川区李家山 24 号墓出土的另外两件铜芦笙壳来证明，黔东南清水江中游的苗族、凯里苗族、文山苗族等地的这种芦笙文化，在两千多年前的中国西南地区经已存在，并且结合历史资料证明芦笙文化作为一种艺术内容，有着预祝丰收、调节劳动者体力的内涵，能够维系民族内部团结，具有"感情的组织"和"生活的组织"结构作用，还可作为青年男女谈情说爱的媒介，甚至吹奏芦笙还有政治性目的。[④] 张寿祺的这种方法，简单来说可以用

---

① Ralph, L. Beals. Harry Hoijer. Alan, R. Beals. *An Introduction to Anthropology (5th edition)*. New York: Collier Macmillan Publishers. 1977, pp.3.

② 张寿祺 著，罗志欢、戴程志 选编：《张寿祺集》，广州：广东人民出版社，2017年，第38页。

③ 张寿祺 著，罗志欢、戴程志 选编：《张寿祺集》，广州：广东人民出版社，2017年，第53页。

④ 张寿祺：《我国西南民族的"芦笙文化"及其地理分布》，载《社会科学战线》，1990年01期，第323–334页。

"以古证今"来形容，就像在对芦笙文化的研究中，采用考古材料和历史文献资料来说明今天的芦笙文化的内涵。这种方法代表了90年代初人类学研究的主流方法。前文已提，这一时期的人类学研究关注的是原始文化方面，很多学者在对一些少数民族存在的原始文化进行分析时，往往采用考古资料来证明这种原始文化有着悠久的历史渊源。如1991年何星亮在《图腾文化与人类诸文化的起源》一书中，采用大量的考古资料和人类学调查资料来说明图腾文化存续时间长且范围广，通过对古代图腾文化的研究认为可以了解这一奇特文化的发生、发展和演变过程，明了我们今天许多文化现象的来龙去脉，有助于我们准确地阐释考古遗存、历史文献和社会历史调查资料中的图腾文化残余，而且还可使我们正确对待至今残存在我国部分少数民族中的图腾文化现象，尊重他们与图腾有关的风俗习惯。可见，研究图腾文化，既有学术意义，又有现实意义。[①]

面对在田野调查中遇到的一些文化现象，很多人类学家已经习惯于追溯古代文献资料或考古资料，似乎只要从这些资料中找到依据，就能证明这种文化来源的合法性。在这一过程中，跨文化的类比时常发生，人类学家也不太关注所寻找到的考古"证据"是否与所研究的对象有关。就上述两例而言，张寿祺是将在滇池流域和洱海流域发现的战国时期青铜芦笙壳与现代文山、黔东南等地苗族的芦笙文化进行类比，但并没有提供这两个地区、两个时代及古今族群之间有直接关联的证据。何星亮的图腾研究中，也多用考古材料来说明现在少数民族文化中图腾的含义，同时也进行了非常多的跨文化比较。如他提出以亲属称谓称呼图腾动物，是在确定亲属关系之后形成的一种习俗。这种习俗在近现代不少民族中仍有遗存，如澳大

---

① 何星亮：《图腾文化与人类诸文化的起源》，北京：中国文联出版公司，1991年，第433–434页。

利亚人、中非的班布蒂人、西非的班巴拉人、南非的贝专纳人、北婆罗洲的加焦人，以及我国的鄂伦春族、鄂温克族、黎族等，都存在以亲属称谓称呼图腾的习俗。其所以如此，是因为在原始社会的人们看来，父亲、子女、兄弟、姊妹等称谓并不是简单的荣誉称号，而是一种负有完全确定的、异常郑重的相互义务的称呼，这些义务的总和便构成这些民族的社会制度的实质部分。凡是被称为"父亲"或"兄弟"的，必须对称呼者负有应尽的义务。在这种亲属观念的基础上，原始人以为，要使所认的动物"亲属"真正履行义务和职责，就必须用亲属称谓称呼它们。[1] 不管是以古代的图腾文化比较现代民族的图腾文化还是在现代各地区之间进行跨文化的类比，这种类比的基础就是有相似性，但是同样忽略了关联性。

　　这种跨文化比较最大的争议点就是在于不同文化体系之间知否存在关联。对于这个问题，传播学派曾经给出答案，因为他们认为文化是可以传播的，不同文化间的相同性是许多文化圈相交的结果。[2] 要进行跨文化的比较，就要找出文化传播的证据，而不能仅仅因为存在"相似的情况"就进行比较。

　　以张寿祺为代表的学者对民族考古学概念的解释，强调的是采用考古材料来解释现代的文化现象。这种理念的进步之处是唤起了人类学家对考古材料的重视，希望能够利用丰富的考古材料对在田野调查中遇到的文化现象做出解释，也希望人类学家加强对考古材料的分析和研究，学习考古学的研究方法。但局限性就在于在进行类比的时候同容观复的观点一样，忽略了不同文化之间的联系。"相似即可类比"的观念长期存在，并且张寿祺的民族考古学观念的落脚点是人类学，也就是考古材料只是人类学研究

---

[1]　何星亮：《图腾文化与人类诸文化的起源》，北京：中国文联出版公司，1991年，第202-203页。

[2]　高永久等 编：《民族学概论》，天津：南开大学出版社，2009年，第35页。

的资料。在他的观念中，民族考古学是归属于人类学的范畴之中。不可否认的是，我国人类学的研究太过于依赖访谈资料和文本资料，对考古材料的关注确实远远不够，主要原因是很多人类学家缺少考古学和历史学的训练。张寿祺注意到了这一问题，因此希望人类学家能够学习一些考古学和历史学的知识，如果人类学家能够运用起考古材料和历史文献资料，那么视野将会得到极大的扩展，对人类学的发展是十分有利的。同时必须承认的一点是张寿祺所面临的跨文化比较问题确实是极难解决的一个问题，因为想要找出文化之间的联系就需要大量考古材料的支撑，就像蒙特柳斯那样通过大量的考古材料的类比以建立起类型学传播序列不是每个人都能做到的，尤其是在我国 90 年代初个人所能获得的资料相对匮乏的情况下确实很难做到这一点。如果以当时的背景来看待张寿祺的观念，会发现他对单线进化论和进化考古学观点的批判在国内学术界是十分进步的，他所做的研究极大地扩展了人类学的研究视野。

## 三、类比的兴起

不管是用过去同今天类比，还是用今天同过去类比，民族考古学在传入中国后最常被提起的词就是"类比"。虽然容观夐和张寿祺在学术观点上争论不休，但在方法上两种观点均赞成类比研究是民族考古学研究的基本方法。这种类比的研究方法在汪宁生的推动下走向成熟。

汪宁生曾于 1954 年就读于北京大学历史系考古学专业，后留校任苏秉琦的助教，受到颇多考古学方面的训练。1960 年之后，他参与了云南民族调查组在四川、云南、贵州一带的民族调查工作，其间又受到人类学方面的训练。这种受到人类学和考古学双重训练的学者在当时难能可贵，也为他后来发展民族考古学这一概念打下了坚实的基础。

1987 年，汪宁生发表《论民族考古学》一文，初步阐释了他的民族考古学理念。他明确表示赞同古尔德（Gould, R. A.）的观点，即认为民族考古学就是民族志材料和考古学材料的比较研究。关于民族志材料，可以来自自己的田野工作，也可以依赖前人的记载。[1] 他同时强调，并不是说只要随意征引一两条民族志材料用以说明考古学问题，就是民族考古学，因为在一般考古学著作中都可以找到这样的引证。但任何人（不仅仅是考古学者）只要有目的、有计划、系统地搜集民族志材料（不管是来自自己的调查还是前人的记录），来和考古学材料进行类比，经过严格的验证后用以解决考古学问题者，都可算民族考古学。[2]1998 年，汪宁生在北京大学考古系举办的一场学术讨论会上对民族考古学的方法做了进一步阐释。他举了这样一个例子：关于制陶的民族考古学研究，不仅要记录制陶术，还要弄清陶器是分散生产还是集中生产，是专业化产品还是家庭副业产品，以及工匠地位、市场和交换，等等。在这些方面，国内傣族制陶可以提供很多新鲜材料，补充或更正过去的看法。如傣族制陶虽由各户分散生产，而烧陶却是集中进行的。一个村落常有几个陶窑并列，以备各户联合烧陶之用。故远古遗址若有陶窑的集中分布，未必如某些论著所说，即能反映"制陶作坊"的存在。又如西双版纳傣族陶器销售于广大地区，为很多民族（布朗、哈尼、基诺等）所使用。故同一风格陶器之分布，未必如某些论著所想象，能代表某一族群或某一文化之区域。[3] 在这样的例子中，汪宁生认为可以用今天傣族制陶的例子来解释考古发掘中的陶窑集中分布的现象，这就是为了解决陶窑遗址的考古学问题有目的、有计划地搜集今天少数民族制陶的民族志材料。

---

① 汪宁生：《论民族考古学》，载《社会科学战线》，1987年02期，第315页。
② 汪宁生：《论民族考古学》，载《社会科学战线》，1987年02期，第316页。
③ 汪宁生：《民族考古学探索》，昆明：云南人民出版社，2008年，第14页。

汪宁生将他的理论总结为有目的、有计划、系统地搜集民族志材料（不管是来自自己的调查还是前人的记录）来与考古材料进行类比，经过严格的验证后用于解决考古学的问题，其研究范围同考古学相同。[①]所以从定义上来看，民族志材料是民族考古学的重要材料来源，在选择民族志材料时，坚持"先近后远"的原则，先选择距离出土地点较近地区的民族志材料，如无则在国内寻找类比材料，再无可从国外寻找。寻找民族志材料的过程分为两步：第一步是选择比较完整保留传统文化的民族；第二步是若在现代文明的冲击下发生了变化，则选择变化较小的地区。在选定民族志材料之后，还要分析哪些是固有的，哪些是次生或者外来的，这就需要民族学的方法来加以区分。[②]从方法论上来说，民族考古学的研究方法有三步：类比、假说、验证。首先通过民族志材料与考古材料的类比，建立假说，之后寻求证据验证假说。成功的关键就在于验证。如果验证符合假说，那假说成立；如果不符合假说，就再次进行类比，提出下一个假说。通过这三步，尽量避免空洞议论，要研究每种文化或某件文物的发现意义，以及能够说明的历史问题。[③]汪宁生同时也强调，在研究的过程中要避免单线进化论的影响，不能以所谓的"发展阶段"作为类比的依据，并且要求考古学家要亲自进行民族学田野调查，才能够有目的有针对性地收集资料。[④]

不管是从理论还是方法上来说，汪宁生总结并完善了民族考古学的研究方法，是中国民族考古学由初传走向成熟的标志，他的研究也颇有建设意义。他之所以能够提出这一套理论和方法，是因为早在80年代初就开始采用他所理解的民族考古学理论进行研究。因此要深入了解汪宁生的思想，

① 汪宁生：《民族考古学探索》，昆明：云南人民出版社，2008年，第3页。
② 汪宁生：《民族考古学探索》，昆明：云南人民出版社，2008年，第6页。
③ 汪宁生：《民族考古学探索》，昆明：云南人民出版社，2008年，第3页。
④ 汪宁生：《民族考古学探索》，昆明：云南人民出版社，2008年，第23-24页。

就要看他在 80 年代进行的一系列工作。1981 年发表的《从原始记事到文字发明》就是他早期思想的反映，他在研究文字的产生问题上，通过原始时期的原始记事方式，如刻在骨、石或者山崖上的记事遗迹和以丹麦、瑞典等偏远农村刻符号的方形木棒为代表的后进民族保留下来的记事等民族志资料的收集类比，归纳出了三种主要记事方法：一为物件记事，如黑龙江赫哲族用木片计数、云南哈尼族用木片计算日期、景颇族用木炭计数、西藏察隅地区僜人用苞谷计数等，①或者用物件的一部分或者与原物形状、颜色等有关的其他物件来记事，如景颇族用牛角代表牛、哈尼族用烧过的石头象征银子等。物件记事的最发达形式是景颇族的"树叶信"，即把代表不同意思的物件叠放捆扎之后当作信件送给对方以表达复杂的含义；二是符号记事，如鄂温克族用砍刀在树上砍出标记以记录路线、傣族等族的文身代表隶属关系、西双版纳制陶后刻上标记以表示所属、广西瑶族用绳子打结的方式"讲事"（指遇到纠纷时双方互讲道理）、哈尼族用麻绳打结作为买卖凭据、西盟佤族用木刻方式记事等；三是图画记事，如佤族"大房子"的牛头壁画记录了屋主人的财产情况、佤族和拉祜族的画布带有象征和祈求之意、景颇族的"鬼桩"绘画有祭祀和祈祷的意义，最为典型的是纳西族的象形文字东巴文，这是一种图画记事。这三种记事方式是通过大量的民族志资料收集的，之后还要与考古资料类比验证。陕西千阳汉墓和湖北江陵第 168 号墓发现骨筹与物件记事及其类似。②仰韶文化、马家窑文化、云南洱海地区、山东城子崖、上海崧泽等地均出土过带有特殊符号的陶器，这便是早期的符号记事。青海乐都柳湾出土的刻缺骨片等则是典型的木刻记事。甘肃武山出土的仰韶文化彩陶瓶、山东大汶口文化出土的陶器、殷

① 中国社会科学院民族研究所：《僜人社会历史调查报告》，1978年，第35页。

② 中国科学院自然科学史研究所：《千阳汉墓中出土算筹》，载《考古》，1976年2期，第85-86页。

商青铜器和巴蜀铜器中带有的图形族徽等，是早期图画记事的代表。此外，还有崖画、崖雕等，如沧源崖画、广西宁明崖画、新疆北部崖雕等，也是图画记事。最后得出结论：文字是由物件记事、符号记事、图画记事三种方法引导出来的，并不只是图画记事演变而来。三类记事方式并行交错发展，直到表音字的出现才标志着文字的正式形成。[①]

1983 年，汪宁生在《中国考古发现中的"大房子"》一文中研究"大房子"问题，我国的考古发掘中出现了一些大型房屋遗址，对于这些遗址的解读，一直争论不断。民族志中记录了一些"大房子"，主要有五种用处：一是作为公共住宅，如因纽特人可供三到五个家庭居住的石砌圆房[②]和易洛魁人的公共住宅，[③]国内的如基诺族长房、拉祜族干栏式公共住宅等；二是作为集会房屋，如新西兰毛利人的集会房屋；[④]三是男子公所和妇女公所，如米拉尼西亚的班克斯群岛等地的男子公所，[⑤]国内如高山族、彝族、苗族等也出现过公所；四是作为首领住宅，这是最为常见的形式；五是其他用途如工作室、娱乐场所、仓库等。

我国考古所发现的大房子在河姆渡遗址、半坡遗址、姜寨遗址、华县泉护村遗址郑州大河村遗址、郧阳区青龙泉遗址、剑川海门口遗址、圻春毛家嘴遗址均有发现。通过与民族志材料对比，远古时期的"大房子"用途均有不同，内部组织千变万化，与婚姻制度、世袭制度并无必然关系，

① 汪宁生：《从原始记事到文字发明》，载《考古学报》，1981年01期，第1-44+147-148页。
② （苏联）托尔斯托夫 著，李毅夫 译：《澳大利亚和大洋洲各族人民》，上海：三联书店，1980年，第182页。
③ Morgan. *House and House—Life of the American Aborigines*, Chicago: The University of Chicago Press, 1965, pp.124-127.
④ Goldenweiser, A. *Anthropology.* New York, F. S. Crofs&Co, 1937, pp.205-207.
⑤ Rivers, W. H. R. *The History of Melanesian Society*, Cambridge University Press,1914 (Vol I), pp.36,63.

其内部经济形式多样，不同民族不同文化均可能出现"大房子"

在仰韶文化的考古发掘中，一般认为仰韶文化是母系社会，通过民族志资料如易洛魁人、印第安人葬俗的记录，以及印尼西里伯斯岛的托加拉人和复活节岛的二次葬的对比，认为合葬墓是一种普遍现象，"女性本位"之说并不能成立，男女分别葬也只是一种正常的现象，所以仰韶文化是母系社会的说法论据并不充分。[①] 这篇文章利用民族考古学来反驳传统考古学的一些观点，汪宁生称这种工作在考古学被称为"破坏者"。[②]

1987 年，他发表了《从原始计量到度量衡制度的形成》一文，通过民族志的收集和作者的田野调查，总结出了中国少数民族的原始计量方法有以下数种：

第一种是长度。独龙族、景颇族、基诺族、佤族、傣族等，以身体的某一部分来表示长度。当然也出现了用固定长度的东西来作为尺度，如西双版纳傣族用贝叶经的长度来作为一肘的标准长度，德宏地区的傣族出现了木尺。这些都可以测量较短的长度，遇到较长的长度时，一般用视觉、听觉及时间的概念来表示，如独龙族负重前行直到休息一次的距离为一"第兰"；傣族以人眼可见的距离为一"约"；鄂温克人把一天的行程称为"搬小家"，两天为"搬大家"等。总之，对于长度的计算，大多不精确。

第二种是面积。少数民族面积的计算方式有三种：一是以播种的数量来计算，如播种一箩筐的土地面积，就是一个单位；二是以收获数量来计算，如贵州苗族以"禾把"为单位；三是以牛一天能耕的土地为单位，如四川凉山彝族以牛一天所耕的面积为一"架"或一"双"。这三种计算方法时常合用，但同样缺乏标准而不精确。

---

① 汪宁生：《中国考古发现中的"大房子"》，载《考古学报》，1983年03期，第271–294+403–404页。

② 汪宁生：《民族考古学探索》，昆明：云南人民出版社，2008年，第8页。

　　第三种是容量。计算容量，以身体和容器来计算。如独龙族以一手所盛之物为一"把"，双手为一"捧"；佤族、傣族用箩（块尼）、竹筒（赛因）作为容量单位；这些单位都不统一。随着商业交换的发展，一些地区也出现了标准的公用量具，如永德县利米人过去设"街长"一职，用公秤、公箩来校正容量。

　　第四种是重量。最早的重量单位是以人的体力来计算的，如鄂温克族以一人能背动的重量为一个单位。不能用体力来计算的，一是用手掂、目测；二是以数量来计算；三是以容量来计算；四是以长度来计算。傣族、藏族也出现了自己的秤，发展出了公秤如傣族的"公矼"。

　　考古发现中，关于长度、面积、容量、重量的相关发现也较为多见。有关长度测量的考古发现中，半坡遗址的正方形和长方形房子、河姆渡遗址干栏式建筑木桩相互平行、间距相等。[1] 这些长度的测量方法同我国少数民族一样，也是用身体来测量的，历史资料多有记载。在面积上，最早出现的是"田"的单位，在西周金文中多有出现。容量方面，曾取于人体，多用器具，如河南登封古阳城出土一陶器具，口沿有"廪"字，是一种官量。重量方面，早期出现了"石""斧"等单位，战国时期楚国墓地出土过成套砝码[2]、陕西阿房宫遗址出土过"高奴禾石"公权等，政治力量以及开始统一重量标准。

　　通过以上分析认为度量衡并非同时出现，长度最早出现，此后是量，最后是衡，三者最早都源自人体，后来为了方便交易，才逐渐开始统一标

---

① 浙江省文物管理委员会：《河姆渡遗址第一期发掘报告》，载《考古学报》1978年01期，第42-50页。

② 高至喜：《湖南楚墓中出土的天平和法马》，载《考古》，1972年04期，第42-45页。

准，最后由政治力量来达到标准的完全统一。①

纵观汪宁生的思想，很明显与容观夐属于同一体系，从方法上来说，与进化考古学的直接类比法十分类似，但在思想上都反对单线进化论，也都受到新进化论影响下的新考古学派的影响。

由于民族考古学在20世纪80年代才开始传入中国，此时的西方对于人类学和考古学结合的问题讨论已经持续了半个多世纪，中国的民族考古学似乎走上了一条"重复且跳跃"的道路。之所以说重复，是因为中国的民族考古学发展是从20世纪初西方民族考古学发展的路径从头开始的，和西方考古学一样，先是用词语拼凑的方式将人类学和考古学结合起来，然后像进化考古学一样采用古今类比的方式进行研究。而之所以说是跳跃，是因为中国的民族考古学没有经历过像文化历史考古学对进化考古学那样的批判，直接走入了新考古学的理论体系，这得益于当时中西方学术交流的通道再次打开，使得新的理论不断传入。

在容观夐、汪宁生等学者的影响下，李仰松、宋兆麟等学者也开始了这样的研究。在李仰松看来，人类学田野调查所取得的资料，从学术上讲，为究中国从原始社会至阶级社会的不同时期的历史文化内涵，提供了活生生的可兹对比研究的素材。也可以说，20世纪50年代前我国各少数民族的社会状况是一部人类社会发展史的"活"教材，对研究我国史前考古至国家产生的过程，以及人类社会各种不同经济文化类型的发展，具有重要的参考价值。② 李仰松认为人类学与考古学其资料来源均以野外工作为主，所不同的是人类学的材料是活的，主要来自各民族中活生生的社会组织和生产、生活、习俗等现实情况，而考古学的材料是死的，主要来自地下的遗

---

① 汪宁生：《从原始计量到度量衡制度的形成》，载《考古学报》，1987年03期，第293-320+397-398页。

② 李仰松：《民族考古学论文集》，北京：科学出版社，1998年，第9页。

迹、遗物。二者的研究各有不同的侧重点，但也有共同点。它们都是研究人类社会各民族文化的产生、形成和发展，不同民族文化在发展过程中的特征，以及各民族文化之间的相互关系、相互影响和人类发展各阶段的文化内涵，进而阐明社会历史发展的客观规律。二者在学术研究中有特别密切的关系，它们研究的问题愈深入，其共同性愈接近。[①]

宋兆麟受到李仰松的影响很大。在北京大学的时候，宋兆麟经常得到李仰松的指导，也是此后他走上民族考古学研究道路的主要原因。所以在理论上对于民族考古学的看法是和李仰松一致的，认为民族考古学的具体研究，主要是利用文献记载和考古发掘料研究问题，因此要大量地引用民族地区的"社会活化石"去印证，解释考古学的"死材料"。国内外现在所保存的民族学资料，都是在现代文化包围之下，已经不是完整的社会制度，而是一种残余形态。所以我们不能以一个民族的社会形态去套用考古学有关资料，但是可以用民族学中的个案去解释考古学中的个案。由此看出，这样的研究扩大了考古学研究领域，增加了民族考古学的研究方法。[②]

学者们的不断加入和讨论使考古人类学作为一门学科在中国快速发展起来。值得肯定的是，这些学者的探索对于学科发展是非常有益的，但当时流行的名词依然是"民族考古学"，以今天的学术发展水平回头审视这一概念在国内的发展情况，很多地方是值得商榷的。

首先来看"以今证古"的研究方法，即以现存落后民族的文化解释考古材料，这一指向直接来源于西方的进化考古学。这样的研究方法有一个前提条件，即要有个"落后民族"。关于"落后民族"的理解，可以从两方面来看，一是经济发展水平较为落后的民族，二是原始文化保留较为完

---

① 李仰松：《民族考古学论文集》，北京：科学出版社，1998年，第16页。

② 宋兆麟：《民族考古之路：我的治学生涯》，北京：商务印书馆，2018年，第228–229页。

整的民族，从人类学的角度来说，明显倾向于第二种理解。汪宁生采用这样的方法做出了很多的研究，例如他通过云南基诺族、佤族、景颇族、傣族的原始长度计量方式，推测出我国远古居民测量长度和今天少数民族一样，也是以人体各部位为天然长度。这样的类比方法有一定的科学性，但问题在于如何确定某一民族所保留的文化属于"原始文化"？从文化变迁的角度来说，文化是处在变化和发展之中的，不排除有些处在较为封闭环境中的民族文化变迁并不明显，使得文化传统得以完整地保留下来，因此有一定的可比性。但随着中国社会的发展，各民族逐渐打破落后封闭的状态，敞开进行多方面的交流，文化边缘状态也随经济条件的改善而逐步改变，这是其民族关系逐渐从封闭走向开放的体现。[1] 尤其是近几年以来，各民族交往交流的增多，是客观存在的现实与趋势。[2] 在这样的背景之下，我们对各民族所特有的文化是否属于"原始文化"很难做出判断，抑或是陷入无休止的考据之中。另外随着新时代我国各民族不断向现代化迈进，可以推测，未来这样的"原始文化"将会越来越难寻找。"落后民族"不管是从经济上还是从文化上，都会有较大的发展。因此从客观上看，这一指向将会越来越难收集到有效的民族志资料。再者，以今证古的方法虽能扩宽研究者的思路，却忽略了文化变迁。文化变迁理论在 20 世纪的中国长期被忽视，直到现代化的高速发展的今天，"现代化与民族传统文化"课题更日益受到人们的重视，同时"现代化与文化变迁"这一课题已成为当下中国民族学的中心课题之一。[3] 从文化变迁的视角来看，我们现在收集到的民族

---

① 李晓斌、杨晓兰：《人口较少民族的经济发展与民族关系调适——以德昂族为例》，载《贵州民族研究》，2010年10期，第91页。

② 高永久、赵志远：《论民族交往交流交融与铸牢中华民族共同体意识的思想基础》，载《思想战线》，2021年01期，第70页。

③ 石峰：《"文化变迁"研究状况概述》，载《贵州民族研究》，1998年04期，第9页。

志材料已经是一种经过不断变迁所生成的材料，如果要确定一则民族志材料对考古材料解释的"有效性"，首先要确定这则民族志的"原始性"，就需要进一步对这则民族志材料进行考据追溯，以确定它是否属于"原始文化"在今天的遗存，这样就容易偏离考古学的研究轨迹，转而变成对文化遗存的考据研究。

张忠培对于类比研究的方法提出了比较客观的评价：类比研究，应面对考古学事实，而不能委曲所要研究的考古学遗存，更不能削足适履，让考古学遗存适应某些民族学材料，甚至仅是研究者所知道的民族学材料。反之，在未搞清楚考古学遗存的情况下进行类比，不仅不能正确地回答考古学提出的问题，还给考古学研究带来麻烦，乃至混乱。在类比研究中，应以考古学遗存与现象处于内证或主证的地位，只能将民族学资料处居外证或辅证的地位。这样，类比研究的方法基本上应是先搞清楚考古学遗存与现象并依此逻辑地提出认识与问题，其次和民族学进行类比，最后接受考古学遗存与现象的验证。由于民族学资料仅居外证或辅证的地位，故这一方法的中间环节，将起助兴、填补细节和丰富论证的作用，有时，甚至在相当多的情况下，还能为考古学研究提出新的问题。在考古学遗存未十分清楚的情况下进行类比，如果研究者持谨慎态度，较全面地梳理了两类资料，则很可能发现考古学资料有待弄清楚的环节或问题。前者，将使研究者带着新的问题进入新一轮的考古学研究；后者，则要求研究者重新检验考古学资料。[1]

---

[1]　张忠培：《中国考古学：走近历史真实之道》，北京：科学出版社，1999年，第132页。

## 第二节　概念的扩展

### 一、对"民族历史"的考古研究

在 20 世纪 80 年代末到 90 年代初，对于民族考古学的认识又出现了一种新的指向。以童恩正为代表的学者提出，民族考古学是一种研究现代少数民族历史的考古学。[1]

这种思想的产生，与当时中国人类学学科概念的界定有关系，从 80 年代初人类学学科恢复之时就认为，人类学是一门独立的社会科学，主要是研究民族共同体的产生、发展和消亡规律的。[2] 也有人说，中国的人类学是以马列主义、毛泽东思想的科学理论为指导，结合中国实际，研究中国各民族形成、发展和相互关系的变化规律的一门综合性的社会科学。[3] 到了 80 年代中期，人类学被认为是"以民族为研究对象的学科。它把民族这一族体作为整体进行全面考察，研究民族的起源、发展以及消亡的过程，研究各族体的生产力和生产关系、经济基础和上层建筑。它是社会科学中的一门独立学科"。[4] 从中国学界对人类学的学科定义不难看出，主要研究对象还

---

[1]　童恩正：《南方——中华民族古文明的重要孕育之地（发刊词）》，载《南方民族考古》，1987年01期，第5页。

[2]　王建民、张海洋、胡鸿保：《中国民族学史·（下卷）》，昆明：云南教育出版社，1998年，第321页。

[3]　刘孝瑜：《略论民族学的定义和对象》，载中国民族学研究会 编：《民族学研究》，北京：民族出版社，1981年，第1辑，第1版。

[4]　林耀华：《民族学》，载《中国大百科全书·民族卷》，北京：中国大百科全书出版社，1986年，第321页。

是集中于民族问题，因此当时也常用"民族学"一词，而少用"人类学"，其研究指向还没有转向到对文化的研究上，而是关注民族的起源及发展问题。当时对"人类学"的这一定义本质上来说是 50 年代对少数民族社会历史大调查思想的延续，1956 年在全国人民代表大会民族事务委员会的直接领导下，一批民族学、历史学、社会学学者开始进行中国少数民族社会历史调查。少数民族社会历史调查各调查组的任务最初规定为：在 4 年到 7 年内基本弄清各少数民族的社会经济结构和阶级情况，并尽可能地搜集社会历史发展的资料和深入了解各民族的风俗习惯，从而对各民族的历史做系统的研究。① 从 1958 年起，民族事务委员会着手编写《中国少数民族简史丛书》《中国少数民族简志丛书》《中国少数民族自治地方概况丛书》。② 在 1956 年的一次考古工作会议上，费孝通做了题为"开展少数民族地区和与少数民族历史有关的地区的考古工作"的报告，提出考古学和民族学原来都是历史科学的构成部分，许多不能单靠文字材料解决的历史问题都需要这些科学提供的材料来研究，国内少数民族的历史问题，大多属于这一类问题，所以必须将这两门科学很好地结合起来。③ 1958 年，《考古》杂志社发文呼吁考古学家加强对少数民族地区的考古工作，努力探寻少数民族的历史。④ 可见在民族大调查的背景下，国家对少数民族的历史问题十分看重，

---

① 王建民、张海洋、胡鸿保：《中国民族学史（下卷）》，昆明：云南教育出版社，1998年，第159页。

② 《中国少数民族》《中国少数民族简史丛书》《中国少数民族语言简志丛书》《中国少数民族自治地方概况丛书》《中国少数民族社会历史调查资料丛刊》合称"民族问题五种丛书"，本计划在少数民族社会历史调查结束后编订出版，但是直到1979年，国家民族事务委员会重新规划，在《中国少数民族简史丛书》《中国少数民族简志丛书》《中国少数民族自治地方概况丛书》的基础上发展为前述的五种丛书，到1985年基本出齐。

③ 费孝通：《开展少数民族地区和与少数民族历史有关的地区的考古工作——在考古工作会议上的发言》，载《考古通讯》，1956年03期，第10页。

④ 里公：《加强少数民族地区的考古工作》，载《考古》，1958年10期，第66页。

所以考古资料被用来证明少数民族的发展历史就是一种顺理成章的事情。

　　童恩正从事的研究大部分集中在这一方面，例如在 1983 年发表的《西藏昌都卡若新石器时代遗址的发掘及其相关问题》一文中，通过对昌都卡若新石器时代遗址的研究指出西藏的原始文化中有两个部分，一种是土著居民的遗留，他们定居在西藏的时代目前至少可以推到旧石器时代后期，是一种以游牧和狩猎经济为主的部落；另一种是从甘、青地区南下的氐羌人，他们是一种以农业经济为主的部落，以后西藏的种族和文化，当就是以这两者为主体综合而成的。[①]1987 年，他在《中国西南的奴隶社会》一文中指出：蜀、滇、冉駹三种类型的奴隶制，给西南地区以后的历史发展，打下了深深的烙印。随着历史的推移，我们在以后藏族、傣族、羌族的农奴制中，在彝族的奴隶制中，在佤族、景颇族的家长奴隶制中，都可以发现这三种类型的制度的遗迹。至于专制主义意识的残余，对自给自足封闭式经济的留恋，绝对平均主义思想的泛滥，家族关系在新的条件下复活等陋习，至今还像幽灵一样在某些人的头脑中徘徊，妨碍着社会的进步和经济的改革。从这个角度来讲，我们对西南地区奴隶制度历史渊源的研究，还具有一定的现实意义。[②]

　　纵观童恩正在八九十年代的研究，主要是考察族属和族源问题，其他的文章例如《略述东南亚及中国南部农业起源的若干问题——兼谈农业考古研究方法》《略谈云南祥云大波那木椁铜棺墓的族属》《对云南冶铁业产生时代的几点意见》《四川西北地区石棺葬族属试探——附谈有关古代氐族的几个问题》《四川西南大石墓族属试探——附谈有关古代濮族的几个问题》等都是集中在少数民族的探源问题方面。随着对少数民族探源研究工作的

---

① 童恩正、冷健：《西藏昌都卡若新石器时代遗址的发掘及其相关问题》，载《民族研究》，1983年01期，第63页。

② 童恩正：《中国西南地区的奴隶社会（续二）》，载《天府新论》，1987年03期，第55页。

开展，童恩正注意到古代文化之间的联系，1987 年《试论我国从东北至西南的边地半月形文化传播带》一文的发表标志着童恩正的研究迈向了一个新的平台。在这篇文章中，童恩正指出当人类改造自然、利用自然的能力还相对地处于低下的阶段时，自然环境对人类社会的制约能力就越大，在人类文化中留下的烙印就越深。这样，当我们探讨这一边地半月形地带内呈现某种文化同一性的原因时，首先应当考虑的，就是其生态环境。边地半月形文化传播带的位置，恰好从两面环绕了黄河中游的黄土高原，大致东起大兴安岭南段，北以长城为界，西抵河湟地区再折向南方，沿青藏高原东部直达云南西北部。[①]

童恩正的研究是从滇文化出土的器物出发，认为这些器物包含大量的北方草原文化元素，这种北方文化的南渐也与费孝通提出的"藏彝走廊"有关。[②] 很明显，这篇文章以文化传播论为基础，结合了生态环境论的思想，建构起了一个由北到南的古代文化传播系统。从这方面来说，童恩正比汪宁生多走了一步。他并不局限于类比研究，而是想要构建一个文化传播序列。开放的心态与敏锐的眼光，使童恩正不断地将研究区域扩大，不仅跨越巴蜀、中国南方、东南亚，还跨越了文献、新石器时代与旧石器时代。他灵活地将自然环境、遗存形态、历史记载等资料结合起来，找到各个区域互有联系的线索，组合为令时人耳目一新的历史发展区域图，成为从"新一元论"到"新多元论"过渡中的猛将。[③]

在这一思想体系形成之后，童恩正积极参与了中华民族"多元一体"

---

① 童恩正：《中国西南民族考古论文集》，北京：文物出版社，1990年，第268页。

② 翟国强：《北方草原文化南渐研究——以滇文化为中心》，载《思想战线》，2014年03期，第30页。

③ 查晓英：《从民族史到人类学——童恩正西南考古的参照系》，载《社会科学研究》，2019年05期，第197页。

的研究浪潮。这股浪潮是由费孝通在 1989 年发表《中华民族的多元一体格局》一文掀起的，在文中，费孝通指出中华民族作为一个自觉的民族实体，是近百年来中国和西方列强对抗中出现的，但作为一个自在的民族实体则是几千年的历史过程所形成的。这篇论文回溯中华民族多元一体格局的形成过程。它的主流是由许许多多分散存在的民族单位，经过接触、混杂、联结和融合，同时也有分裂和消亡，形成一个你来我去、我来你去，我中有你、你中有我，而又各具个性的多元统一体。[①] 在这股浪潮中，中国考古学界期望建立起一个中国文化的传播与流动体系，除童恩正外，苏秉琦也是一个典型代表人物，他在 1991 年发表的《关于重建中国史前史的思考》一文中提出中华民族极富兼容性和凝聚力，史前不同文化区系的居民，通过不断组合、重组，百川汇成大江大河，逐步以华夏族为中心融合为一个几乎占人类四分之一的文化共同体——汉族。它虽然幅员辽阔，方言众多，但在文化上却呈现出明显的认同趋势。大约就是在这个基础上，以形、意为主，又适应各地方言的方块字被大家接受，成为其后数千年间维系民族共同体的文化纽带，产生了极强的凝聚力，汉族从一开始就不是封闭的、一成不变的。历史上许多进入内地的少数民族先后与汉族融合，给汉族不断注入新血液、新活力，得到壮大，五十多个兄弟民族共同组成伟大的中华民族大家庭。一部史前史，既是人类社会发展史，文化史，又是人类征服自然、改造自然的历史。这种性质决定它必须是多学科的综合研究成果，不仅需要吸收人类学、民族学的研究成果，还要借助地质学、古生物学以及许多自然科学或新技术手段。[②] 从这一角度来说，苏秉琦和童恩正一样，关注到了环境考古学的领域，更重要的是，在中华民族多元一体的研究浪

---

① 费孝通：《中华民族的多元一体格局》，载《北京大学学报（哲学社会科学版）》，1989年04期，第3页。

② 苏秉琦：《关于重建中国史前史的思考》，载《考古》，1991年12期，第1117页。

潮中，他们开始关注到了文化领域。

　　前文提到，中国考古学一直是一种"纯粹"的考古学，十分关注器物的发掘和保护工作而忽略对文化体系的研究。这一点容观复、张寿祺等早就提出过反对意见。童恩正、苏秉琦等学者的研究，极大地改变了考古学的研究指向，将考古学真正带入文化的研究之中。

　　童恩正对文化的关注不少于对考古材料的关注。1989年，他出版了《文化人类学》一书，在这本书中，童恩正直言：考古学的最终任务，还在于探讨人类历史发展的原因，衡量各种内因和外因在塑造人类自身及社会组织过程中的作用。从这个角度而言，考古学在文化人类学中所占的地位是非常重要的。如果说考古学的任务是利用实物资料研究古代民族的文化，那么人类学的任务就是利用现实调查的资料研究当代民族的文化。[1] 童恩正研究的转向，与1989年赴美讲学有关。他先后在加州大学、宾州大学、密兹安州立大学、华盛顿州立大学讲课，任匹兹堡大学历史系及东方艺术研究中心客座教授、德国科学院考古研究所通讯院士，并在美国华盛顿大学杰克逊国际研究学院主办的讲座作《文化人类学与中国的社会改革》演讲。这一时期，正是美国后过程主义兴起的时期，至少到90年代，过程和后过程考古学都在做相同的事情，即更多地了解人类学理论。过程考古学源自人类学新进化论，60年代在美国风靡一时；而后过程考古学在几十年后才发展起来，大体上是对人类学中文化现象兴趣日增的结果。过程和后过程考古学家都有一种愿望，即利用他们人类的学理论知识来解释社会或文化在过去是如何运转和变迁的。[2] 童恩正在美国受到这股思潮的影响，所以转向了文化领域的研究，直到1997年身患急性肝炎病逝。

---

[1]　童恩正：《文化人类学》，上海：上海人民出版社，1989年，第11页。

[2]　（加拿大）布鲁斯·G·特里格 著，陈淳 译：《考古学思想史》，北京：中国人民大学出版社，2010年，第363页。

　　虽然童恩正没有再对民族考古学这一概念做出补充，但很明显已经有了一些转变。他早期对民族考古学的理解是研究现代少数民族历史的考古学，但到了后期，他明显认为对文化的研究远比器物更加重要，他期望利用考古材料建立起古代文明的发展轨迹，尤其是历史上各民族文化相互融合的过程。所以，他对民族考古学的理解应该表述为利用考古材料对古代各民族的文化形成与发展进行研究。准确地说，他的研究是将人类学和考古学结合起来，将研究对象由现代民族转向古代民族，研究的目的由厘清少数民族历史发展脉络转为揭示古代民族的文化样貌。

　　童恩正的研究理念得到了很多学者的支持并发展至今，如王恒杰则认为中国的民族考古学应该是研究中国古代民族的考古学文化。[①] 张增祺也持此观点，并对西南地区古代少数民族的文化做了详细的研究。[②] 但无论是现代民族的历史进行考古学的研究还是对古代民族的考古，其研究对象都是民族，研究目的是探寻现代民族的历史抑或古代民族的历史。这一观念不断发展，衍生出了高句丽考古、渤海考古、契丹考古、女真考古、匈奴考古、鲜卑考古、党项考古、西域考古等等方向。以一个特定的族群出发，不断挖掘其文化内涵，对于挖掘中国古代各民族文化，复原中华民族在形成过程中所产生的丰富多彩的文化样貌大有裨益。

　　当然，童恩正的研究也有值得商榷之处，其中最具争议的是关于"族属"的概念，童恩正对古代民族的研究对象以文献记载中的民族为主，以此为研究对象，则太过于宽泛，因为就方法上来说其实和一般考古学无异。如果是强调以少数民族为对象展开研究，对中国而言，要么称作少数民族

---

①　王恒杰、张雪慧：《民族考古学基础》，北京：中央民族大学出版社，1999年，第4页。
②　张增祺：《中国西南民族考古》，昆明：云南人民出版社，2012年版。

考古，要么直接称为边疆民族考古。① 但根本的问题在于，不管研究对象是不是少数民族，依然采用的是考古学的基本理论和方法进行研究，仅仅是将研究范围界定为少数民族。

此外对于这一点，张忠培认为古籍记载的一族，有时恰等于一个考古学文化，有时包含着几个考古学文化，还未见过一个以上的族共有一个考古学文化的现象。这也说明古人对族的认定，是相当准确而符合实际情况的。考古学文化族属的研究，是一个相当复杂的问题。除了古籍所记族人是否等同一考古学文化外，还存在文献记载、疏、注及考证和对考古学遗存的认识问题。例如依文献记载，商人和周人当是渊源相异、文化上相互有区别的不同民族，依考古学的标准，也可将殷墟时期的商、周分为不同的考古学文化。然而至少到文王时期，周人就接受了商人文化，具有和商人相同的占卜习俗及铜礼器，使用和商人相同的文字。依民族学来看，则可将此时期的商人和周人，视为同一民族的不同群体；而从考古学来看，不仅此时期商人和周人的遗存，即使灭殷以后的周人遗存，仍应界定为不同的考古学文化。同样，至迟到春秋后期，秦、楚已认同华夏。可是，依考古学的标准，仍能将它们的此后一段相当长时期的遗存，和华夏区别开来。② 也就是说，童恩正忽略了族群与文化之间的区别与联系，默认一个族群会有着一种稳定的文化。对于这一点，张忠培提出民族学以村社、社区、民族和族群，或以氏族、部落、宗族、部族和民族划分人群，考古学则以考古学文化区分人类的不同群体。③ 因此张忠培认为民族不应该和文化绑定

---

① 王仁湘：《边疆考古与民族考古学》，载吉林大学边疆考古研究中心、四川大学、西藏大学中国藏学研究所：《中国边疆考古学术讨论会论文摘要》，四川大学中国藏学研究所，2005年04期，第121页。
② 张忠培：《中国考古学：走近历史真实之道》，北京：科学出版社，1999年，第138页。
③ 张忠培：《中国考古学：走近历史真实之道》，北京：科学出版社，1999年，第219页。

在一起，考古学应该以物论史、透物见人，直接通过考古材料对文化展开研究。

在张忠培对"民族考古学"进行了果断有力的批评后，越来越多的考古学者对"遗存—族属"式的研究产生怀疑。尽管童恩正在民族史与考古学结合的方式上存在可议之处，但他最为出色的研究是在民族史框架下产生的。他强调中国西南与南方地区的重要性，加速了中原中心论的分崩离析；他率先论述奴隶社会的多种表现形式，批判摩尔根模式，运用"酋邦""复杂社会"等新概念，探讨"文明"发展与"国家"形成。[1] 这些研究在今天的学术界仍然具有指导意义。

## 二、对"民族文物"的考古研究

前文提到，人类学家们在田野调查的过程中，时常会收集到一些文物资料，这些资料在学术界常称其为"民族文物"。这些民族文物包含两类：一类是在少数民族地区通过考古发掘出土的文物；一类是在少数民族地区流传的传世文物。这两类文物一直以来都不做区分，只要是在少数民族地区发现的文物，不管是考古发掘出土还是流传至今的文物，都称之为"民族文物"。20世纪50年代的民族大调查就是以这样的思想来看待民族文物的。在汇编民族问题五种丛书时，《中国少数民族社会历史调查资料丛刊》之《云南民族文物调查》就是典型例子。在该丛书中，只要是在少数民族地区发现的，不管是出土文物还是传世文物都不做区别地进行汇编。[2]

---

[1] 查晓英：《从民族史到人类学——童恩正西南考古的参照系》，载《社会科学研究》，2019年05期，第198页。

[2] 《中国少数民族社会历史调查资料丛刊》修订编辑委员会 编：《云南民族文物调查》，北京：民族出版社，2009年版。

　　这种含糊不清的认识很快引起了争论。吴泽霖在 1957 年发表的《关于少数民族文物的一点认识》一文中最先提出，凡能反映各少数民族在生产、生活上的基本情况的一切实物，都是少数民族文物。[①] 此后，又进一步说明一切文物，包括少数民族文物也毫不例外，是人民生活中的一部分，是生活资料或生产资料，也是社会关系，通过它，可以帮助我们了解一个社会的性质和民族的面貌。[②] 吴泽霖的定义明显偏向于人类学方面，但这个定义还是太过于宽泛。1982 年，王昭武在《谈民族学博物馆》一文中沿用了这个观点，即认为民族文物是反映我国各民族社会生活各方面的文物。[③] 1986 年，杨堃将民族文物这一概念缩小为我国汉族以外诸少数民族的民族文物，并且强调民族文物都是属于民族学技术学的研究对象。[④] 从这些定义可以看出一种很明显的趋势，民族文物开始脱离考古学范畴而偏向人类学领域，将民族文物视为田野调查中所能获取的标本而非考古发掘所获取的。在这一基础上，宋兆麟主张将民族文物的时间范围扩大，认为近代民族文物也属于文物，今天的民族是由历史上的民族发展过来的，近代民族文物也是对历史上民族文物的继承发扬，由于它们不久前还在使用，并且比较完整，附有种种生动的情节，号称"社会的活化石"。它们在学术研究上可以起到考古资料难以起到的作用，它们还具有一定的历史价值。[⑤] 之后宋蜀华将以上概念总结为"民族文物是历史上形成的，反映历史上各时代、各民族的物质文化、制度文化和精神文化，是具有本民族特色的遗迹和遗

① 吴泽霖：《关于少数民族文物的一点认识》，载《文物参考资料》，1957年04期，第63页。
② 吴泽霖：《吴泽霖民族研究文集》，北京：民族出版社，1991年，第244页。
③ 王昭武：《谈民族学博物馆》，载《民族学研究》第三辑，1982年，第284页。
④ 杨堃：《谈谈民族学博物馆学》，载《中国博物馆》，1986年01期，第29—30页。
⑤ 宋兆麟：《民族文物鉴定诸问题》，载《中国博物馆》，2002年03期，第38页。

物"。[①] 其中提到的"各时代"也包括近现代，并不完全是传统意义上的古代文物，只要能够反映少数民族物质文化和精神文化，并具有一定的历史、科学、艺术价值的实物资料和影像图片资料，都是民族文物。[②] 在《中华人民共和国文物保护法》中，将文物的范围也表述为"反映历史上各时代、各民族社会制度、社会生产、社会生活的代表性实物"，因此并不局限于古代，能够反映少数民族物质文化精神文化成了确认民族文物的根本原则。

关于如何研究民族文物的问题长期以来也没有一个比较标准的范式。在中华人民共和国成立初期开展的民族大调查中，将民族文物作为"民族标本"进行记录和描述，由于缺乏影像录制技术，再加上运输的困难，很难进行民族文物的收集工作，大多数时候只能将这些民族文物以文字的方式进行描述和记录。从60年代开始，民族学家在田野调查时开始有意识地收集民族文物，并且放进博物馆保存。但当时并没有注重研究，大量的民族文物处于"留之无用，弃之可惜"的状态。80年代，以杨堃为代表的学者主张建立专门的民族文物博物馆。1984年11月中国民族博物馆开始筹建，1995年建成挂牌。此后各地和各高校研究所也相继建立民族博物馆，如1995云南民族博物馆建成开馆，2001年西北民族学院博物馆正式开馆，2003年广西民族博物馆开始兴建，同年云南大学人类学博物馆开始建设，2007年贵州民族博物馆建成。这些新建的民族博物馆成了收藏民族文物的专门机构，也为民族文物的研究奠定了丰富的物质资料基础。

进入21世纪，很多学者注意到了民族文物的价值，认为民族文物更重

---

① 宋蜀华：《从民族学视角论中国民族文物及其保护与抢救》，载《中央民族大学学报》，2004年04期，第38页。

② 谢沐华、起国庆：《论新时期中国民族文物的保护》，载《云南民族学院学报（哲学社会科学版）》，2003年04期，第52页。

要的价值在于它们传递的是一种社会进化的信息，以及个性的文化信息。[①]
对于这些信息，人类学家通常将民族文物作为民族志材料当中的实物材料
来采用，相对于传统的考古出土文物，民族文物有一个极大的优势就是仍
在被实际使用。很多时候，人类学家习惯将民族文物作为"活态文化"的
田野标本资料来采用，甚至很排斥考古学的介入，认为历史文物靠史料、
科学发掘和后人的认识来反映古远的历史文化，少数民族文物则更多地凭
与之相关的民俗及文化内涵来反映民族文化并借此揭示其价值。[②]而学术界
很快便反对这种区隔十分明显的研究方式，相较于"以今证古"的研究方
法，以张寿祺为代表的学者开始提倡"以古证今"的方法来分析民族文物。
最典型就是少数民族乐器，很多少数民族乐器的历史可以追溯至上百年甚
至上千年，传承至今，仍然保留着使用价值。以著名的三弦为例，在中国
西南部地区的彝、白、拉祜、哈尼、基诺、傈僳、景颇、苗、傣等少数民
族的音乐生活中，三弦亦具有非常重要的作用。[③]关于中国三弦乐器的出现，
最早可见四川广元市罗家桥南宋淳熙年间墓室内雕刻，可推断中国三弦的
正式出现，不会迟于南宋淳熙（1174—1190）到元代期间，其流行地区在
中国西南部的四川和南部的浙江、江苏一带，而其最早的出现地点应该是
中国西南部的四川一带。[④]

---

①　李黔滨：《关于对民族文物价值的认识——以贵州民族文物为例》，载《中国博物馆》，2006年
　　01期，第4页。

②　王国：《试析云南少数民族文物的几个特性》，载《云南民族学院学报（哲学社会科学版）》，
　　1998年04期，第42页。

③　王耀华：《三弦艺术论（上卷）中国三弦及其音乐》，福州：海峡文艺出版社，1991年，第
　　78页。

④　王耀华：《三弦艺术论（上卷）中国三弦及其音乐》，福州：海峡文艺出版社，1991年，第
　　6页。

四川广元市罗家桥南宋淳熙年间墓石雕三弦局部

　　再如鄂·苏日台发表的《呼伦贝尔民族文物的研究与认识》一文便通过对呼伦贝尔的蒙古族（主要为巴尔虎部和布里亚特部）、达斡尔族、鄂伦春族、鄂温克族民族文物的综合比较研究，发现具有其典型的文化特征，主要有"桦树皮文化""皮毛文化""萨满教文化"，其中将呼伦贝尔民族文物中的桦树皮器具与黑龙江省肇源县白金宝原始遗址出土的"仿桦树皮器陶罐"进行类比，分析"桦树皮文化"的起源问题。[①] 这样的研究，从本质上来说是追溯民族文物的历史发展规律，通过类比研究，了解现今某一民族文物的起源、传播与演变。在人类学田野调查中，如果收集到民族文物，加入考古学的方法或利用考古材料对民族文物进行深入的类比分析，更有助于了解民族文化的发展规律。如果人类学家对考古学资料有所了解的话，那么对于分析民族文物的文化内涵则会有很大帮助。

　　在对民族文物的研究过程中，有很多方面和考古学对于考古材料的研究十分相似，例如对器物的材质、用途等方面的分析是一致的，同时也开

--------

① 鄂·苏日台：《呼伦贝尔民族文物的研究与认识》，载《内蒙古社会科学（文史哲版）》，1993年01期，第69页。

始关注类型学的研究以分析某一民族文物的传播与演变规律。因此在对民族文物的研究中，利用考古材料和考古学的研究方法分析民族文物的发展、演变规律并解读其文化内涵也成了人类学和考古学相结合的一种指向。但这样的研究对象十分广泛，不单只是民族文物，对任何文物都可以适用，因此不能说研究对象是民族文物就是民族考古学，只能说在民族文物的研究中借用考古学的方法或考古材料加以类比分析。

在中国，人类学和考古学相互关注并走向结合的时间并不长，从 20 世纪 80 年代算起，不过 30 余年，相较于西方国家，中国的考古人类学还处在起步阶段，但正是由于西方已经有了较为成熟的考古人类学理论体系，并且有了丰富的实践经验，中国的考古人类学可以直接吸收西方的理论体系，避免了很多弯路，尤其是避免了受到带有殖民主义色彩的单线进化论和进化考古学到的影响。同时我们也要注意到，不管是考古学还是人类学，这两门学科在中国的发展脉络也完全不同于西方国家，再加上中国有着独特的文化背景，这就注定了中国的考古人类学不会也不可能完全复刻西方的学术体系。中国的学者一致认为，必须建构起具有中国特色的考古学、人类学和考古人类学理论体系，提升学术话语权，因此学者们都付出巨大的努力来探索考古人类学的学科理论。

在学者们的努力下，中国的考古学和人类学的结合形成了三种指向：一是"以今证古"，即利用今天的遗留的少数民族物质文化进行类比来解释考古材料；二是利用考古材料对今天少数民族的历史文化进行溯源或是对历史上的少数民族进行考证；三是利用考古学的理论和方法对民族文物展开研究。不管这三种指向的利弊何在，它们都有一个共同点就是被"民族"一词束缚住了。可能是由于一开始就翻译为"民族考古学"的原因，学者们的目光都紧紧围绕少数民族问题而忽略了庞大的文化空间，其实人类学的理论并不仅仅只适用于少数民族，一切人类的文化问题都可以用人类学来解决。但在 20 世纪"民族学"一词的盛行下，学科的研究范围也被带上了紧箍咒。我们在绪论部分就提到，近年来，"人类学"一词出现了取代"民族学"一词的趋势，这是一个积极的趋势，因为这就意味着学者们的眼光已经不再局限于少数民族，而是对中国丰富多彩的文化展开研究。在这样的背景下，"民族考古学"的研究对象如果再局限于少数民族则显得不合时宜，所以不如用"考古人类学"来替代"民族考古学"，不管是从名词上还是研究范围上都能得到扩展，更能体现出人类学和考古学结合的意义。

以现在的眼光回头审视来时的路，我们既要肯定前人做出的努力和贡献，也要注意到时代的局限性，不管是迫于信息交流的局限还是资料的局限，之前的研究或多或少都存在商榷之处，人类学与考古学结合的争论尚在继续，正如前文所说，这种看似激烈的争论却恰恰在促进着学科的发展，如果一门学科的争论停止，那么这门学科也就失去活力。

得益于中国特色社会主义进入新时代，我国的社会科学建设进入了一个飞速发展的时期。在这样的条件下，便可以继续进行考古人类学的探索，以寻求建立中国特色考古学体系。

# 第三章　人类学视域下的文物

没有一个研究史前史的学者会满足于将他所研究的文化描述成已经死亡或静止的机体。它一定是运转的，而且还是变化的，这些被观察到的变化应当被予以描述和解释。①

——（英）戈登·柴尔德：《历史的重建：考古材料的阐释》

在传统观念中，考古学关注物质，人类学关注文化，回顾中外考古学和人类学的结合过程，我们可以发现两种趋势。在考古学领域，也从一开始注重物质本身的研究到越来越注重物质背后的文化，"透物见人"成了考古学界比较认同的趋势。在人类学领域，从一开始关注田野调查资料到越来越关注考古资料，两门学科已经形成交叉发展之势。

考古学早已不再局限于对物质本身的研究，尤其是在中国，更是注重对文化的研究，正如赵宾福呼吁，中国特色的考古学要坚持"以物论史、透物见人"的学术传统，加快完成"修国史""写续篇""建体系"学科任务，通过发掘和保护文化遗产，揭示历史规律，把握历史趋势，为弘扬中华优秀传统文化、增强文化自信、增强民族凝聚力和自豪感提供坚强

---

① （英）戈登·柴尔德 著，方辉 方堃杨 译，陈淳 审校：《历史的重建：考古材料的阐释》，上海：上海三联书店，2012年，第232页。

支撑。①

　　分析物质的年代、成分可以通过科学手段进行，但分析物质背后的文化才是考古学所面临的最大难题，而人类学的学科优势就是对文化展开研究，因此考古学自然而然地就借助了人类学的理论。值得注意的是，考古学需要解释的物质是存在于历史之中的，这又恰恰是人类学的薄弱一环。人类学自身也注意到了这一问题，开始关注到了历史层面。在这样的背景之下，以人类学的视角如何看待历史，又如何看待曾存在于历史时空中的文物，就是本章的讨论内容。

① 赵宾福：《走中国道路：建设中国特色中国风格中国气派的考古学》，载《考古》，2021年09期，第9页。

## 第一节　历史人类学：人类学视域中的历史

### 一、人类学研究中的历史问题

考古学的研究对象是文物，是一种存在于历史时空中的器物，因此要理解考古人类学如何分析文物，就要先来看人类学如何理解历史。人类学家在收集资料的时候，往往会面对很多历史资料，因此人类学同样也关注到了历史问题，于是衍生出了"历史人类学"这门人类学的分支学科。历史人类学翻译自单词"Ethnohistory"，和人类学一样，这一单词也可以翻译为民族历史学、历史民族学等，在此同样不纠结于名词翻译问题，直接采用历史人类学这一学术界的惯用词汇来指代这一单词所表达的概念

长期以来，历史学和人类学都是两个独立的学科。尤其是到了 19 世纪 20 年代，随着以马林诺夫斯基为代表的人类学家开始不断完善田野理论，历史学和人类学研究领域的分隔更加明显。正如列维 – 斯特劳斯（Claude Levi-Strauss）曾指出过的那样：历史学是从社会的有意识表达方面来组织其资料的，而人类学是通过考察他们的无意识的基础来进行研究的。[①]

历史学的发展脉络经历了从主观到客观的过程，从克罗齐（Benedetto Croce）认为历史的形成是由于人民想到了它，[②] 到爱德华·霍列特·卡尔（Edward Hallett Carr）指出历史是历史学家跟他的事实之间相互作用的无

---

① （法）克罗德·列维–斯特劳斯 著，谢维扬、俞宣孟 译：《结构民族学》（第一卷），上海：上海译文出版社，1995年，第22页。

② （意）贝奈戴托·克罗齐 著，傅任敢 译：《历史学的理论与实际》，北京：商务印书馆，1981年，第5页。

止境的相互作用的连续不断的过程，是现在跟过去之间永无止境的问答交谈，历史学家对过去的解释，对于有意义和有连续的东西选择。[①] 在 20 世纪初树立了一种在历史学家"意识"中的历史，直到马克思主义史学将历史定义为年人类社会的客观进程，才基本弄清了历史学的定义。强调历史的客观性成了历史学的基本支柱，由于客观性的存在，列宁认为可以把这种客观和重复的历史进行概括，这里存在着社会生产关系，立刻就有可能看出重复性和常规性，就有可能把各国制度概括为一个基本概念，即社会形态。[②] 在坚持客观性的基础上，历史学研究也在坚持自己的研究方法，在唯物史观的指导下，强调历史的客观事实，将历史的研究分为历史认识和历史事实，历史认识是对历史事实的主观反映，应该确立一个历史认识事实，尤其是在文化史的研究中，这一点更是被着重强调。历史学一度坚持史料分析的合法性，同时也坚持反对"意识"中的历史，认为存在决定意识，将"意识中的历史"批判为历史唯心主义。

与历史学所不同的是，人类学的诸多流派的争论点实际上是集中于对田野资料的分析和解释问题上，但都不否认田野资料的重要地位，各学派通过不同的方法，去解读田野资料所展现的文化信息，这种对文化的研究，正如列维－斯特劳斯所说，它存在于意识当中，不管是有意识还是无意识，或者包括了意识所展现出来的一切，归根结底，都是有意识和无意识的体现。因此在很长一段时间中，历史学关注客观，人类学关注主观，历史学和人类学走在两条完全不同的道路上，似乎形成了不可逾越的隔墙。

这种现象持续到了 20 世纪 50 年代，人类学家关注到在研究中出现的历史问题，如马林诺夫斯基的思想在晚年发生转变，提出用人类学的功能

① （英）爱德华·霍列特·卡尔 著，陈恒 译：《历史是什么》，北京：商务印书馆，1981年，第28、135页。

② （俄）列宁：《列宁选集》第一卷，北京：人民出版社，1972年，第8页。

理论来研究历史文化的变迁。[①] 美国民族学家弗雷德·埃根（Eggan, F.）非常支持马林诺夫斯基的这一研究方法，并且将功能论的理论运用到对美国历史文化的研究中。[②] 这种将人类学的理论引入历史研究中的做法，开始打破历史学和人类学的隔阂，并且在五十年代形成了一股学术思潮，虽然在这一时期，主要运用的理论还是局限在功能论上，注重对历史的情景解读，并没有将人类学的理论全面运用到历史学的研究中。

20 世纪 60 年代开始，历史学和人类学的结合开始变得明显起来，1961 年，普里查德（Evans-Pritchard）在一次演讲中说：社会学、历史学和人类学家们都充分意识到，任何事件都有独一无二的特征，在阐释它时，这两点都要考虑到，如果一个事实的独特性丧失了，那么对它的概括就会显得太一般而没有什么价值，另一方面，如果没有被视作有规则的连续性，而是视作属于事件的某一类型，事件也就丧失了大部分甚至全部的意义。[③] 这就说明，历史学和人类学其实是有着共同的研究对象，就是对于研究者而言的"他者"。"他者"是与自我生活在不同的时空之中的群体或个人，不管是历时中的他者还是现时中的他者，都可以成为研究对象。1966 年，社会人类学家学术会议在爱丁堡召开，主题便是"历史和人类学"，可以算是历史学和人类学第一次公开的合作。

最先使用"历史人类学"这一名词的是法国人类学家、年鉴学派领军人物勒高夫（Jacques Le Goff）。他在《新史学》一书中提出，或许是史学、人类学和社会学这三门最接近的社会科学合并成一个新学科。关于这一学

---

① 刘海涛：《论西方"历史人类学"及其学术环境》，载《史学理论研究》2008年第4期，第77页。

② Eggan, F. *Social Anthropology and the Method of Controlled Comparison*. American Anthropologist, New Series, 1954, Vol. 56, No 5, Part 1, Oct, pp.745.

③ （英）爱德华·埃文斯–普里查德 著，冷凤彩 译：《论社会民族学》，北京：世界图书出版公司，2010年，第130页。

科保罗·韦纳称其为社会学史学，而我则更倾向于用"历史人类学"这一名称。[1] 在 20 世纪 70 年代，年鉴学派开始主张利用人类学资料将史料的范围继续扩大，提出将"历史人类学作为扩大了范围的史学代名词"。[2] 在这里，勒高夫主张历史学也要运用人类学的资料，所以在历史人类学概念出现之初，仅仅是关注资料范围的扩大和运用。人类学的研究从来都会或多或少地运用到历史资料，但反而历史学的研究是否应该用人类学的田野资料如口述史、传说等，一直存在争议。

在历史人类学这一概念兴起的二三十年后，到了 80 年代，学者们开始对这门新的学科进行反思，反思的主题是历史人类学是研究人类学中的历史还是历史中的人类学。科恩（Cohn, B. S.）指出：历史人类学家将是对诸文化的描绘，通过研究影响和改变结构的事件说明这些文化在历史时间中的位置，以及解释这些变化的重要性，这不会产生如 19 世纪的学者所寻求的关于社会变迁的"科学的"理论，而是一种关于变迁的历史。[3] 这算是定义了"人类学中的历史学"，即认为在人类学的视野中，研究的并不是历史的客观，而是强调文化在历史中的位置，解释的并不是历史事件，而是历史中的文化。而如何研究历史中的文化，科恩在《历史与人类学：角色地位》一文中进一步表示：人类学的方法是共时性的，是某种具体化和客体化的研究，历时性的研究将使人类学家摆脱社会生活的客体化，而研究社会生活的建立和构建，因为任何文化都不是自然的客体，而是在历史进程中构建的，人们可以通过表象（representation）来研究文化构建的进程。[4]

---

① （法）雅克·勒高夫 著，姚蒙 译：《新史学》，上海：上海译文出版社，1989年，第40页。

② （法）雅克·勒高夫 著，姚蒙 译：《新史学》，上海：上海译文出版社，1989年，第95页。

③ Cohn, B. S. *Toward a Rapprochement*. The Journal of Interdisciplinary History. 1981, vol. 12, No.2, Autumn, pp.252.

④ Cohn, B. S. *History and Anthropology: The State of Play*, Comparative Studies in Society and History. 1980, Vol 22, No 2, Apr, pp.217.

这一时期，也有学者提出了不同的看法，约翰·亚当斯（Adams, J. W.）认为历史学和人类学的结合并不能解释历史的全部面貌，尤其是人类学家过分强调对文化的研究而忽略了"特殊的、精英的研究"，人类学家们仅仅是在"揭示位于常识之下的前提并为自然的行为提供合理性"，甚至批评历史人类学是"简单的概念误用了"。[①] 亚当斯提出的这一批评引发了一波激烈讨论，同时也引起了历史学家的重视。美国历史学家娜塔丽·泽蒙·戴维斯（Davis, N. Z.）注意到了历史人类学的这一危机，戴维斯首先表示历史学可以借鉴人类学的理念，认为人类学的解释能够有助于为历史学家提供其研究类似材料的方法，研究历史文本的本身时也可以借用人类学的解释模式。[②] 戴维斯的观点可以算是一种折中主义，她既不完全同意按照人类学的理论去研究历史，也不反对历史学和人类学的结合。她认为人类学的理论只能作为历史学的"借鉴"，而不能取代历史学的主体。戴维斯总结道："人类学对我在历史思考上的影响在于，不仅加深了我对不变的过去的理解，还有对人类经验多样性的认识，人类学能够扩大可能性，帮助我们打开眼界，给予我们一个新的位置来看待过去并从早已熟知的历史文本中发现惊喜。"[③] 意大利历史学家卡诺·金斯伯格（Ginzburg, C.）则坚定地支持历史学和人类学的结合，认为历史人类学既能够处理历史学的危机，也能够处理人类学的危机。对于人类学家来说，他们逐渐意识到文化是历史的产物；对于历史学家来说，文化是历史发展中必不可少的，历史学必然会受到人类学的影响，"这是为制作更为有利的分析工具而付出的必要代

---

① Adams, J. W. *Consensus, Community, and Exoticism.* The Journal of Interdisciplinary History. 1981, Vol 12, No 2, Autumn, pp.260–265.

② Davis, N. Z. *The Possibilities of the Past.* The Journal of Interdisciplinary History. 1981, vol12, NO.2, Autumn, pp.267–269.

③ Davis, N. Z. *The Possibilities of the Past.* The Journal of Interdisciplinary History. 1981, vol12, NO.2, Autumn, pp.273–274.

价"。[1]20 世纪 80 年代的这一次讨论一方面揭示了这门新学科的诸多问题，为推动历史人类学的发展打下了问题意识的基础，另一方面也引起了历史学界的重视。

20 世纪 90 年代，历史学家转而关注"那些不具有赫赫事功之人的态度与信仰，亦即是民众史的一种形式"。[2]这样的转向使得历史学从关注"上层社会"转到关注"下层社会"。然而仅仅研究平民的历史还是不够的，奥特娜（Ortner, S.）强调，如果要用历史来回答人类学的问题，就不仅仅是要看简单的发生在人们身上的历史，而是他们身在其中的创造。[3]在她的这一观点中，就要求在历史人类学的研究时既要注意到历史的研究，同时也要运用人类学的理论来分析历史的本质问题。从这些方面来看，历史人类学的学科归属依旧是人类学。正如人类学家大贯惠美子（Ohnuki-Tierney, E.）对"历史"的理解是：在过去信息的基础上试图表现过去的一种解释或构建。[4]人类学家依旧坚持人类学本位，当人类学家在研究文化的过程中不可避免地碰到历史问题时，他们并不认为自己在研究的是"历史"，更不是在为历史研究提供资料。玛丽莲·西佛曼（Marilyn Silverman）和菲利普·格里福（Gulliver, P. H.）做的宣告有必要整段引用："我们必须认识，历史人类学的努力，不是为了给爱尔兰历史学家提供研究资料，正如这次学术谈论会上一位参与者所恰当表示的'我不以为我的工作是为爱尔兰的历史填

① Ginzburg, C. *The Possibilities of the Past: A Comment*. Journal of Interdisciplinary History. 1981, Vol 12, No 2, Autumn, pp.277–278.

② （英）海伊：《何为历史社会学》，载肯德里克 编，王辛慧 译：《解释过去，了解现在——历史社会学》，上海：上海人民出版社，1999年，第36页。

③ Sherry Ortner. *Theory in Anthropology Since the Sixties*. Comparative Studies in Society and history. 1984, 26(1), pp.159.

④ Ohnuki-Tierney, E. *Culture Through Time: Anthropological Approaches*, Stanford University. 1990, pp.6.

空’。因此，作为在爱尔兰工作的历史人类学家，我们以为，对于爱尔兰历史和史料编纂所需的工作，历史人类学家可以有所贡献。然而，爱尔兰的历史人类学有自己的过去、自己的现在，以及自己的时间表，这一点使它与爱尔兰的史料编纂学有别。更重要的是，通过人类学一般而言的跨文化传统，它将爱尔兰的历史和其他文化、社会及时段在进行的和已经完成的历史人类学研究联系在一起。”[①] 这一宣告尖锐而又指向明确，也代表了当时大多数人类学家的观点，即历史人类学是人类学中包含的历史。如此一来，历史人类学最终形成了两种指向：一种是人类学中的历史；一种是历史学中的人类学。[②] 西佛曼和格里福对这两个概念做了较为精确的区分，提出人类学家“注意在时序编年和功能上将过去和现在联系在一起，以便参考过去来解释和了解现在”，还有一种是“过去时期的历史民族志”，这种历史民族志通常取决于档案资料的情况。[③] 这便区分出前一种即历史人类学的研究目光依旧是“共时”，只不过需要用过去来解释现在；后一种研究即历史中的人类学目光是“历时”的，完全用过去来解释过去，甚至可以用过去的过去来解释过去，而如何知道过去，就需要档案资料的收集和研究，这一点，就是“历史中的人类学”的研究路径。历史中的人类学一度被认为

---

① （加）玛丽莲·西佛曼、P.H.格里福：《历史人类学和民族志的传统》，载玛丽莲·西佛曼、P.H.格里福 编，贾士蘅 译：《走进历史田野》，麦田出版股份有限公司，1999年，第38页。

② 关于这两种指向的称谓多有不同，古德曼称之为“民族志的史学”(ethnographic history)和“历史民族志”(historical ethnography)，详见Goodman J. *History and Anthropology*. Bentley, M, ed, Companion to Historiography, Routledge, 1997. 民族学家西佛曼和格里福将历史人类学又分为两个类别：历史民族志(historical ethnography)和历史的民族学(anthropology history)，详见玛丽莲·西佛曼、P.H.格里福：《历史人类学和民族志的传统》，玛丽莲·西佛曼、P.H.格里福 编：《走进历史田野》，第19页。陆启宏称之为“民族学的史学”（anthropological history）和“历史人类学”（historical anthropology)两种。

③ （加）玛丽莲·西佛曼、P.H.格里福：《历史人类学和民族志的传统》，载玛丽莲·西佛曼、P.H.格里福 编，贾士蘅 译：《走进历史田野》，麦田出版股份有限公司，1999年，第26页。

是历史学的"副产品",因为和历史学一样,都注重文献资料的收集和研究,看上去和历史学十分相似,而人类学的历史才被认为是真正的人类学研究。

这样的想法吸引了很多人类学家的注意,尤其是关注历史的人类学家。他们提出,历史中的人类学确实应该叫作"历史人类学"(Ethnohistory),詹姆斯·阿克斯特尔(James Axtell)将其定义为:历史学和人类学的结合,其目的是制造集合了历史学的历时性维度和人类学的共时性敏感的学术性产物,历史人类学涉及考古学、人类学、历史学和语言学等诸多学科,其使用的材料除了文献之外,还包括民间传说、口述资料、地图、绘画和手工艺品等。① 在阿克斯特尔的定义中,除了文献资料之外,历史人类学还要运用其他的资料,这些资料在 60 年代被斯图尔特范特(Sturtevant, W. C.)称为"非历史学的材料"或者"人类学的数据"。② 正因如此,由于材料运用和人类学极其相似,在美国,"历史学中的人类学"和"历史人类学"之间的概念开始模糊化。在很多美国的人类学著作中这两个概念常常互换,90 年代后期,美国学术界已经把"历史学中的人类学"用"历史人类学"完全代替了。③

其实历史人类学的两个指向并不矛盾,只不过是视角的问题。正如赵世瑜所言:历史学有自己的历史人类学,人类学也有自己的历史人类学。④ 关键是看研究对象的时空存在。如果研究对象是"历时性的存在",就要用

① Green, A. *The Houses of History: A Critical Reader in Twentieth Century*. History and Theory. New York University Press, 1990, pp.175.

② Sturtevant, W. C. *Anthropology, History, and Ethnohistory*. Ethnohistory. 1966, Vol 13, Issue 1/2, Winter/Spring, pp.6.

③ Murphy, E *Ethnohistory: Unsettling Knowledge*. Questioning Discipline. The University of Michigan Press. 2011.

④ 赵世瑜:《小历史与大历史—区域社会中的理念、方法与实践》,北京:生活·读书·新知三联书店,2006年,第370页。

历史人类学中"历史中的人类学"指向来进行研究；如果研究对象是"共时性的存在"，就要用"人类学中的历史"的指向来研究。总体来说，不管矛盾有多少，国外对历史人类学的理解仍然是作为一种分析材料的方法。而这些材料，既可以有历史的文献资料，也可以是人类学的材料，历史人类学是基于历史学和人类学理论的结合，历史人类学本身并不作为一种理论而存在，对历史人类学作为一种工具性和方法论的强调，是各个学派在争论中达成的最大共识。

## 二、对历史人类学研究方法的探索

关于历史人类学的研究方法，起初是同文化史的研究相等同，文化史的研究对象和任务是：研究文化作为一种具体的面又是一个整体的社会现象和它的发展规律；研究文化整体内部诸形式的特点，相互关系及其在不同历史时期的表现；研究文化特征形成，发展的历史，地理因素及其历史过程；研究文化整体在人类文明中的地位及其历史实践过程。[①] 这实际上就是对历史上"文化"的研究，这也标志着历史学研究方向有了一种新的转向。但此时国内的历史学界对文化史的关注依旧是中国古代主流文化的研究，既没有关注到民族文化方面，也没有采用人类学的理论。

真正意义上采用人类学的理论和方法来研究历史问题体现在了"华南学派"的研究上。他们以东南地区作为研究中心，对其丰富的历史资源和人类学资源展开研究，其研究渊源可以追溯到顾颉刚和傅斯年在中山大学创立的语言历史学研究所。顾颉刚提出："实地搜罗材料，到民众中寻方

---

① 李振宏、刘克辉：《历史学的理论与方法》，开封：河南大学出版社，1989年出版，2008年第3版，第412页。

言，到古文化的遗址中去发掘到各种的人间社会去采风俗，建设许多的新学问。"[1]2001年，中山大学历史人类学的研究中心成立，将华南学派的研究推向了高峰，得到了国内外学术界的赞赏和认可。华南学派最为重要的一次研究是1991年开始的"华南传统中国社会文化形态研究"，简称"华南研究计划"。该计划由时任香港中文大学人类学系主任陈其南主持，内地负责人是刘志伟，成员包括陈其南、萧凤霞、科大卫、蔡志祥、刘志伟、陈春声、罗一星、陈支平、郑振满、郑力民。其后，该计划的很多学术活动先后有来自不同国家和地区的华南地区问题研究者参与，其研究旨趣及最初设想可以说主导了此后20余年华南研究的方向。华南研究计划的初期目标是，结合人类学的田野研究和历史学的地方文献分析，针对华南几个代表性地区的主要社会文化层面展开深入考察。[2]虽然这一计划随着陈其南在1993年离开香港中文大学而停止，但相关参与者继续对华南地区文化样态进行深入研究。在此过程中，萧凤霞提出了"结构过程"概念，并指出日常生活中有很多权力关系，人的主体一直受各方面影响，而他的行为也反过来影响到限制他的社会结构。这其实是一个互动关系。不同行为有不同结构，哪一个结构才是最有力的制约结构呢？这得看其发生的历史时刻。由此我们就不能不讲到历史。这些数据是很重要的东西，因为它们教我们怎样再现历史，怎样理解文化意义，怎样创造历史。不过这个创造过程充满了权力关系，这些关系时强时弱。从历史学学到的东西就是这些关系什么时候弱什么时候强，这不同于一般人类学讲到的结构。[3]这种从历史的角度来看待权力结构的研究方法极大地影响了华南学派的研究。后来萧凤霞

---

① 顾颉刚：《发刊词》，载《中山大学语言历史研究所周刊》，1927年第01期，第1页。

② 王传：《华南学派史学理论溯源》，载《文史哲》，2018年08期，第33页。

③ 萧凤霞、包弼德、刘平、刘颖、张玄芝：《区域·结构·秩序——历史学与民族学的对话》，载《文史哲》，2007年05期，第13页。

将结构过程的概念进一步扩大，认为人的主体性既不是完全被锁在具本质性意义的心灵中，也不是经验的、量化的物质对象，可以被化约为静态的制度性结构，问题在于怎样分析性地掌握他们在历史过程中的形成与转化。[①] 萧凤霞对结构过程的理解，是用一种"自下而上"的方式来解读文化、权力、关系等，由于结构过程是一个持续不断周而复始的过程，所以不能只看到现在的结构，而且要理解现在的结构，就要从历史的结构来入手。这样的研究方式可以说为中国化的历史人类学研究树立了典范。华南学派的这种研究，被称为"带有经验主义实证性质的中国区域史研究"，[②] 而关于经验主义和实证主义能不能放在一起，也是历史学和人类学争论的一个焦点。王明珂在《华夏边缘》一书中指出，我们在探索历史的过程中，必将会提到民族史的研究，一般来说，大多会从语言学、历史学、考古学等角度来进行民族溯源，但难以脱离研究者自己的民族意象和对他族的异族象。[③] 所以我们需要一个民族史的边缘，就像在纸上画一个圈，不管在圈内如何涂鸦，就是不能改变圈的形状。这个圈就是主观范围界定的族群边缘，一旦触及族群边缘，族群的特征就会被强调出来，这是族群的边缘研究。在追溯族源问题时，核心问题是族群认同与历史记忆是如何形成的，是由谁创造的，是谁主张的认同，是谁的历史记忆，是由怎样的过程成了集体认同、边界与历史记忆。[④] 在民族史边缘问题的研究中，历史资料是一个重要的指南针，是记忆者对"我族"认识的直接反应。因此，我们需要在历史

---

① 萧凤霞：《踏迹寻中：四十年华南田野之旅》，香港：香港大学出版社，2016年，第3页。

② 孙竞昊、赵卓：《江南史研究的"新"与"旧"：从华南学派的启示谈起》，载《浙江社会科学》，2018年第01期，第112页。

③ 王明珂：《华夏边缘——历史记忆与族群认同》，北京：社会科学文献出版社，2006年，第43页。

④ 王明珂：《华夏边缘——历史记忆与族群认同》，北京：社会科学文献出版社，2006年，第46页。

学和人类学之间找到一种平衡，民族史并不是单纯的历史编纂，更是族群认同的反映，要把历史资料当作田野报告人的阐述，用人类学的研究方法分析"田野报告"，因为现在发生在我们的田野中的事情，也发生在了古代的"田野"中。王明珂的"历史记忆"概念在其著作《羌在汉藏之间》《游牧者的抉择》等书中均有体现，招致了许多批评和反对，尤其是来自历史学科实证主义的批评，批评的焦点在于王明珂过多地使用人类学理论来阐释史料。正如赵轶峰提出的，历史记忆分为两层含义：一是"记忆往事的内容"，指的是记忆行为发生之前的事实，是对一种事实的符合程度；二是"记忆作为一种发生的情景"，指的是对记忆的再发生和再解读，主要是记忆者的心理改变。近年来流行的对历史记忆的研究，就是对第二层次记忆的研究，但事实具有唯一性，而记忆可能与事实相关，也可能不相关，所以当下历史学家在澄清历史事实方面的能力比起更早时代并没有明显增强，常常犹疑不定。历史学家解释的兴趣和能力却大大增强，对于历史解释主观性的容忍度也大为扩张。在各种理论方法潮流中，如果不能坚守历史学以材料为根基的实证理路，面对各种被曲解或过度解释的历史说就只能作壁上观。① 因此，关于口述史、历史记忆等资料是否能作为历史人类学资料来源的问题成了讨论焦点。至于口述史、历史记忆能否成为学术研究的资料，并不是说这些资料可以不加甄别直接使用，历史人类学的田野资料也要遵循人类学的研究规范，在收集到的田野资料中，还要做进一步的分析、研究和类比，从丰富而杂乱的田野资料中筛选出具有研究价值的内容。因此历史人类学的田野资料既可以从实地的田野调查中获取，也可以将地方史志、民间文学、口述史诗、民俗文化、祭祀仪式等作为历史人类学研究资料的来源。

---

① 赵轶峰：《历史研究的新实证主义诉求》，载《史学月刊》，2018年02期，第130页。

　　最近几年来，利用历史人类学的方法来进行研究产生了诸多研究成果，主要集中在族群历史研究、民间文本研究、民间传说及社会结构研究这几个方面。如王文光利用历史人类学的方法来研究中国少数民族的历史，提出历史人类学的宗旨是全面研究人及其文化，强调研究中的整体观与适应性变化，重视探讨研究对象内部的文化要素及其变化过程。通过研究少数民族与国家的关系，他提出了"多元一统"的概念，指出在研究少数民族历史时，要运用"时段"概念，研究不同时段中文化的互通[①]。历史人类学的研究领域已经触及政治、经济、文化等方方面面，如此丰富的研究成果，也促进了学者们对历史人类学中国化过程的思考。

　　赵世瑜对历史人类学的研究方法做过一次总结，认为结构过程是研究对象，礼仪标识是研究的切入点，逆推顺述是一种特定的研究方式或技术，也可以视为某种方法论。[②]这篇文章总结了历史人类学发展过程中提出的几个研究方法，并对这几个研究方法做了方法论上的分析，为历史人类学研究方法的精确化做出了重要贡献。在文章的最后，他提出了历史人类学的发展趋势，即站在普通人、小人物，甚至是弱者的立场上讲述他们的故事，从人的活动而非概念化的国家出发理解历史，重新看待历史。也有学者认为视角不应该放在个人身上，而应该放在对"民族史学"的研究上，认为"历史人类学"为"民族史学"突破历史瓶颈、重建学科伦理和秩序提供了重要出路和发展方向，"民族史学"的曲折发展历程事实上为"历史人类学"知识传统的形成与建构积累了必要的学术资源与社会资源。[③]从这一

---

① 王文光：《中国民族史的历史人类学研究》，北京：社会科学文献出版社，2018年，第3-5页

② 赵世瑜：《结构过程·礼仪标识·逆推顺述——中国历史人类学研究的三个概念》，载《清华大学学报（哲学社会科学版）》，2018年第33（01）期，第1页。

③ 刘海涛：《评述、反思与整合：西方学界当代"民族史学"观》，载《中央民族大学学报（哲学社会科学版）》，2018年06期，第31页。

研究可以看出，历史人类学具有西方"民族史学"的传统，但"民族史学"的研究旨趣过于多样，没有形成一个完整科学的研究范式。因此历史人类学还是应该回归人类学的本质，即对文化的研究，历史人类学存在"在历史中寻找文化"和"在文化中寻找历史"两种不同的研究路径，在历史人类学研究中历史和文化两个概念应该互相嵌入，而不是文化点缀历史或是将历史塞进文化之中。<sup>①</sup> 以这一观点来看，历史与文化是同等重要的两个因素，在历史人类学的研究中，不应该偏重其中一个方面，要理解历史和文化是在交融中同时发展的。

为解决这些争论，我们还是要回归历史人类学的研究核心，历史人类学的研究方法同样是人类学的研究方法，是针对在人类学研究中遇到的历史问题所产的一种研究方法。既然本质仍然是人类学的研究，就意味着历史人类学的本质同样是对文化的研究，其特点在于所研究的文化是处在不同时空中的文化。由于不具有现实的访谈对象，历史人类学所依靠的资料只能是历史资料，这里的历史资料是包括一切与历史相关的资料，如文献记载、图像、口述史、传说等。综上可以总结出历史人类学的方法采用以下几个步骤。

第一步为在历史资料中寻找文化，将历史资料视作人类学田野调查当中的调查资料，用人类学的方法解读史料，找出史料当中所呈现的文化样貌，努力将史料中所展示出来的文化碎片拼接成一幅较为完整的文化图景；

第二步为从作者的意识中寻找文化，如果说历史资料是在描述文化，那么历史资料的作者可能存在两个身份：历史文化的讲述者和历史文化的记录者。基于这两个身份，历史人类学提供了两种研究途径。第一条途径

① 李文钢：《历史人类学研究中的历史与文化》，载《广西民族研究》，2018年第02期，第118页。

是，如果是历史文化的讲述者，正如庄孔韶在《历史人类学的原则》和王铭铭在《逝去的繁荣》中讲述的那样，采用人类学的方法去研究为何对这样的历史产生认同，是在一种怎样的文化情境之中能产生认同，最后回到人类学基本的问题分析上来即对文化的分析。这种分析方法主要针对口述史的研究，有着两个前提条件：一是口述史的讲述对象是真实存在的，而不是"存在过的"；二是其所处的族群和文化体系也是真实存在的，这样便可采用人类学的方法去分析文化中的历史。在这一点上，王明珂的《华夏边缘》《羌在汉藏之间》等著作就是采用这种分析方法的典型。第二条途径是，作为历史文化的记录者，由于史料记录者早已消逝在历史之中，我们无法对其进行直接访谈，甚至许多史料记录者并不属于所记录对象的族群，也不处于记录对象所处的文化情境当中，他们是以一种"旁观者"的身份来记录历史。如果按照人类学的观点，记录历史的人可以被看作田野中的观察者，即"他者之他者"，那完全可以视其为参与观察者，他们记录下的史料可以视为田野调查报告，于是所研究的侧重点就发生了变化。对史料的分析，就变成了对田野调查报告的分析，分析此报告（也就是史料）的撰写者看到、听到、感受到了什么，他们为什么能够感受到这一切，感受到这一切之后是怎样理解的，为什么会这样理解。从这个角度来说，这一路径实际上分析的是报告撰写者的意识形态，通过对意识形态的分析，了解报告撰写者所处的文化情境与其调查对象所处的文化体系之间的联系和区别。调查者开始进行田野调查的时候，实际上就是调查者和被调查对象两种文化体系的碰撞，对记录者意识形态的分析，有利于了解在文化碰撞之下产生的诸多看法，以更好地解释调查者书写的历史。以上两种途径实际上都是对资料书写者的分析，区别主要在于书写资料的人是处在我们所要研究的文化情境中的"他者"，还是记录所要研究文化情境中的"他者之他者"。

　　第三步为文化情境分析，即分析研究对象的文化情境。对于文化人类学来说，自从马林诺夫斯基强调田野调查以来，人类学家便十分注重研究的空间问题，田野范围的界定，即是研究空间的界定。而对于历史人类学的研究来说，史料中所展示的一切文化情境即是空间，并且是一个"三维度空间"。第一维度空间是史料所直接展示的空间，第二维度空间是历史资料书写者的意识空间，第三维空间就是研究对象的文化情境空间。第三维度空间，就是我们真正要研究的。关于这三个空间的关系，格尔兹指出，它们的会合，不论串通与否都有其自身的结构，最终进步也许正在于对"历史学与人类学"这个双构件中的"与"字的更深理解上，照管好连接词，名词会照管好它们自己。[1] 这些空间，全都是通过史料展示的，要分析第三维度空间，就必须逐层解剖第一和第二维度空间，坚持在史料中做田野调查，既要区分出三个空间，又要将第一维度空间和第二维度空间相结合，得出第三维度空间。因此，对文化情境的研究，才是历史人类学研究的根本目的。

　　以上三步构成了一个完整的历史人类学研究步骤，也是历史人类学分析史料的方法，以方法论的逻辑图示表示，如下图所示：

---

[1] （美）克利福德·格尔茨著，甘会斌译：《烛幽之光：哲学问题的人类学省思》，上海：上海人民出版社，2013年，第123–124页。

```
                                                    ┌─────────────────────┐
                                              ┌────→│ 文本描述的文化空间      │
                                              │     ├─────────────────────┤
                              ┌──────────────────────────────────────┐ 历史记忆描述的文化空间 │
                         ┌───→│ 第一维空间：历史资料直接描述的文化空间  │────┤                     │
                         │    └──────────────────────────────────────┘ 图像描述的文化空间      │
                         │                              │     ├─────────────────────┤
                         │                              └────→│ 其他史料描述的文化空间  │
                         │                                    └─────────────────────┘
  ┌──────────────┐       │    ┌──────────────────────────────────┐  ┌──────────────────┐
  │ 历史资料所展示的 │──────┼───→│ 第二维空间：历史资料书写者的意识空间 │─→│ 他者的意识空间     │
  └──────────────┘       │    └──────────────────────────────────┘  ├──────────────────┤
                         │                                          │ 他者之他者的意识空间 │
                         │                                          └──────────────────┘
                         │    ┌──────────────────────┐       ┌──────────────────┐
                         └───→│ 第三维空间：文化情境     │──────→│ 书写者的文化情境   │
                              └──────────────────────┘       ├──────────────────┤
                                                             │ 书写对象的文化情境 │
                                                             └──────────────────┘
```

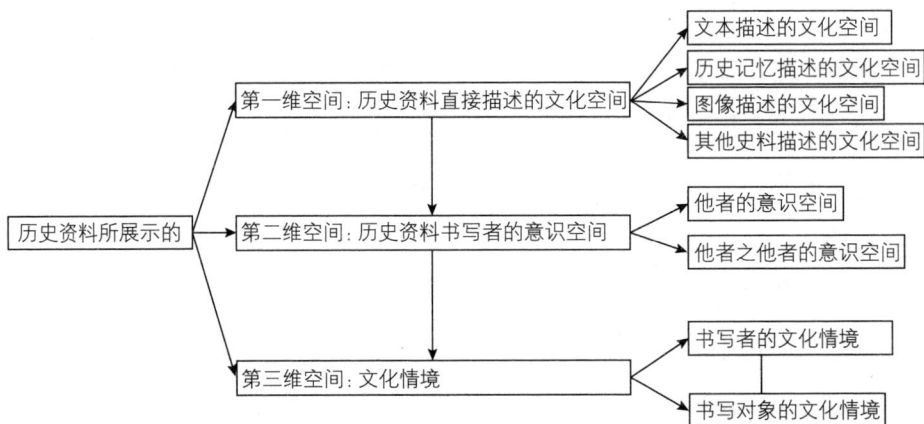

**历史人类学研究方法论逻辑图**

　　至此，便可以回应前文提出的几个争论：一是研究对象的问题，历史人类学的研究对象应该回归到对文化的研究上来，即从文化研究中遇到的历史问题到历史中的文化研究；二是资料范围的问题，历史人类学所使用的材料即历史资料应该包括一切与历史学和人类学有关的资料，除了文献记载以外，都可以视为对他者的访谈资料，例如口述史、传说、历史记忆等资料都可以纳入历史人类学的资料范围中；三是过去与现在的关系问题，历史人类学研究的问题是在现在的文化研究中所遇到的历史问题，即从文化研究中遇到的历史问题到历史中的文化研究，研究对象是存在于历史上某个时空的文化，至于过去和现在文化的时空关联性，则还要通过类比的研究来分析；四是研究视角的问题，不管是下层平民还是上层统治者，只要书写历史，均可视为历史资料书写者，但要区分资料书写者的身份。如果资料书写者即历史事件的直接参与者，那么书写者即"他者"，要透过"他者眼中的历史"来研究"他者"所处的文化情境。如果资料书写者是历史事件或者所研究文化体系的旁观者或者记录者，那么书写者即"他者之他者"，就要分析"他者之他者"是受到了一种怎样的文化影响而产生如此对"他者"的解读，进而区分哪些是"他者"的文化，哪些是经过"他者之他者"解读过的文化；五是在资料的分析问题上，首先分析资料中直接展示的文化信息，进而分析资料书写者所处的文化情境，最后通过资料直接展示的文化信息和书写者的文化情境来分析研究对象的文化情境。

以上便是历史人类学的研究方法，历史人类学的目的并不是证实历史事件和历史现象的真伪，而是通过对资料的分析研究在特定的文化情境之下"他者"会怎样认识自身所处的文化情境，历史人类学中的"历史"一词指代的是"历史中的他者"和"他者眼中的历史"，本质仍然是人类学对文化的研究。所以，历史人类学作为一种分析资料的方法，其理论依然不能脱离人类学的诸多理论，也就是说，历史人类学是在人类学理论指导下对历史资料展开分析的一种方法。

## 第二节  阅读文物：历史人类学视野中的考古材料

### 一、作为图像志的文物

通过上一节的分析可以发现，在历史人类学的视角下，一切材料包括文字、传说、历史记忆、口述史等都是"他者眼中的历史"，是"他者"所处的文化情境的反映。那么，如果将历史人类学的方法用以分析考古材料是否可行？

考古材料比文字材料有更加特殊的价值，发挥着文字材料无法发挥的特殊作用，尽管文献资料十分丰富，描述精细，但不易给人一个形象的概念。如果增加文物史料，插图与文字配合，人们一看就清楚了。如从古代建筑、绘画、雕塑等形式上，很容易了解中国传统文化的形式是什么。形象、具体、直观、多样，也是文物作为史料的特点。①对于文物的研究一直都围绕着一个最根本的问题：如何解析文物所展示的资料？文物作为一种历时性资料，我们不能直接走入过去的社会，却能得知当时的人如何看待世界，文物的制作者往往在表现这个世界时要么将世界理想化，要么反讽世界。如果说文字资料是"被书写的历史"，那么考古材料就是一种"被制作的历史"。也就是说，考古材料所展现的信息，是一种"直观的视觉信息"，研究者应该如何判断这些信息是目前文物研究面临的难题之一。文物除了能展示其制作工艺、艺术价值等信息外，更重要的是展现其背后所蕴含的文化信息，这些文化信息是通过文物的制作者展现出来而蕴含在工匠

① 李晓东：《文物学》，北京：学苑出版社，2005年，第122页。

的意识之中。这就意味着研究文物的文化信息，实际上是要通过工匠的意识来研究工匠所处的文化情境，这便进入了人类学的研究领域。然而我们所要研究的文化情境是一种存在于历史时空中的文化情境，因此历史人类学便成了最佳研究方法。

历史人类学的研究在于阅读史料、口述史文本、传说记载等，主要还是以文献资料为主。阅读文物与阅读文献不同，在阅读文物时只能看到视觉影像，也就是图像。在人类学领域，用文字书写汇总的资料称之为"民族志"，同样的道理，文物就可以视为一种"图像志"。所谓"图像志"，是引证哲学、神学或文学观念，对图像进行重新建构，也就是"解释性图像志"。① 对图像志的解释有三个层次：一是解释图像的第一性的或自然的题材，这一解释的功能称为"前图像志描述"，即描述图像的基本情况以及特征；二是分析图像志，即对不同历史条件下所影响的图像表现的特定主题和概念进行深入分析，这种分析注重"历史条件"问题，也就是说分析图像志的同时也要分析特定的历史条件；三是对图像所表达的信息做出更深层意义上的图像志分析，也就是对图像的内在含义或内容进行解释，但这种解释一定要经受历史条件的考验，不能用研究者的主观意识来做出主观性的判断，而是要依据客观的历史情境来进行分析解释。

可以说所有文物均是以图像的形式展现出来的，作为一种超自然的人工造物，它能通过视觉图像表达历史、艺术、自然、社会、文化的方方面面。图像志概念的产生源于西方的图像学理论。图像学的理论和方法有很多，甚至不同的图像学研究者会采用不同方法来进行研究。例如，采用心理分析学的研究方法，强调对"无意识"的研究，但这种分析方法有两点

---

① （波）比亚洛斯托基：《图像志》，载曹意强：《艺术史的视野——图像研究的理论、方法与意义》，浙江：中国美术学院出版社，2007年，第313页。

不足：一是心理学的分析方法是针对"还活着的人"，对于历史上早已逝去的人来说，缺乏研究对象；二是心理学的分析方法注重对个体的研究，而对于文化和社会这种群体的研究心理学就显得非常局限。[1] 其次是结构主义的分析方法，即强调"符号科学"，主张把图像看作一个符号系统，进而采用结构主义的方法来逐个解释。但这种研究方法过于强调符号系统而把注意力集中在图像本身的研究上，从而偏离了社会背景和文化的研究。正如克利福德·格尔茨（Clifford Geertz）批评的那样，如果要在艺术研究中有效地运用符号语言学，那么就不能把符号当作交流的手段和有待解密的密码来对待，而应将符号当作思想方式来加以考虑，当作有待解释的习惯语言。[2] 针对这种批评，产生了后结构主义研究方法。后结构主义主张"多意性"的研究，即把注意力放在诸多的不确定上，认为图像的所有意义都有效。在后结构主义的分析方法中，图像的制作者是通过附加标签或者加入

潘诺夫斯基（1892—1968）

其他图像文本来控制"意义的无穷个表演"。[3] 结构主义和后结构主义就像两个极端，结构主义认为作为符号的图像只有一种意义，这种意义的背后只有一种密码需要去解释；后结构主义则认为图像包含了所有的意义。

在图像与历史、文化之间的关系方面，潘洛夫斯基（Erwin Panofsky）

---

① （英）彼得·伯克 著，杨豫 译：《图像证史》，北京：北京大学出版社，2018年第2版，第269页。

② Wolfgang Kemp, *Death at Work: A Case Study on Constitutive Blanks in Nineteenth-Century Painting*, Representations X,1985,pp.102–123.

③ Peter Wagner, *Reading Iconotexts: From Swift to the French Revolution*,London,1995.

的解释最为恰当，他认为对图像志的解释中特别强调要以特定的历史条件为前提，否则容易忽略作品的具体文化情境，而走入泛阐释的困境，在利用图像志对相似作品进行分析时，参照的同时必须以时代的文化和历史背景为基础，最好是直接的材料的佐证，否则所谓的图像学分析就仅仅只能是一种泛阐释的表现。[1]

可以看出，潘洛夫斯基对图像志的解释没有脱离米歇尔（Mitchell, W.J.T.）的图像学逻辑谱系[2]，如下图所示：

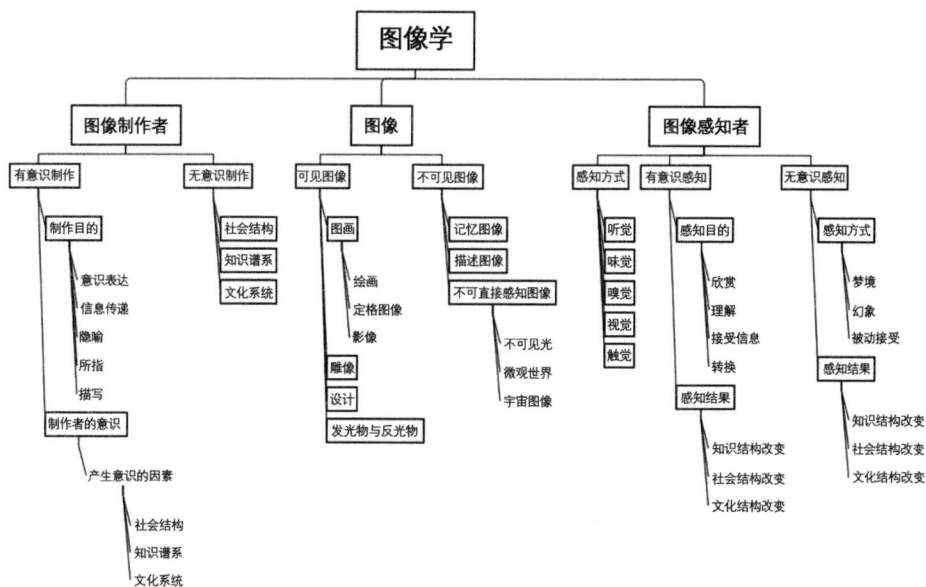

**米歇尔图像学理论谱系**

① 韩士连、贺万里：《图像学及其在中国美术史研究中的应用问题》，载《南京艺术学院学报（美术与设计）》，2011年05期，第54页。

② （美）W·J·T·米歇尔著，陈永国译：《图像学：形象·文本·意识形态》，北京：北京大学出版社，2012年，第6页。

　　基于以上图像的概念，可以看出图像至少能反映出三种信息：图像制作者的意识信息、图像信息以及图像感知者的意识信息，尤其是图像制作者的意识信息和图像感知者的意识又与其所处的社会结构、知识谱系、文化系统有着直接的关系。图像学理论认为：一幅图像自身逻辑的展示是图像制作者决定的，而图像的制作者之所以能决定图像的逻辑，与其所处的文化情境有直接联系，这种联系甚至连图像的制作者自己都不曾意识到。因此，要分析一幅图像，就要分析图像制作者所处的文化情境。另一方面，作为图像的观者，在观看图像的同时会产生两种指向：一种是将自己带入图像制作者的文化情境之中，去接受并理解图像制作者的文化情境；另一种是对图像信息的传递与转化，因此要分析观者是如何传递图像信息，以及传递图像信息之后对信息的运用和转化所产生的诸多影响。

　　基于以上理论，我们就可以很好地理解文物、图像与历史三者之间的关系。对于这一点，彼得·伯克（Peter Burke）的图像证史理论是一种非常好的理论凝练。彼得·伯克在《图像证史》一书中提出了图像证史理论，即将图像置于文化情境中分析和研究，来证明历史事实。这一理论的基本概念有三个层次的含义：一是利用以往历史学家对图像解读后所产生的文本来解释历史；二是将图像本身作为一种史料来体现其史证价值基础就是图像与文本的转化，即"可视的叙事史"；三是解读图像的风格与形式密码。

　　图像证史的概念可以追溯到布克哈特（Jacob Christopher Burckhardt）在19世纪40年代修订的《康斯坦丁大帝时代的艺术史手册》。在这本书中，布克哈特探讨了艺术与政治和文化之间的关系，研究了图像与文化的关系。他认为，唯有通过艺术这一媒介，最秘密的信仰和理想才能传递给后人，这种传递方式是最值得信赖的，因为它并非有意而为。[①] 虽然布克哈特没有进一步完善他的理论，但是他注意到了图像背后制作者的无意识行为，并且认为这才能反映"历史的真实一面"。之后他撰写了《艺术指南》一书，着力陈述了 15 世纪以来艺术家们对"真实世界"的绘画，并在此观点上写就《意大利文艺复兴时期的文化》一书，将对图像的研究深入文化领域，第一次从实践上尝试用图像来证明历史事实的方法，并且取得了巨大的成功。他通过图像揭示出了意大利文艺复兴时期文化的基本特征，并升华为整个意大利的文化特征。这是在这之前史学家们通过文献资料一直没有做到的事。很快丹纳（Taino）回应了布克哈特的思想。他在研究罗马的耶稣大教堂时说："关于人和神的新概念总会产生新的审美观，人在装饰中、在柱头中、在圆顶中，有时比他在行动和著作中更清晰地表达自己，而且更加真实地表达自己。"[②] 丹纳意识到了"艺术家不能阻止自己成为艺术家"，但他没注意到艺术家所处的历史背景。他过于注重对人的解读而忽视了历史文化情境，用他的"所知"去解释历史上的"所见"。这种带有主观性的研究饱受史学界的批评，而丹纳仍然持此观点的目的在于努力用哲学的思考方式去解读图像。1864 年，他在法兰西学院任教时，开设的课程便是艺术哲学。

　　如何避免图像证史陷入丹纳的悖论中，哈斯克尔（Francis Haskell）成功解决了这一问题。他在《图像及其历史》中提到艺术不折不扣地反映人们依赖阅读文献书籍便能轻易理解的信仰、心态或政治事件的理论也是站不住脚的，唯有将之与其他可用证据结合起来进行研究时，史学家才能对它做出最好的解释，然而艺术确实有其自身的"语言"，只有那些努力去探

① Werner Kaegi and Jakob Burckhardt. *Eine Biographies*. Basel.1947(82), III, pp.347.

② Taino. *voyage en Italie*. Paries. 1965，pp.128–130.

究其多变的意图、惯例、风格和技巧的人才能理解其奥秘，历史学家和艺术史家之间卓有成效的合作只能建立在一个基础之上，即充分认识到两者在研究方法上存在着必然差异，而不是像通常所暗示的那样，假称两者的方法并无二致。[1] 哈斯克尔的理论解释清楚了图像研究与历史研究之间的关系，提出图像证史要把图像与其他历史证据联系起来才能得到一个比较满意的答案。这些"其他的历史证据"被波普尔（Karl Popper）称为"情境分析"，他在《历史决定论的贫困》一书中强调要解释历史行为者所处的历史情境，这种情境分析关注的是行为者个人，并以个人为线索对传统所造成的问题进行分析以对"情境逻辑"进行更为细致的分析，客观上的理解在于认识到此行为客观上适合于情景。[2] "情境分析"反对的是无限制的心理分析，但也并非排斥所有的心理因素，认为心理只是情境的一部分，要将心理放在一种情境逻辑之中来研究。波普尔的"情境分析"理论为图像与历史之间关系的研究提供了一个新的方向，即注重图像行为者的情境问题而不是无休止地分析行为者的心理。但新的问题也就此产生，行为者所处的情境范围到底有多大？如何界定情境的范围？

　　巴克森德尔（Michael Baxandall）找到了一个逻辑循环，界定了情境的范围：情境不是行为者的情境，而是问题的情境，要根据问题来筛选、区别情境因素。他在《意图的模式》一书中描述了一个"重演的三角"来解释这个范围，如下图所示：

---

[1]　Francis Haskell. *History and its Images*, New Haven and London. 1993, pp.9–10.
[2]　（英）卡尔·波普尔 著，杜汝楫、邱仁宗 译：《历史决定论的贫困》，北京：华夏出版社，1987年，第119页。

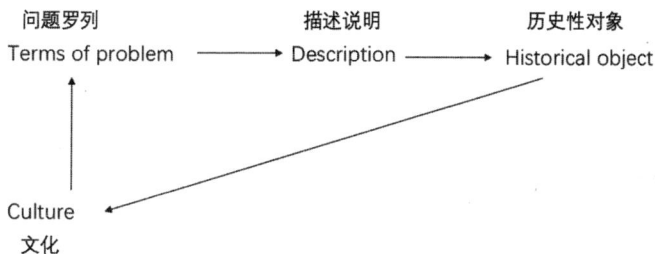

| 问题罗列 | | 描述说明 | | 历史性对象 |
| Terms of problem | → | Description | → | Historical object |

Culture
文化

**重演的三角示意图** [1]

　　这一"重演的三角"旨在强调从文化中提炼问题，最后回到文化中，核心便是问题的提炼。只要能够从文化中提炼出问题，就能界定描述的范围，从而选取历史对象，再将历史对象置入到文化中。整个过程围绕的是所要研究的问题，而不是无限扩展的情境。这就是情境的范围。

　　正如前文所说，图像的制作者往往在表现这个世界时要么将世界理想化，要么反讽世界，当加以区别时，便可看出当时人们心中的世界。彼得·伯克在《图像证史》一书中将图像证史数十年的理论发展提炼了出来，他在书的最后总结道："图像所展示的东西要放在当时的背景中去考察，需要放在一系列多元的背景，如文化、政治、物质等，才能了解图像的制作者准备让图像发挥什么作用。另外，也要关注系列史中的图像，即图像随着时间的推移所产生的变化，虽然我们看到的图像是在某个特定的时间和空间保留下来的，但是关注图像的长时段变化，往往比只关注一个点的图像要全面的多。总之，无论是用图像证史还是用文本证史，要关注图像细微的变化，把它们作为线索，以了解连图像制作这都不知道他们已经知道

---

① 转引自曹意强：《艺术史的视野——图像学研究的理论、方法及意义》，浙江：中国美术学院出版社，2007年，第88页。

的信息，或寻找他们并不知道自己持有的看法。"①这是目前最新的、较为完整的理论提升，也是目前在学术界广受欢迎的前沿理论。这一理论极大地扩宽了历史学和人类学的研究视野，为解释图像资料提供了新的思路，但还有一个重要的问题没有解决：利用图像所证实的历史是不是"真实的历史"？

二、"他者"的认知

要回答图像所证实的历史是不是"真实的历史"这一问题，首先就要解释何为"真实"。

科林·伦福儒（Colin Renfrew）注意到了文物所展现出来的图像，认为所发现的所有遗物，部分是人类思想和意识的产物，在研究中，先要做出一个假设，即在每一个人的头脑中都存在一个世界的影像、一个解释的框架和一张认知图。人们不仅仅对那些所留下印象的事物做出反应，而且还对他们所生活的现实世界的理解做出反应，并且由此再对前者事物的印象做出解释并说明它们的含义。②

在这一点上，伦福儒认为考古遗存就是人对现实世界的理解所做出的解释。为了深入解释这一概念，他绘制了一幅认知图，如下图所示：

① （英）彼得·伯克 著，杨豫 译：《图像证史（第二版）》，北京：北京大学出版社，2018年，第299页。

② （英）科林·伦福儒、（英）保罗·巴恩著，中国社会科学院考古研究所译：《考古学：理论、方法与实践》，北京：文物出版社，2004年，第390页。

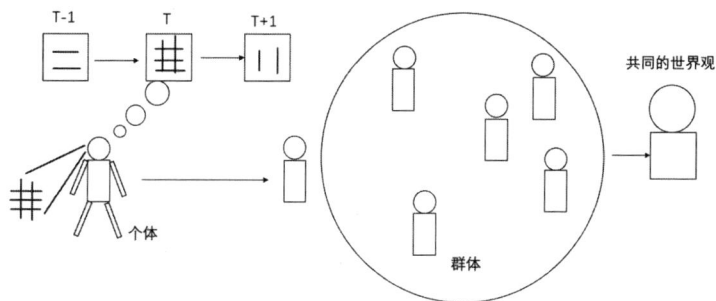

**伦福儒认知示意图**

在这一认知图中，每个个体（左）拥有自己的个体认知图（由方形代表）。这个人对随时得到的感官印象做出反应，并对内在化的认知图做出反应。这个内在化的认知图有个体对过去的记忆（t-1），也有对未来的预测（t+1）。住在同一社区的人们对世界有着相同的看法，在这个意义上可以说这是整个人群的认知图。但人做出一个物件的时候，实际上这个物件就是t，即认知的反应，同时也包含了对未来的预测（t+1），而t来自记忆（t-1），所以当一个物体成为一个公共物体的时候，就成了共同世界观的代表。这就是认知图。整个认知图的核心是每个个体"看到"的东西，图像决定了每个个体的思维，同时也能决定群体思维。伦福儒的看法是在印证图像证史的可行性，因为在这一逻辑理论中，历史是人们的记忆，而这种记忆又是通过对图像的观看在被不断地修改，最终反映在了文字和遗物之中，通过对物质文化的研究，找出"他者"在建构的社会现实。

总之，伦福儒的核心观念就是认为考古遗存是当时的人们对现实世界的理解所做出的解释。[1] 这一理论与图像学和历史人类学的理论是一致的。

---

[1] （英）科林·伦福儒、（英）保罗·巴恩 著，中国社会科学院考古研究所译：《考古学：理论、方法与实践》，北京：文物出版社，2004年，第390页。

可以假设这样一个情况：一位画家画了一只牛头猪身的怪兽。通过图像学的解释，至少可以知道在这位画家的知识谱系中存在对牛和猪这两种动物的认识，但牛头猪身这种怪兽如果只有画家自己认为是"合理"的存在，而并不被其他人认可，那么仅能分析出画家作为个体所处的文化情境。这种文化情境的边界就是这位画家的认知边界，并不能完整解释一种文化类型。但如果画家所在的群体都认为这种怪兽是"合理"的存在，那么这个怪兽就成了公共物品，变成了群体认知，文化情境的边界随之扩大。在这样的情况下，我们只需要研究这个牛头猪身怪兽的图像，便能最大化地还原一种文化。因此，要想对一个庞大的文化系统展开研究，所选取的研究对象必须是这个文化系统中的公共物品。反过来说，只有选取的是一个公共物品，才能最大化地揭示一种文化。

如果说彼得·伯克提供了图像证史的方法，那么伦福儒就是提供了图像证史的目的即回答图像证史证明的是一种怎样的历史？按照伦福儒的理论，图像所表现的是个体或者群体的认知，那这种认识是否就是"历史事实"。从表面上看，这似乎开始偏向了历史唯心主义，但在马克思主义唯物史观中否定了这一点。二十世纪六十年代以后，东欧新马克思主义学派兴起，他们重新理解马克思主义理论。这一学派的代表人物亚当·沙夫提出的观点值得参考，他认为正是历史学家所处的社会背景，因此其所应用的理论本身就是当时存在的一种社会事实，这就决定了历史学家对理论的选择是受到制约的，因为他们只能选择已经具有的理论而不能选择当时还没有产生的理论，正是在这个意义上理论先于事实。首先，因为事件过程具有客观性，它们不是历史学家心灵的产物。其次，因为历史学家的判断是由他所信奉的理论决定的。再次，因为他受到他所处时代的利益、他所属的阶级等社会条件的制约。然而，铭记这种社会校正的同时，他使主观因素进入历史认识中，怀有这样的观点并不意味着犯反对唯物主义或反对反映论的错误。另一方面，新马克思主义学派符合现代认识论和诸如语言学、心理学、知识社会学等那些特殊科学所提出的理论，他们的具体研究拓宽了我们关于人和认识过程的知识的眼界。历史学家从事构成事实内容的材料的选择（在这个意义上也是建构历史事实），也从生活的日常事实中选择历史事实。因此，这种断言是正确的，即没有"原始"事实，所谓的"原始"事实也是一些理论精心阐述。① 因此，图像所反映的历史，实际上是一种认知过程，而这种认知过程是受到图像制作者在制作图像时的社会条件制约，图像证史从本质上来说，就是证明这种客观的、事实存在的认知过程，同时，认知过程又是由当时的社会文化情境等一切社会因素事实所决定的。这种认知过程，也被称为历史"内在的实在论"。这一概念由普特南命名，他认为这种观点的特征在于在他看来构成世界的对象是什么这个问题，只有在某个理论或某种描述之内提出才有意义。许多内在论哲学家还进一步主张，对世界的"真的"理论或描述不止一个，"真理"是某种理想化的合理的可接受性，是我们的诸信念之间、信念同我们的经验之间的某种理想的融贯，而不是我们的信念同不依赖于心灵和依赖于话语的事态之间的符合。绝对的历史事实并不存在，存在着的只是现实的人的各种看法，这些现实的人思考着他们的理论或描述为之服务的各种利益和目的。② 从这一点上来说，图像证史依然没有脱离唯物史观的框架，新的挑战又出现了，按照图像证史的理论，落脚点并不是研究历史事件，而是变成了对人的"文化认知"研究上。

通过分析图像学理论可以发现，对于图像的制作者来说，可能有意识

---

① （波兰）亚当·沙夫著，张笑夷译：《历史与真相》，哈尔滨：黑龙江大学出版社，2014年，第208页。

② Putnam. *Reason Truth and History*. p49–50, et,N.Goodman,Way of Worldmaking, Indianapolis 1978,p17–20

或者无意识地制作一幅图像，不管有无意识，都与制作者的社会结构、知识谱系和文化系统有直接关系，这就是文化的规约性。举一个简单的例子，一幅唐代的绘画中绝不会出现手机，因为手机并不属于这幅画作者的知识谱系，而在作者的文化规约之外。在用图像学理论分析文物的时候，首先要分析文物的制作者所受到的文化规约性。简而言之，就是回答"为什么要创作"及"怎么能够创作"这件物品的问题。其次，对于文物本身而言，美学只是文物的一部分，图像学理论更多的是研究文物本身的意图和逻辑。正如前文所说，文物本身就构成逻辑，某件文物是按照一种什么样的逻辑构成的，就是图像学对文物本身的研究。再次，是对文物感知者的研究，也就是对结果的研究。一件文物通过多种途径被感知后，必然会对其感知者产生种种影响，这种影响同样分为有意识的和无意识的。例如感知者刻意地去参观一件文物，并利用主观意识去理解、解释，最后将结果反馈到自己的知识结构、文化结构中，使其发生改变，即接受了一个新的知识。之后感知者将自己的知识文化结构传播到社会结构中，进而改变社会结构。这就是有意识的感知过程。无意识的感知过程就如街道宣传画，我们不会刻意地去欣赏它，但每天从街道经过时必然会被动地感知，如此便会影响到感知者的知识文化结构，并且直接影响社会结构。这就是图像学的结果研究，也就是对感知者的研究，即回答"文物有什么用"这一问题。以上，便是一个较为完整的图像学对文物的研究范式。归根结底，研究图像学即是研究文化逻辑。与人类学的文化研究路径不同，图像学的研究可以说是一种结果的反推。图像学无法像人类学那样从一个族群大量的文化表征推演出文化结构。我们只知道文物是少部分制作者意识的表征，只能通过少数人的作品反推他们所处社会、族群的文化表征，这些表征使得文物制作者以一种怎样的逻辑制作出文物来，就是文物的文化逻辑研究。更为困难的是，文物的感受者可能与文物的制作者处于不同族群，甚至处在不同的文化情境中。如何界定文物的影响边界，是研究者目前需要克服的困难。

综上，可以得出这样一个结论：在历史人类学的视角中，文物，抑或称为"考古材料"，也可以成为与文字资料、口述史材料等一样重要的研究资料。不过与文字资料不同的是，文物是通过视觉观看来提取信息。如此一来，不管是绘画、雕塑、造型、建筑等一切遗迹遗物都可以视作图像来看待，这种通过图像来传递信息的材料在人类学的领域就可以称其为"图像志"。但文物所表现的"图像志"有个一非常重要的特点就是它存在于过去，也存在于现在，也就是说我们现在依然能看到它们，但它们所蕴含的信息却属于过去，所以文物所展现的是一种历史的、过去的图像信息。历史人类学和图像学在这一方面有了共同的指向，即阅读文物所展示的"图像志"，并不是阅读它本身，而是阅读它背后的文化信息。要想真正解读出文物的图像志信息，就要先解读文物所处的文化情境，在特定的文化情境中理解文物的图像志信息。

文物图像学理论指向的是对制作者所处的文化情境进行研究，而非沉溺于对文物本身无限和过度的解读，文物本身已成客观事实，文物制作者的意识亦无法改变，而对文物背后文化的研究，才是文物图像志研究真正需要解决的问题。

基于这一观点，文物既然可以作为图像传递制作者意识信息的载体，那么制作者的意识必然受到当时所处的文化情境的规约，文物图像本质上展示的就是当时的文化情境；另外当观者看到文物图像时，也必然会在自己所处的文化情境规约之下对其做出解释，这些解释也被记载到了历代文献资料中，于是就能通过这些观者的解释，去分析观者所处的文化情境，并且通过制作者所处的文化情境与观者所处的文化情境进行类比，发现文化变迁的规律。因此一旦把文物视为图像，研究重点便不再是文物本身，而是通过文物所展示的图像志信息，研究其制作者及观者所处的文化情境。

## 第三节　物归其境：在文化情境中阐释考古材料

### 一、何以而作及何以而看

当在考古发掘过程中，一件文物的出土往往会让考古学家十分兴奋。在兴奋的同时，考古学家会思考这样一个问题：这些文物为什么是这样的？较为普遍的第一种反应是，这件文物采用了什么材质、技术。如果逻辑再往前走一步，就会发现材质、技术并不是一件文物被制作出来的根本原因，文化才是。

毋庸置疑，文物有着重要的意义和功能。正如前文所说，如果将文物作为图像志，那么研究者的侧重点就不是材质、大小、工艺等，而是关注这些文物图像志所表达的信息。这些信息，主要分为两个层面。

第一层面是基本的图像形制。将目前各个时期以及各个地区所见的同类文物图像进行类比，便能以类型学的方法追溯图像的嬗变过程。这一过程有助于我们了解文物图像的起源及传播问题。

第二个层面是图像信息的表达。文物图像信息的表达是通过两种方式实现的：一是制作者意图的体现[①]；二是通过位置与其他图像的组合来传达信息。这两者都是为了表达图像制作者所想要传达的信息，可以说图像的

---

① 关于图像制作者的概念界定，其中最主要的就是图像的直接制作者，如画师、工匠等。但还有一些其他的情况如图像的复制和定制。在图像的复制中，复制者仅仅是原始图像制作者意图的再传达，因此对于复制图像的制作者，应该定义为原始图像的制作者。对于定制图像来说，图像制作者又是背后的赞助者、下命令者意志的执行者。因此，本文对图像制作者的定义指直接制作者、原始图像制作者、背后的赞助者以及下命令者。

出现就是为了传达图像制作者的意图。

文物作为图像志在历史叙事中占有重要地位，它所展示出来的图像除了具有审美价值以外，还要注意其历史的叙事作用。文物图像志以直观的和不可替代的方式，传达和灌输着古人的核心观念。我们不仅能感受到图像所补充与印证的历史分量，也能体会到图像社会见证的重量。[①] 不管是人类学还是历史学的研究，都十分关注文字的记载。在文物学的研究中，也多集中在类型学及操作链的研究，往往忽视了文物的图像志叙事研究。

在这里有一个重要的问题是，文物表达的意义是否能转化成语言。当制作者制作一件器物的时候，并不一定是为了让人欣赏和收藏，也有可能就是为了实用。例如一个陶罐，当陶罐被制作者制作出来的时候，制作者的本意是盛放食物，制作者不会想到自己制作的这个陶罐将来会被学者所解读，甚至放在博物馆中变成一件珍贵的文物。制作者只想将自己的思想通过文物表达出来，而解读文物，就是考古学所要做的工作。对研究者而言，文物并不是简单的用于观赏，而是用来解读。按照潘洛夫斯基对图像志的解释，首先是对图像志的描述，即关注图像的自然表现，如识别图像中缩列出来的物品和所描述额事件；其次是图像志的分析；再次就是对图像志的阐释。[②] 将这一理论带入文物图像志的研究中，那么第一层次就是对文物所展示的视觉影像进行描述，识别其材质、工艺、基本形制等；第二层次就是对文物做出图像志的分析，即关注文物通过图像所表达出来的"常规意义"，例如识别文物图像的宗教意义和政治意义；第三个层次就是对文物进行图像志的阐释，就是揭示决定一个民族时代、阶级、宗教或者哲

---

① 葛承雍:《文物图像与艺术历史》，载《美术研究》，2013年03期，第15页。

② Erwin Panofsky. *Studies in Iconology*. New York. 1939, pp.331.

学倾向基本态度的那些根本原则。<sup>①</sup>这三个层次可以表述为视觉层次、历史层次和文化层次，图像的这三个研究层次在被艺术史所借用之后，重点转向了对文化层次的研究，即将图像的表现手法放在历史背景下，与其文化现象联系起来加以解释。<sup>②</sup>当然，也要对文物图像所表述的信息做出判断，文物经常被比喻成镜子，被描述为对可见世界或社会的反映。人们可以认为文物和绘画作品如同摄影照片一样，但是也要注意到即使是摄影照片也不一定是现实纯粹的反映，因此文物图像志为何能作为历史人类学的资料，依据在于以下三点：

第一，从历史学的角度来说，文物可以提供有关社会现实某些侧面证据，这些证据在文本中常常被忽略，从最基础的部分来说，至少可以提供地点和时代证据，例如文物的出土地点和时代的相关信息。

第二，文物往往并不像表面上那样写实，尤其是一些带有宗教色彩的文物，更是缺乏现实。它没有反映事实存在的物体，而是对事实存在的物体进行了歪曲。因此，如果不考虑图像制作者或者背后的赞助者、下命令者的各种动机，就可能被严重误导。

第三，从研究的角度来看，歪曲事实本身这一过程就是研究者所要研究的对象，为当时社会的文化、意识形态等提供了证据，文物表面的形象是制作者意识的反映，这就为"他者"的精神或者隐喻的"形象"提供了证据。<sup>③</sup>

第一点很好做出判断，文物出土地点很好掌握，即使不是出土文物也

① （英）彼得·伯克 著，杨豫 译：《图像证史》，北京：北京大学出版社，2018年第2版，第47页。

② Ernest H. Gombrich. *Aims and Limits of Iconology, and his Symbolic images*. London, 1972, pp.6.

③ （英）彼得·伯克 著，杨豫 译：《图像证史》，北京：北京大学出版社，2018年第2版，第36页。

可以追溯来源。至于年代问题，除了用地层学等方式来判断以外，现代科学技术也能较为准确地测出文物的年代。重点就是在第二点和第三点，这两点似乎自相矛盾，但实际上是"现实"和"表象"的问题。在这里，"现实"一词被加上了引号，对"现实主义"和"实证主义"提出了挑战。在文物研究中，"现实主义"和"实证主义"将焦点集中在证实文物的来源及操作链上，以证实其真伪、材质和来源。从艺术的角度来说，"现实主义"和"实证主义"还会关注其艺术特点和艺术性。因此"现实"这个词无论是从字面意思还是从其隐喻上来说，既指物质性的角度，也指艺术性的角度。

因此，文物是不足信的史料，是歪曲了的镜像，但是又提供了可靠的证据来弥补这一缺陷，研究者可以转弊为利。文物图像之所以带有欺骗性，是因为艺术有着自己的多样性表达，这些表达又都是对外部世界做出反应，即文化谱系的不断叠加。正是在这种叠加之下，图像在嬗变的过程中不断歪曲"现实"。从过去的表象中发现歪曲，恰恰可以用来证明过去"他者"的观察角度和对他们所处的"现实"的理解。因此这里说的转弊为利，就是说将文物虚构、夸张或是艺术性的一面看成是"他者"对"现实"的理解，而不是去证明文物中所表现出来的虚构和歪曲正确与否。集中力量研究这些"错误"是有效的，例如对佛教造像的研究，可以转向研究这些造像在形制和意义上不符合客观世界中的地方，以展现造像和客观事实的冲突，并通过这种冲突来分析制作者受到何种文化情境的影响。

文物图像志提供的信息是可信的，我们明确反对的是将文物图像志信息看作是"虚构"的而摒弃不用。并且文物图像信息要同时提取，如果只提取表层所展示的图像信息，就容易转向艺术研究，从而着重解读文物的艺术特征。而如果过分关注制作者的意识而忽略基本信息，则会陷入主观主义的桎梏之中，容易忽略图像的客观事实和发展规律而去进行主观地解读，最终导致错误的结果。因此，在提取和整理文物的图像信息时，依然要坚持唯物主义史观，在客观事实的基础上，抽丝剥茧，对文物进行"深描"，关注每一个细节，但在提取信息时，必须做到每一条信息都有原图像作为依据，避免将主观意识加入图像信息之中。如果用"论从史出"来说明历史研究的基本原则，那么提取文物图像信息的原则就是"论从图像出"。

根据以上所述，文物图像志表达的是制作者所处的文化情境的信息，这也就说明了文物图像研究的一个指向是对文物制作者所处的文化情境进行研究。但文物一旦被制作出来，可能会一直存续，于是就会有这样一种情况：文物被制作出来后，其客观图像被固定下来，但所处的文化情境却在不断变化，无论文物始终在被展示还是经历长期的埋藏之后出土，都会处在另外一个文化情境之中。这样就会出现一个"困境"：文物图像表达的信息与其所处的文化情境不相适应，以至于文物图像想要表达的信息被"错误"地理解，甚至无法被理解。这种情况时常存在。对于这一问题，还是要回到图像学理论来进行解释。

图像学的英文是"Iconography"，这个词带有着强烈的主观意味。这种主观性是图像的制作者、图像本身，还是图像感知者的主观？艺术史学家偏重于研究图像的创作者，贡布里希（Ernst Hans Josef Gombrich）指出：现实中根本没有艺术这种东西，只有艺术家而已。[①]这种强调作者地位的"作者中心论"认为作品是作者"天才"的展现。这个关键词多次出现在贡布里希的著作之中。在这样的理念之下，贡布里希主张对艺术作品的研究要回到对作者的研究之上，重点阐释作者的意图，认为这就是研究图像的根本，因为图像的意义难以理解，只能通过作品解读作者的意图；一件作品

---

① （美）E·H·贡布里希 著，范景中 译：《艺术发展史》，天津：天津人民美术出版社，1991年，第4页。

的意义就是作者想要表达的意义，解释者所做的就是尽其所能地确定作者的意图。① 然而这种"作者中心论"很快遭到了批判，陷入了理论危机。这种危机源于"复制"这一问题的出现，例如作者创作一幅画，这幅画被其他人临摹了（或者复印），观看者看到的是临摹后的画。那么，研究者是应该解释原画作者的意图，还是解释临摹者的意图？尤其是随着数字信息技术的进步，数字复制技术加快了复制产品的生产，大量图像复制品的出现开始打破"作者中心论"。在此背景下，图像学的研究重心开始转向。

符号学家主张对图像本身展开研究，从符号学的视角来看，图像就是符号，正如罗兰·巴特（Roland Barthes）所说："被拍照的物体确实以其本身的光线触及了我，而不是外加的光线触及了我。"② "本身的光线"即是图像本身，如果过分强调对图像本身的研究，似乎会陷入符号学中而偏离图像学的本真，就像福柯认为绘画在自身内部留下某种共同场所，以便在那里恢复形象与符号的关系。③ 因此，过于强调对图像本身的研究，则会逐渐偏向符号学的研究。

在艺术史研究中，艺术家的降格是与观赏者地位的相对提高而呼应的。④ 另一个重要的问题又出现了，如果是对图像的感知者（或者叫观者）的研究，那么研究观者的什么？约翰·伯格（John Berger）提出：我们总是在审度物我之间的关系，⑤ 表明了对图像感知者的研究实际上是对图像与观者之

① （美）E·H·贡布里希 著，范景中 译：《艺术发展史》，天津：天津人民美术出版社，1991年，第3页。
② （法）罗兰·巴特 著，赵克非 译：《明室》，北京：文化艺术出版社，2003年，第129页。
③ （法）米歇尔·福柯 著，杜小真 编：《福柯集》，上海：上海远东出版社，1998年，第128–129页。
④ （澳）保罗·杜罗、迈克尔·格林哈尔西 著：《西方艺术史学——历史与现状》，载常宁 编译《艺术史的终结？》，北京：中国人民大学出版社，2007年，第2页。
⑤ （美）约翰·伯格 著，戴行钺 译：《观看之道》，桂林：广西师范大学出版社，2007年，第2页。

间关系的研究，这种关系是"一个过程的轨迹，这些轨迹所形成的图像既是可以描述的，也是可以理解的，一张照片是关于一个事件、一个人、一个物体的元信息传递，它不是单纯的代替、表示、替换被拍摄的东西"。[①]图像学家认为，这种"过程的轨迹"本质是观者与图像之间的"交流"。伯内特（Ron Burnett）解释道：当图像被转化为一个对话的另一方，开始与观看者进行交流，或者自动开始了交流，这种交流是没有任何规则的，因此这意味着观看者开始了观看和思考的行为，仿佛每一次交流都是新的。[②]这个过程并不是纯粹地对图像进行解释，约翰·伯格进一步指出：在每个观看行为中都存在意义期待，这种期待应该有别于解释的欲望，观看者也许在事后进行解释，但在做出任何解释之前，存在着现象本身可以启示什么的期待。[③]他将图像与图像感知者之间的交流过程解释为"期待"。在心理学中，期待被解释为"期待视野"（Horizon of Expectations），属于视野的范畴，"期待视野"构成了图像观看者的起点。这意味着研究观者与图像的交流过程，要从观者的期待视野出发，这种期待视野包含了感知、理解、欲望、想象、思维，即回答"观者想要得到什么"这一问题。马克思举过一个听音乐的例子："只有音乐才能激起人的音乐感，对于没有音乐感的耳朵说来，最美的音乐也毫无意义，不是对象。因为我的对象只能是我的一种本质力量的确证，也就是说它只能像我的本质力量作为一种主体能力自为地存在着那样对我存在，因为任何一个对象对我的意义都以我的感觉所及

---

① （加）朗·伯内特 著，赵毅等 译：《视觉文化——图像、媒介与想象力》，济南：山东文艺出版社，2008年，第102–103页。

② （加）朗·伯内特 著，赵毅等 译：《视觉文化——图像、媒介与想象力》，济南：山东文艺出版社，2008年，第63页。

③ （美）约翰·伯格、（瑞士）让·摩尔 著，沈语冰 译：《另一种讲述方式》，桂林：广西师范大学出版社，2007年，第96页。

的程度为限。"① 这个例子说明,观者的视野是研究观者与图像之间关系的根本,观者与图像之间的关系取决于观者"本质的力量",但要注意到这种本质力量的来源,是图像赋予的。如果没有图像的刺激,观者无法产生这种"本质的力量",所以在研究观者与图像之间的交流过程时,虽然说将观者作为研究的起点,但不可能将图像与观者割裂而过分的研究观者,必须认识到观者"本质力量"的产生是以图像的刺激为前提的。

同样的道理,当一件文物被置入另外一个文化情境中被不同的观者观看,那么这些新的观者会以自身所处的文化情境对文物做出解释。通常意义下,当别人的解释和我们知道的解释不一样的时候,我们会说他们的解释是错的。但我们如果用图像学的理论来理解的话会发现,之所以出现不同的解释是因为观者们所处的文化情境并不一样,而观者能处在哪种文化情境中很难由主观意志决定。因此别人的解释和我们不一样只是因为所处的文化情境不一样,不能简单地用"正确"或者"错误"来评判,应去分析他们为何会做出这样的解释,他们所处的文化情境是怎样的,到底是一种怎样的文化情境才导致观者做出了如此解释。这些才是图像学理论所要求的。

至此,对于文物图像的研究重点经历了三步,即制作者(作者)、图像到图像本身再到图像、文物图像感知者(观者)。三者之间的关系过程是目前较为公认的研究重点,也是图像学研究的本质问题,因为图像的制作者是单一的、个体的,虽然图像制作者在制作图像的过程中是自己的意识在表达,而这种意识受到图像制作者所处的文化情境的影响。为了解作者的意图而研究作者的文化背景确实有着重要的意义,但相较于图像的感知者而言,图像的感知者是随机的、多样的,甚至是无限的。这意味着,图像

---

① (德)卡尔·马克思:《1844年经济学哲学手稿》,北京:人民出版社,1979年,第79页。

感知者与图像本身关系的建立和改变，对社会结构、文化结构和知识结构的改变有着巨大的影响。这种影响是图像制作者与图像的关系无法比拟的。文物图像的理论意义就在于解释文物是如何被制作出来的，为何能够展示这样的图像，文物图像又是怎样改变社会结构、文化结构和知识结构的。①
综上论述，关于文物图像志的研究内容、研究逻辑归纳如下图：

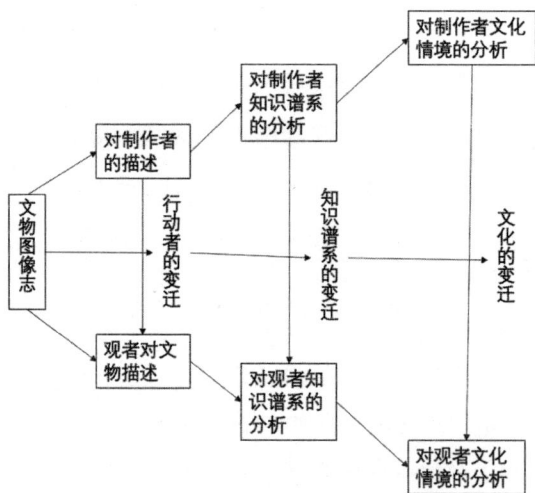

文物图像志的研究内容及研究逻辑

　　文物本身就具有正史、证史、补史的作用，文物所蕴含的资料，也是通过其展示出来的图像表征而反映的，把一件文物作为图像来看待也是图像学研究的一部分，正如布雷德坎普（Horst Bredekamp）提出的那样："使图像生动、形象，富有生气，这一点同样也适用于可以替代的图像行为，然而必须更为强调的是，这种图像行为遵循自己的规定，这个规定的目标不在于图像和对象物体的同化，而在于两个范围原则上已经存在的可交换

---

① 王毓川：《观者的世界——对图像学理论的反思》，载《中国美术研究》，2021年01期，第112-116页

性，在替代行动中，物体被当作图像对待，而图像也被当作物体对待。"①
这样的理论表明，完全可以将物体来作为图像来研究，因为物体往往就是
一幅图像。它可以单独作为一个完整的图像存在，也可以和与它有联系的
其他物体组成一幅完整的图像。如此一来，便可以把一件物体替换为图像，
再把图像转化为文本，如马歇尔提出：研究起点是语言进入（或走出）图
像领域的方式，这是一个复合领域，其媒介始终是混合和异质的，被置放
在制度、历史和话语的内部。简言之，形象被看作形象文本，用来与形象
构成适当"比较"的文本不必从历史主义或制度类比中拣取，它们就在图
像内部。② 当把物体转化为图像之后，便可以从图像中读出更多的信息。

## 二、考古人类学的观念

通过前一部分的探讨，文物之所以能够被制作出来，是由于受到文物
制作者所处文化情境的影响，所以文物可以用图像志的形式传达文化情境
的信息。另外，当观者观看文物图像时，往往以自己所处的文化情境为依
据去理解文物。这些观者有时候会把自己的理解记录下来，形成新的图像
志资料，而我们也可以通过观者的图像志资料去了解观者所处的文化情境。
因此文物的图像志指向在于可以通过文物的图像志信息对制作者所处的文
化情境与观者文化情境的变迁展开分析。

对文物的研究，首先就是文物学的基本研究方法，即类型学研究。通
过一定标准的分类比较，包括器型、纹饰、制作方法等，认识和掌握文物
之间的差异和联系，一方面可以对其年代做出判断，另一方面也能反映该

---

① 霍斯特·布雷德坎普 著，宁瑛、钟长盛 译：《图像行为理论》，南京：译林出版社，2016年，
第158页。

② W·J·T·马歇尔 著，陈永国，胡文征 译：《图像理论》，北京：北京大学出版社，2006年，第
86页。

时期的制作工艺及科学技术水平等。[1] 随着对文物本身的深入研究，还要采用历史分析法研究文物，即将文物放到特定的历史条件下进行分析，放到一定的历史范围和环境内进行考察研究，分析其产生的历史条件、过程和必然性，进而揭示历史发展规律。[2] 文物学研究的基本逻辑在于对文物本身展开研究，通过类型学的研究来揭示历史发展的规律。以青铜器中鼎的研究为例，以夏至汉整个青铜器发展史中的鼎的演变规律，可以分为十三期，即夏代晚期，商、西周、春秋各为早、中、晚三期，战国分作早期和中、晚二期。夏代晚期，鼎上少有纹饰；商代早期，三足鼎器腹相通，说明还没有掌握对范芯浇铸的全封闭技巧，方鼎作正方深斗形，纹饰以兽面纹为主，少有铭文；商代中期鼎的范芯封闭法还没有全部解决，纹饰为商代早期变形动物纹，也有用雷纹和羽纹来构成兽面纹，少见铭文；商代晚期鼎的变化较大，出现了自器腰以上收缩口唇外翻的中小型鼎以及容器部分很浅的柱足或扁足鼎。纹饰发达，铭文在商代后期有所发展；西周早期的鼎有两种：一种是口沿呈圆角三角形，腹部庞大而下垂的兽蹄足鼎。另一种是鬲鼎，即所谓“分裆鼎”；西周中期以鼎体宽而器腹浅为主，还有一种腹扁圆鼓出；西周后期鼎流行两种：一是沿用中期的垂腹鼎，一种是器腹似半球形的鼎；春秋早期承袭西周晚期体系，出现了龙类相交的纹饰；春秋中期盂鼎盛行，出现了浅腹平盖的盂鼎；春秋晚期出现了升鼎、厨鼎等；战国早期鼎上下更加匀称，三足较短；战国中晚期鼎出现南北分化北方三晋之地的鼎为附耳短足的盖鼎，南方以楚地为代表的高足鼎。[3] 以上便是传统文物学研究的一种基本范式，通过这一范式的研究，可以对鼎形制、纹饰等方面的变化，了解生产水平的变化以及仪制、审美等方面的发展规律。

---

① 李晓东：《文物学》，北京：学苑出版社，2005年，第18页。
② 李晓东：《文物学》，北京：学苑出版社，2005年，第18页。
③ 马承源：《中国青铜器》，上海：上海古籍出版社，2015年，第401–443页。

其次是美术考古学的研究，同样是对于器物本身的研究。美术考古作为考古学的一部分，就是用考古学的方法来研究田野考古中用考古学方法发现的和美术（艺术）有关的科学标本，是为考古学本身的研究来分析解决问题的。[①] 美术考古与文物学的方法相同，也是利用地层学和类型学来研究美术发展的规律，但将视角集中在了人类社会中的艺术领域，本质上来说，重点仍然是对考古材料本身进行的研究。

除此之外，考古学的很多研究方法都集中在考古材料上，如考古遗传学[②]、灾变考古学[③]、环境考古学[④] 等，都注重对考古材料展开研究，以解释考

_____

① 杨泓：《束禾集——考古视角的艺术史》，北京：中国社会科学出版社，2018年，第6页。

② 即利用分子遗传学技术研究人类过去的学科。随着遗传学技术的进步，通过遗传学的方法来追溯人类的过去也为解读历史信息提供了一种新的方法。通过遗传技术，我们可以整理出一棵"遗传分类树"，类似家谱，一步步往上，追溯人类的起源和种族的变迁。卢卡·卡瓦力-斯福尔扎的《人类基因的历史与地理》一书是考古遗传学第一次综合，使考古遗传学的研究达到了顶峰，之后还在考古遗传学中加入了数字分类学的研究。而考古遗传学的研究难度在于基因存在突变，但只能假设这种突变有一定规律才能继续进行研究，可惜的是目前对遗传突变速率的研究是遗传学的一个难题。虽然有局限，但考古遗传学为建立人类起源和传播框架有重要的帮助。详见（英）科林·伦福儒、保罗·巴恩 著，陈胜前 译：《考古学：关键概念》，北京：中国人民大学出版社，2012年，第17页。

③ 灾变考古学认为人类的历史是由一系列的灾难串联起来的，这一理论所要讨论的不是灾难本身，而是那些灾难中的过程哪个更重要。一些自然科学家对灾变考古学提出过质疑，如苏格拉地质学家詹姆斯·赫顿在《地球理论》一书中提出"自然地运动是平衡的"，这种理论称之为"均变论"。灾变考古学为考古学上的地层学提供了理论依据，但灾难是否能改变历史，6500万能年前一颗陨石撞击导致了生物大灭绝似乎可以成为一个例子，但是也疑点众多。灾变论在九十年代也曾朝着悬疑论发展，如作家兰德·法兰阿瑟和露丝·法兰阿瑟提出在古老的地球上曾经出现过一个高度文明。再例如亚特兰蒂斯。这些断论都依靠一些暂时无法解释的考古证据，但这也过于虚无缥缈。详见（英）科林·伦福儒、保罗·巴恩 著，陈胜前 译：《考古学：关键概念》，北京：中国人民大学出版社，2012年，第21页。

④ 环境考古学是在吸取生态考古学的基础上认为考古材料并不都与人类有关，而是"生态材料"，反映了人与自然的关系而不是人与文化的关系。地层的层位顺序和形成过程是环境考古学的出发点，根据地层来建立当时环境的变量与指标，如气候、植被等，进而探寻个体或者群落与环境的关系以及人类活动与环境的反应。

古材料的发展规律。

以上这些研究方法，都是研究考古材料的有效途径，反映了考古学研究的本质，同样能有效解释考古材料的演化规律，尤其是对考古材料进行类型学研究，更是能揭示社会生产力发展的基本规律，为了解人类生产力和认知水平的发展提供了有力的证据。但这些研究方法的重点都是器物，很少涉及器物原本所处的文化情境。

前文已述，在文物图像志的视野中，是将文物看作文化信息的载体。在这种视野中，文物作为载体是没有意义的，文物记载的图像志信息才是有意义的。正如记载民族志的书本、纸张、墨水这些都只能称之为载体，并没有多大意义，而具有意义的是所记载的内容。文物就是纸张，文物图像志要分析的并不是文物本身，而是其记载的信息。如果要编写一本文物图像志，里面所写的内容则是对文物记载的文化信息的提炼与梳理，而不是对文物本身的描述。所以文物图像志与文物学、历史图像学最大的区别就在于并不是把文物当作资料，而是将其当作资料的载体。

如果将考古材料也就是文物视作图像志，那么可以将这种图像志视作一种材料去解析其背后的文化。如罗泰（Lothar Von Falkenhausen）在《宗子维城——从考古材料的角度看公元前 1000 年至前 250 年的中国社会》一书中，通过考古材料探讨了氏族（lineage）、姓族（clan）和民族（ethnic group）的组织结合和运作模式。他并不注重识别文物本身的材质、工艺，也不关注文物所属的族群或人们的社会身份，更不过分关注文献资料而将考古资料降低为辅助证据。他认为考古学必须从文献历史学的束缚中解放出来，只有在不受外在文献历史学干扰的前提下，考古资料才能提供一种认识论上独立的认识。唯有如此，考古学论证才能做到客观公正，而有别于基于文献的历史学推理。① 这种研究是突破性的，罗泰极大地提高了考古材料的地位，并且他在文献资料较为缺乏的情况下完美解释了"中国社会"的起源问题。这种方法，罗泰称之为"单独展现考古学的材料"。但他也注意到了现有考古材料的缺陷，在书中罗泰强调考古材料所提供的画面并非完全，也并非整齐，仅仅是些模糊的片段，而且新的、有时甚至新奇的新材料还在不断出现。② 虽然如此，至少罗泰的研究证实了通过考古材料来研究社会的可行性。

罗泰的研究优势恰恰在于缺乏"当时的"文本资料，他研究的时间范围为公元前1000年至前250年，这一时期文字资料极其有限，而对这一时期的文献资料记载也多是后世所记，并非"当时的"文献资料，但考古资料却相对来说十分丰富。因此罗泰大胆地将考古资料作为主要的资料来进行研究。其实不管是中国史还是世界史的研究也面临这样的情况。很多时期的文字资料都出现了缺失，现有描述这些时期的文献资料多是后世所记。长期以来，在缺乏文字资料的情况下，研究者不得不借用考古材料，但是正由于缺乏历史文字资料，文字资料与考古资料无法互相补证，才要以考古材料作为基本依据。

因此，有学者指出既采用文物的图像志资料也采用文献资料对文化展开研究。正如陈胜前提出，可以通过考古材料的特征了解考古材料的形成过程，进而推理人类的行为以进入人类行为、文化、社会等方面的研究。③

---

① （美）罗泰 著，吴长青、张莉、彭鹏等 译，王艺等 审校：《宗子维城——从考古材料的角度看公元前1000年至前250年的中国社会》，上海：上海古籍出版社，2018年，第13页。

② （美）罗泰著，吴长青、张莉、彭鹏等译，王艺等审校：《宗子维城——从考古材料的角度看公元前1000年至前250年的中国社会》，上海：上海古籍出版社，2018年，第20页。

③ 陈胜前：《考古学研究的"透物见人"问题》，载《考古》，2014年第10期，第62页。

他把这一概念，称为"文化历史考古"。① 但如果仅将文物图像志作为材料来研究背后的文化，即进行"透物见人"式的研究，则把研究方向指向了文化研究，虽然确实有助于复原古代社会文化，但这似乎又脱离了考古学研究的本质也就是对考古材料的研究，转而变成了文化史的研究抑或是一种彻底的历史人类学研究。李东红则指出，将民族的视角与范式引入边疆考古发现与研究之中，阐释考古发现中的器物用途与文化事项的内涵。② 这实际上又形成了两种指向：一种指向是通过考古材料分析文化情境；一种是先分析文化情境，再在这种文化情境之下去解释考古材料。

我们倾向于后一种指向。

考古人类学由两个词语组成，即"人类学"与"考古"。首先，对于"人类学"一词的理解，不应该是研究对象，而应该是"人类学"学科体系，"考古"则指"考古材料"。因此，考古人类学的观点应该是："采用人类学的方法对考古材料进行分析"。对于这一观点，要明确考古人类学的学科基础，即回答考古人类学的研究目的是什么。如果仅仅通过考古材料分析文化，即简单地在"考古"之后冠以"人类学"二字，那么与人类学一样，成为对人类文化的分析③，由此考古人类学就会完全偏向了人类学一边，变成了文化研究的一门学科而忽略了考古学的问题。但如果仅仅是对考古材料本身进行分析，毫不关心背后的文化情境，那么就又回到了"纯粹"的考古学，完全忽略了人类学的研究目的。

考古人类学本质上是将人类学和考古学将结合的一种研究方法。也就

---

① 陈胜前：《文化历史考古的理论反思：中国考古学的视角》，载《考古》，2018年02期，第68-78页。

② 李东红：《边疆考古的民族视角与范式思考》，载《民族研究》，2008年04期，第72页。

③ 何星亮：《关于构建中国特色的人类学与民族学的若干问题》，载《中南民族大学学报（人文社会科学版）》，2017年37（05）期，第78页。

是说，可以通过人类学的方法对文化进行分析，在特定的文化情境中解释文物的用途。在这一概念中，文物具有两种性质：一是作为图像志为文化情境的分析提供材料；二是作为研究的对象，即在所分析出的特定文化情境中来对文物的功能和性质做出解释。

自过程主义考古学兴起后，考古学的目标是解释不同自然条件和文化条件下文化变化的原因。从方法上来说，它并不一味地注重时空分类，而是注重解释。宾福德强调把文化视为系统，其技术、经济、社会政治与意识形态特征相互联系，相互影响。其次强调文化生态学的重要性，即强调文化与环境的联系；再次，注重研究文化系统的进化过程。[①] 从这些方面来说，过程考古学家重视的是研究社会变化的过程，最大的难度就是如何把静态的考古资料同活生生的社会联系在一起，解释在特定的自然环境下出现的文化现象。所以过程考古学家认为自己的方法较传统考古学的方法更为严谨和细致，追求发现历史变化中的某种规律，宾福德称之为"赋予考古材料以意义"。[②] 虽然此后出现了后过程考古学批评过程考古学在类比考古资料的时候忽视历史背景及过度的实证主义，以及将物质文化当成只是被动性的适应工具，所以"后"其实是对新考古学的批评，此后发展成了阐释考古学，不同于解释，阐释的目的是不同社会利益的人对过去采用不同的方式构建，阐释具有模糊性和不确定性，具有一定的唯心主义，但后过程主义考古学关注的则是历史时期的考古。以考古材料作为"文本"重现社会建构为基本认识论，成了近几年以来较为热门的考古学研究范式。[③]

---

① （英）科林·伦福儒、（英）保罗·巴恩 著，陈胜前 译：《考古学—关键概念》，北京：中国人民大学出版社，2012年，第214页

② （英）科林·伦福儒、保罗·巴恩 著，陈胜前 译：《考古学—关键概念》，北京：中国人民大学出版社，2012年，第217页

③ 陈胜前：《中国考古学研究的范式与范式变迁》，载《中国社会科学》，2019年02期，第185页。

但不管是过程主义还是后过程注意，都是从考古材料出发去解释考古材料背后的文化。他们都不否认的一点是，考古材料与文化有着直接的联系，并且都承认考古材料是文化的直观反映。因此如果从伦福儒的视角出发，便能看出文物实际上是认知反映。从逻辑上说，是先有了特定的认知，才可能通过这种特定的认知来制作出实物，可以说所有文物都是在特定的认知中被制作出来的。另外，伦福儒已经论证，如果一件物体成了公共物体，那么这件物品便能够代表群体认知。那么反过来，如果能够完整地解释这种群体认知，即文化情境，就能够准确地解释文物的功能和含义。

这就能够体现出考古人类学理论的独特性，与文化历史考古学不同，文化历史考古学是通过考古材料对古代社会的文化展开分析，而考古人类学则是先通过相关材料分析古代社会特定的文化情境，再在古代社会特定的文化情境中去解释考古材料。简单来说，就是以"他者"的视角去阐释文物。通过前文关于历史人类学和图像学的探讨，已经有充分的理论依据来支持这样的研究思路。

在对文物的研究中，研究者常常会以自己的视角和认知结构去理解文物，但"我者"的理解与文物所处的历史文化情境中的"他者"理解的可能并不一致，这就导致了阐释的片面性。

考古人类学所面临的最大问题在于所要分析的"他者"是历史上存在的"他者"，与人类学所研究的"他者"不同，人类学所研究的"他者"是与研究者处于同时段即现实存在中的"他者"，而考古人类学所要研究的"他者"与我们并不处于同一时段。对于历史上"他者"的分析方法显而易见，就是历史人类学的方法。

考古人类学的观念基础认为一定的考古学文化，必然与特定的民族群体有关。[1]这实际上与历史人类学的研究不谋而合，对文物的历史人类学研

---

① 李东红：《边疆考古的民族视角与范式思考》，载《民族研究》，2008年04期，第66页。

究，就是历史人类学的历时性研究。通过对历史文献资料及文物的类比研究，分析其所处族群所展现的文化。从这一方面来看，将文物作为资料按照对文本资料的历史人类学分析，或者完全可以把文物也作为一种可视的文本资料。历史人类学的方法主张将文献资料的作者视作访谈对象，那么他者作品就是访谈记录。同理，如果将文物的制作者视作田野调查的访谈对象，那么文物就是利用图像记载的"访谈记录"。通过对"访谈记录"的解析，去研究文物制作者所处的文化情境。

综上，考古人类学的研究思路在于：在承认文物制作的目的性和意识性的基础上，将文物视为其制作者认知过程的展示，通过对文物制作者认知过程的研究揭示当时的文化情境，然后在这一特定的文化情境中分析文物。基于以上对考古学、人类学、历史人类学、图像学等方面的讨论，在此可以将考古人类学的研究方法总结如下：

第一步为资料的收集。是将文物所展示的图像志资料视作人类学中的调查文本，提炼其中所展示的图像志信息，这也是最基本的图像信息。在研究中，并不纠结于其材质、工艺、艺术等，而是把这些视觉表达都视为图像志资料做出归纳总结，并对图像做出分类和剖析。这一步，可以视为人类学研究的田野调查和资料收集阶段，只不过与人类学田野调查不同，考古人类学是在文物中做田野，文物所展示的图像志资料，就是考古人类学一个主要的资料来源。

第二步为通过提取的信息并结合其他相关材料研究制作者的认知过程，或称为知识谱系。对文物图像的分析，就变成了将文物的图像志资料转化为田野调查报告的分析，分析此报告（也就是文物图像志资料）的制作者看到了、听到了、感受到了什么，他们为什么能够感受到这一切，感受到这一切之后是怎样理解，并且将自己的意识反映在了文物上。这一路径实际上分析的是文物制作者，也就是工匠的认知过程，通过对认知过程的分析，就能还原工匠所处的文化情境。这一步，实质上是在解释文物图像生成的原因。而在考古人类学的视角中，一件文物图像的生成，就是在特定文化情境影响下知识谱系叠加的结果。这种特定的文化情境，就是考古人类学的田野界限，也就是巴克森德尔"重演的三角"，即以研究对象来确定文化情境的范围。

第三步则是对文化情境分析，解释这样的文化情境包含哪些内容，是如何形成并且是如何发展变化的。总结规律就必须需要进行类比研究，首先是要进行时间上的类比以解释文化情境的发展规律。其次是横向的空间对比，通过对同时段不同地域、不同族群、不同国家的文化情境空间进行比较研究，进行横向的对比，找出不同空间下文化情境的区别与联系，最终找出所研究的文化情境的变化发展规律。

第四步也就考古人类学的最终目的，即在特定的文化情境空间的发展规律之下去研究文物的功能与含义，以"他者"视角来阐释文物，得出关于文物功能含义更为准确的结论。

这一过程，可以形容为"从文化中来，到文化中去"，但要注意的是，整个过程虽然是以所要分析的文物为核心，但并不意味着忽视其他资料，尤其是在文化情境的分析中，要以问题为核心，在"重演的三角"范围内，收集一切与问题相关的材料，只有掌握了足够的材料才能准确复原历史文化情境。

通过对考古人类学引入中国后出现的三种指向的反思，可以发现考古人类学这一概念在进入中国后，虽然提供了很多新的研究思路，扩宽了对考古材料分析的路径，但仍然存在一定的片面性。这里提出的考古人类学的观念是基于历史人类学和图像学的理论和方法，主张采用人类学对材料的分析方法来对考古材料进行分析。因为在人类学的视域中可以将考古材料当作一种直观反映文化情境的图像志来看待，因此要通过对其所处的文化情境来解释"他者"视角下的文物的意义，而要分析文物所处的文化情境，就要用到历史人类学的分析方法。历史人类学作为人类学的一个分支，是人类学与考古学结合的桥梁。考古人类学作为人类学和考古学的交叉学科，是采用多学科交叉的方法对考古材料进行分析，进一步扩宽研究思路。

综上，关于考古人类学的研究方法，以下图可作说明：

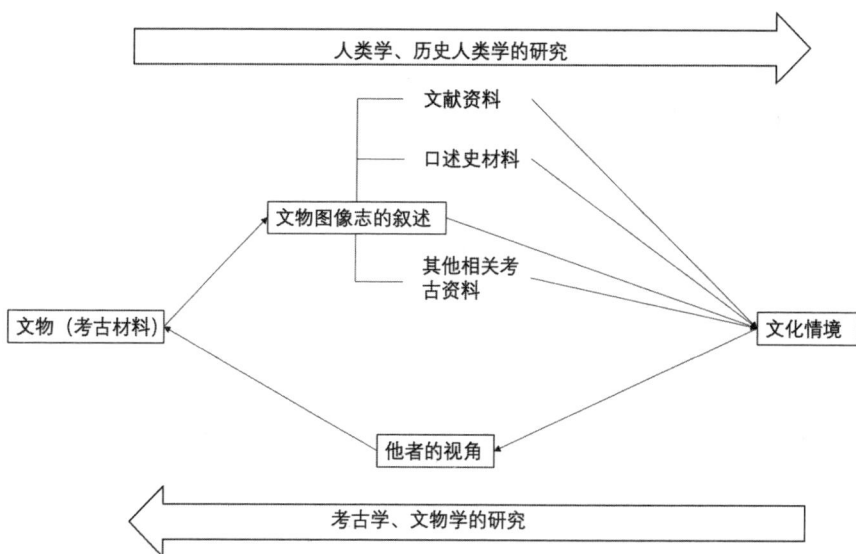

考古人类学的研究逻辑示意图

将考古材料作为图像志，并结合其他相关资料分析文化情境，这一过程要采用人类学的理论和方法展开对文化的分析。在对文化情境进行充分的分析之后，将文物置入文化情境中以"他者"的视角进行解读，这一过程是回归到对文物的阐释，也就是考古学的主要目的。这两个过程不断循环，便构成了考古人类学的完整过程。

这个思路并不算是一种创新。因为考古人类学的观念和方法早已提出并一直在发展，很多学者都采用过这种观念进行研究。我们仅是通过对人类学和考古学结合的过程，以及两门学科引入中国后的反思，对考古人类学的观念和方法进行重新梳理，同时结合历史人类学和图像学对考古人类学的理论依据做出进一步的补充，最终完善考古人类学的研究体系。

考古学的研究不应该只是对考古材料本身的研究，而是要将考古材料的研究引到文化的研究上来，强调考古材料作为文化的产物，将考古材料视为可以反复解读的文本。通过对文化的哲学分析，总结社会和历史的发展规律，然后在这一规律之下解释考古材料。真正将考古材料置入到当时的、特定的历史文化情境中，以"他者"的视角来进行阐释，让文物回归到相应的文化情境中，实现"物归其境"。

# 第四章　考古人类学的应用

> 目前为止，就人类学所关心的问题而言，一个简短的答案是：对"他者"的言说，需要有与"他者"言说的准备。我们会这样做，就像我们做民族志那样来做。[①]
>
> ——（德）约翰尼斯·费边：《时间与他者：人类学如何制作其对象》

我们在前文已经充分讨论了在人类学的视域下如何分析文物，最终提炼出了考古人类学的分析方法。有必要再次强调的是，考古人类学并不是专注于分析文物背后的文化，不会停留在"透物见人"的层面，而是在"透物见人"之后再"见物"，继续坚持考古学的研究目的，因此考古人类学更是一种"情境中的考古人类学"。[②]

纵观近几年关于文物解释的文章，会发现"泛解释化"的现象越来越严重。这种"泛解释化"表现在对于器物的解释视角太过于宽泛，只要是文献资料中提到的，不管什么时期、地点的资料全部拿来作为解释材料，完全忽略了器物所处的文化情境。

---

① （德）约翰尼斯·费边 著，马健雄、林珠云 译：《时间与他者：人类学如何制作其对象》，北京：北京师范大学出版社，2018年，第224页。

② （美）尼古拉斯·戴维、（美）卡罗·克拉莫 著，郭立新、姚崇新等 译：《民族考古学实践》，长沙：岳麓书社，2009年，第443页。

　　考古人类学家应该同人类学家一样，首先要去"替代性"的经历文化。正如尼古拉斯·戴维（David, N.）所说的那样：考古人类学的主要服务使命仍然是提升考古学家的分析意识，使他们对变异性、人类及其手工制品包括人类自身之间关系的丰富性变得敏感。毕竟许多考古学家是因为喜欢他们已消失的文化而选择了这个学科。他们只是替代性的需要经历文化上的真实，而不是他们自己去同有色眼镜、歪曲推论的民族中心主义作斗争。[①]考古人类学家去经历文化，就知道他们是怎么想的、怎么看的，甚至融入文化之中，就像人类学家在进行田野调查时直接居住到被调查群体中去切身体会他们的文化。虽然考古人类学家十分渴望能够做到这一点，但不可能穿越时空回到过去，幸而人类文明为我们留下了许多资料。这些资料正是考古人类学所需要的"田野调查资料"或"访谈资料"。与人类学田野调查所获的即时性访谈资料不同，考古人类学获得的访谈资料是古人通过文字、器物等载体与现在的我们对话，可以说考古人类学的研究，是一次跨越时空的访谈。遗憾的是，这些访谈资料不是我们想得到就能得到的，它们散落在各处，需要耐心地寻找。"上穷碧落下黄泉，动手动脚找东西。"傅斯年的这句话在考古人类学的研究中同样适用。

　　我们有充分的理由相信，考古人类学可以作为一种有效的分析方法来对考古材料进行分析。理论要在实践当中进行检验，在本章中，我们就以一些重要的文物为例，进一步阐述考古人类学的分析方法。

---

① David, N. *Integrating ethnoarchaeology: a subtle realist perspective.* Journal of Anthropological Archaeology. 1992(11), pp.330–59.

# 第一节 晋宁石寨山 M1：57 号贮贝器祭蛇场景研究

在云南晋宁石寨山的发掘中，出土了一批滇文化所特有的青铜贮贝器，尤其是贮贝器的器盖部分以立体的形象记录了滇人的生活场景。在晋宁石寨山墓地出土的青铜器中，含有蛇图案的就有百余件 ①，可见蛇在滇文化体系中占有重要位置，其中 M1 号墓出土的 M1：57 号贮贝器最为典型，如下图所示：

M1：57 号贮贝器（云南省博物馆藏）

① 黄美椿：《略论古代"滇人"对蛇的崇拜——晋宁石寨山出土青铜器上蛇图像试释》，载《民族学研究》，1990年00期，第212页。

在器面所见的祭祀场面中，中间立有一柱，柱上绕蛇，如下图所示：

石寨山出土青铜贮贝器上立柱线描图

除了此件贮贝器外，石寨山 12 号墓也出土一件立有柱的贮贝器。器上立柱如下图所示，此柱上有蟠螭交织，下为一巨蛇吞人雕刻，与 M1：57 贮贝器上立柱类似。

M12：26 贮贝器上立柱线描图

关于此柱之功能，冯汉骥曾提出过铜柱象征"社"，该贮贝器面有一碑一柱，应该是"左祖右社"之意，也做判定方向的"表"。[1]但他并没有对柱上之蛇做出具体的解释。易学钟也持此看法，解释柱上所绕之蛇为"地"，象征"社神"，柱为"祖"，所以蛇缠绕于柱上。[2]王海涛也做了同样的解释，认为蛇象征大地，祭蛇柱相当于祭大地。[3]

"左祖右社"之说出自《周礼·考工记》，为建筑营造之礼仪。[4]以《周礼》之说来解释滇文化似有不妥。考滇文化之特征，无论从生活器具、社会制度、生产力水平等方面来看，与楚文化有着显著的区别，是两种完全不同的文化体系。[5]正如汪宁生指出的"滇文化"是云南地区土著族群创造的地方文化。[6]另外，从滇文化出土的器物来看，包含了大量北方草原的文化因素，北方文化的南渐与童恩正提出的"半月形传播带"和费孝通提出的"藏彝走廊"有关。[7]因此，滇文化与中原文化差异较大，不能直接用中原文化情境来解释滇文化。

如此看来，要以民族区域文化的视角来看待滇文化中的蛇崇拜。[8]因此

---

[1]　易学钟：《晋宁石寨山1号墓贮贝器上人物雕像考释》，载《考古学报》，1988年01期，第48页。

[2]　易学钟：《晋宁石寨山12号墓贮贝器上人物雕像考释》，载《考古学报》，1987年04期，第435页。

[3]　王海涛：《云南佛教史》，昆明：云南美术出版社，2001年，10页。

[4]　原文为："国中九经九纬，左祖右社。"详见（汉）郑玄注：《周礼注疏·卷一》，载文渊阁藏《四库全书》，第90册，第18页。

[5]　张增祺：《从滇文化的发掘看庄蹻王滇的真伪》，载《贵州民族研究》，1979年01期，第42页。

[6]　汪宁生：《晋宁石寨山青铜器图像所见"滇"人的经济生活和社会生活》，载《民族考古学论集》；汪宁生：《晋宁石寨山青铜器图像所见古代民族考》，载《考古学报》，1979年第4期。

[7]　翟国强：《北方草原文化南渐研究——以滇文化为中心》，载《思想战线》，2014年40（03）期，第30页。

[8]　张胜冰指出：民族区域文化是指一种民族文化所形成的具有较大区域性特征的文化地理单位，在该区域内存在着文化的同质性。详见张胜冰：《滇文化与民族区域文化》，载《思想战线》，1993年05期，第50页。

要看在滇文化情境中如何理解蛇。桑耀华认为对蛇的崇拜是"莫人"的普遍信仰。[①] 从自然环境的角度来说，滇池一带河流众多，气候潮湿，适合蛇类生活。这也是南方地区的一大特征，《说文解字》中就有"蛮，南蛮，蛇种"之说。这些都间接说明了长江流域及以南地区土著居民的崇蛇现象，类似习俗甚至在较晚的文献和民俗中仍有所反映。[②] 关于崇蛇之目的，目前学术界有两说：一是认为崇蛇与生殖崇拜有关；[③] 二是与雨水有关。[④] 我们认为，滇人对蛇的崇拜与生殖崇拜关系不大，而是与雨水有关。

首先从贮贝器的整体场景出发。M1：57 和 M12：26 贮贝器都在表现祭祀场景，关于此类祭祀场景，多为盟誓、祈祷、庆贺之仪式。[⑤] 这些类型的仪式与生殖崇拜关系不大，在这些仪式场景中出现的蛇很明显带有神圣的含义。

其次来看祭祀过程。在贮贝器中反映的祭柱场景大多为"杀人祭柱"，M12：26 贮贝器立柱所绕之蛇口中也正在吞人，这属于人祭的一种。人祭多与自然崇拜有关，是出于对自然的恐惧抑或是对自然的需求。[⑥] 祭祀的对

---

① 桑耀华认为《史记·西南夷列传》"靡莫之属"记载中，"莫"为猛、莽、茫之意，"莫（孟）"与"休腊"为同一民族，"莫（孟）"是"休腊"民族首领的称号，"休腊"则是民族的名称。详见桑耀华：《论古代滇文化的民族属性》，载《云南社会科学》，2006年02期，第86页。

② 杨建芳：《云雷纹的起源、演变与传播——兼论中国古代南方的蛇崇拜》，载《文物》，2012年03期，第37页。

③ 杨甫旺：《蛇崇拜与生殖文化初探》，载《贵州民族研究》，1997年01期，第64–68页。

④ 黄美椿：《略论古代"滇人"对蛇的崇拜——晋宁石寨山出土青铜器上蛇图像试释》，载《民族学研究》，1990年00期，第212–223页。

⑤ 汪宁生认为这些贮贝器表现的是杀人祭祀场景，详见汪宁生：《云南考古》，昆明：云南人民出版社，1980年，第55页；冯汉骥认为M12：26贮贝器表现的是一种盟誓仪式，详见冯汉骥：《云南晋宁石寨山出土铜器研究》，载《冯汉骥考古学论文集》，文物出版社，1985年，第147页；张瑛华认为这一贮贝器表现的是祈年、庆丰收的祭祀场景，详见张瑛华：《试论滇池区域青铜文化反映的宗教习俗》，载《铜鼓和青铜文化的再探索——中国南方及东南亚地区古代铜鼓和青铜文化第三次国际学术讨论会论文集》，中国古代铜鼓研究会，1996年，第134页。

⑥ 王克林：《试论我国人祭和人殉的起源》，载《文物》，1982年02期，第70页。

象，则多是自然神，这是在"万物有灵"的原始宗教思想支配下进行的杀人娱神活动，也是滇王国重大祭祀活动中不可缺少的部分。① 很明显可以看出，贮贝器上所反映的祭祀场面，除了祭柱以外，还祭祀柱上之蛇，将蛇当作自然神来进行祭祀，这也是被目前学术界忽略的一个视角。②

最后是蛇神的神格问题。如果滇文化中将蛇作为自然神灵来看待的话，必然会赋予蛇相应的神格，对于这一点可以将 M1：57 与 M12：26 贮贝器中蛇柱场景提取出来进行分析，如下图所示：

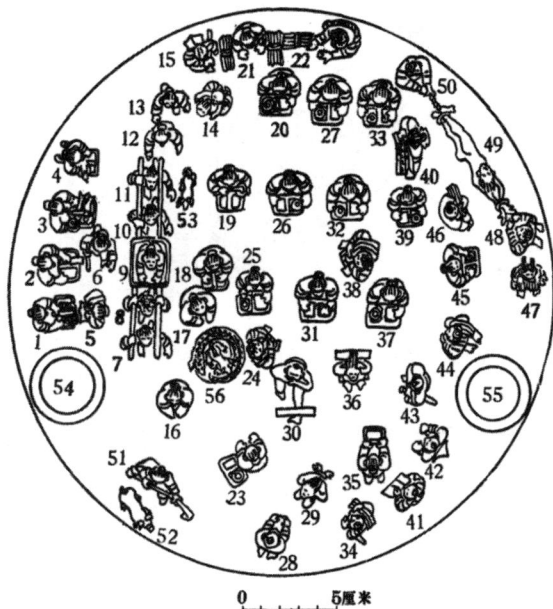

M1：57 贮贝器器盖俯视示意图③

---

① 蔡葵：《古代祖先崇拜、人祭和猎首习俗述论》，载《思想战线》，1989年01期，第83-84页。

② 目前在研究云南早期原始宗教以及贮贝器的祭祀场面时，学者们多关注"祭柱"之俗，并展开了多方面的研究，如云南省博物馆编著的《云南晋宁石寨山古墓群发掘报告》(文物出版社，1959年版)。但报告中忽略了祭祀柱上之蛇的问题。

③ 易学钟：《晋宁石寨山1号墓贮贝器上人物雕像考释》，载《考古学报》，1988年01期，第38页。

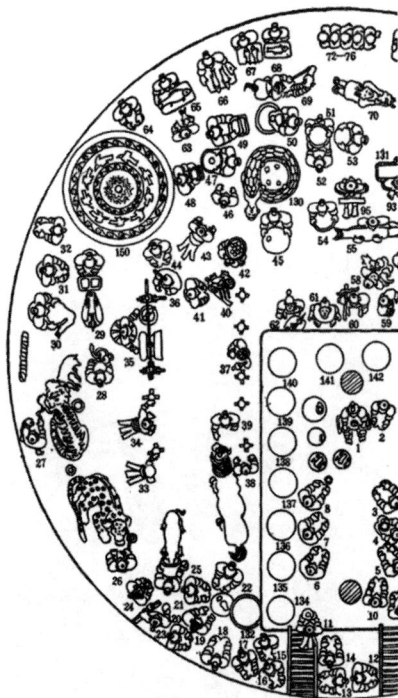

M12：26 贮贝器器盖俯视示意图（部分）[①]

M1：57 贮贝器中蛇柱前跪有十余人，其中 19、20、25、26、27、31、32、33 手捧祭品，祭品盛于一篮中，可辨识篮中有一罐，此为"箪食壶浆"。M12：26 贮贝器中蛇柱前 65、66、67、68 号人物手捧祭品可辨识为鱼。

值得注意的是，两个贮贝器表现的祭祀场景并不只是一个单独的场景，而是由多个场景共同呈现，祭柱、刑罚、牲祭等都为独立的场景。如果以蛇柱为中心场景来看，祭品多为农畜产品，牺牲猛兽的场景则不属于祭柱

① 易学钟：《晋宁石寨山12号墓贮贝器上人物雕像考释》，载《考古学报》，1987年04期，第414页。

场景。石寨山的青铜文化是以农业生产为主，同时进行捕捞、狩猎、饲养，且纺织业发达，可称之为"锄耕农业"。[1] 在这种经济背景之下，以农畜产品作为祭品祭祀，明显是为农事祈祷。这就意味着在滇文化体系中，蛇神之神格与农事有关。结合前文所述，滇文化中的蛇柱与"社"及土地无关，对蛇的崇拜是源于自然原因即蛇喜雨水。

最终便可得出这样一个结论，在滇文化中，蛇司雨水，将蛇置于柱上进行祭祀，是为了祈祷风调雨顺，保证农业的稳定发展，如此一来就可以解释清楚 M1：57 与 M12：26 贮贝器器盖展示的祭祀场景的含义。

现在我们回顾以上的分析过程。首先是将 M1：57 号贮贝器视作一种图像志，贮贝器的器盖就像是照片一样定格了滇文化的一次祭祀场景。而之所以能够知道这是一个祭祀场景，就是通过图像中人物的造型、物品等来判断，这就是提炼图像志信息，因而关注点并不是这件贮贝器的工艺技术方面。

在提炼出图像信息之后，就要透过这一幅图像志来分析滇文化的文化情境。我们在第三章中提到，一件器物之所以能够被制作出来，本质是受到其所在的文化情境的规约。同理，这件贮贝器之所以呈现出如此信息，是受到滇文化的文化情境规约，用《周礼》代表的中原文化情境来解释这件贮贝器明显失之偏颇。

所以接下来就要分析滇文化是如何形成的，在滇文化中蛇的含义是什么？这就是文化情境的分析。学术界已经有了比较明确的结论，即滇文化的形成与"半月形传播带"和"藏彝走廊"传播带的文化传播有关，因此与"莫人"同属一个文化体系。结合其他的考古资料可以发现，滇文化与楚文化或是中原文化有着较大的差异，在滇文化的文化情境中，蛇是雨水

---

[1] 李东红：《云南青铜文化若干关键问题研究》，载《思想战线》，2020年46（03）期，第90页。

丰沛的象征，并不是生殖崇拜，也不是"左祖右社"的象征。同时，农业作为滇人的最主要产业，是滇文化能够产生并发展的经济基础，因此渴求风调雨顺成了滇文化在祭祀中的主要目的。

在了解了滇文化的文化情境之后，就可以将 M1：57 号贮贝器置入这一文化情境中。"他者"是生活在战国末期至西汉初期滇池一带的先民。在这些"他者"的视角中，蛇是司雨水之神，每到旱季，先民就会将蛇引于柱上进行祭祀，祈求蛇能带来丰沛的雨水。祭祀的对象并不是那根立柱，也不是"社"，而是蛇本身。这些"他者"理解的蛇，与中原文化或其他文化情境中理解的蛇并不一样，当然也与我们今天的理解不一样。如果我们用其他文化情境或是今天的文化情境去解释 M1：57 号贮贝器，就会遇到很多障碍。

## 第二节　大理国银质鎏金镶珠大鹏金翅鸟研究

在石寨山 M1：57 号贮贝器的例子中，我们面临的只是单一的文化情境分析，即只要能够分析滇文化的文化情境就能得出祭蛇场景的含义。但文化并不是独立存在的，而是不断传播和发展的。中华民族多元一体的发展格局充分说明了这一点。这意味着，某些类型的文物并不会单一地出现在一种文化情境之中，而是会在多个文化情境中出现，这是一种十分常见的现象。那么，当一件器物扩散到了其他文化情境中，对于这件器物的解释是否还和原来一样？我们是否要追溯最"原始"的一种解释？

大鹏金翅鸟造像就是一个典型的跨文化传播的例子。

大鹏金翅鸟为佛教神祇，梵文音译为"迦楼罗"，英文译为"Garuda"（格鲁达），汉文佛经中译为"大鹏金翅鸟"或"金翅鸟"。大鹏金翅鸟呈鸟形和人形两种形态，呈鸟形时多为展翅状、火焰尾，着地欲飞；呈人形时多为鸟首人身或鸟面人身。在对大理崇圣寺三塔主塔的实测和清理中，出土了一件银质鎏金镶珠大鹏金翅鸟造像，如下图所示：

银质鎏金镶珠大鹏金翅鸟（云南省博物馆藏）

该件金翅鸟造像出土于千寻塔塔顶位置，通高 18.5 厘米，重 125 克，呈展翅状，脚踏莲花，头有羽冠，颈与尾屈起，尾作火焰状，上镶嵌水晶五颗，身体部分本镶嵌三颗水晶，出土时已脱落。此件金翅鸟出土时放置于一木质经幢中，此经幢为八角形，通高 1.5 米，分三层，内中空，此件大鹏金翅鸟便置放于经幢中空部分。[①]

关于此件金翅鸟制作时间，按千寻塔建造时间为限，应不早于丰祐时期（公元 824-859 年在位）。再看与大鹏金翅鸟同一批在塔顶出土的佛像中部分佛像刻有铭文，其中一件观音造像刻有"追为坦绰杨和丰追称宣德大王"，该观音像于 1942 年被盗，后归还云南省博物馆。据方国瑜考，铭文中的"杨和丰"为杨干贞之父，是杨干贞为追其亡父之福而造。[②]因此可以确定此观音造像为杨干贞时期所造。另有一尊段氏铭文铜像[③]，按其收录记载，于 1941 年 4 月由圣地亚哥美术展览馆在中国买到，此后在旧金山狄扬博物馆（De Young Museum）等地展览。据方国瑜考，此造像与杨氏铭文造像同为千寻塔内造像。此像背部刻有铭文"皇帝膘信段政兴，资为太子段易长生、段易长兴等造记，愿禄算尘沙为喻，保庆千春，孙嗣天地标械相丞万世"。[④]根据此段铭文可知，此造像为段政兴（1147—1172 年在位）时期所造。

此外，千寻塔塔顶出土刻纹片数件，其中一件（编号为 TD 外：1）上刻有"平园公"字样，即为"平国公"。据《南诏野史》查，仅高泰朋一人曾被封为平国公，即段政严时期相国。另一件（编号为 TD 上：94）刻有"大宝六年"铭文，即绍兴二十四年（1154 年），为段政兴在位时所用年号。除以上外，木制经幢中还出土三卷写经，其中一件（编号为 TD 中：

---

① 邱宣充：《大理崇圣寺三塔主塔的实测和清理》，载《考古学报》，1981年第2期，第259页。

② 方国瑜：《大理崇圣寺塔考说》，载《思想战线》，1978年06期，第55页。

③ 现藏于美国圣地亚哥博物馆，哈佛《亚洲研究季刊》第八卷二号（1944年8月，纽约出版）图版收录。

④ 方国瑜：《大理崇圣寺塔考说》，载《思想战线》，1978年06期，第56页。

54）写有"为修塔大施主中圆公高贞寿□高明清高量诚及法界有□□□"字样，可以推断为大理国高量成时（1150—1160 年左右）写经，以宋代的可能性为大。[①]

根据以上与该件银质鎏金镶珠大鹏金翅鸟同一批文物推测，此件大鹏金翅鸟同置于顶层的佛像放置时间均不早于杨干贞时期，不晚于段政兴时期，而塔顶木质经幢内所置文物多为段政严和段政兴时期所放置。据此可知，大鹏金翅鸟也应该是这一时期置入经幢之中，应是后理国时期文物。

关于大鹏金翅鸟的基本情况，佛教经典中描述得十分丰富。《大藏经》[②]作为佛教经典的汇编，收录的很多经文都提到了迦楼罗或者金翅鸟，最重要的是《迦楼罗及诸天密言经》。[③]作为描述迦楼罗的专门经文，其中说明了迦楼罗的基本情况，在经文中描述迦楼罗为胎生、卵生、湿生、化生，为四生之形，一般所说的大鹏金翅鸟是化生之形，能制龙，双翅威力巨大，能伏毒。在此篇经文中，也对金翅鸟的相关传说、咒文等有着详细的记载，是现存唯一一篇较为完整的专门描述迦楼罗的经典。[④]

近几年学术界也对这件金翅鸟造像做了一些研究，如苏建灵、周昆云通过研究云南古代建筑顶部的鸡鸟造型，结合了白族民间的金鸡传说，认为大理地区佛塔顶部的大鹏金翅鸟是佛化的金鸡，是佛教白族化的结果，并且强调滇文化中的鸟造型与金鸡塔并无之间关系，原因是滇文化在东汉

---

① 邱宣充：《大理崇圣寺三塔主塔的实测和清理》，载《考古学报》1981年第2期，第256页。
② （日）高楠顺次郎、渡边海旭规划：《大正新修大藏经》，大正新修大藏经刊行会，1934年，河北省佛教协会2019年印行。
③ （唐）般若力译：《迦楼罗及诸天密言经》，载（日）高楠顺次郎、渡边海旭规划：《大正新修大藏经》，大正新修大藏经刊行会，1934年，河北省佛教协会2019年印行，密教部第21册，第1278卷。
④ 详见附录《迦楼罗及诸天密言经》考释。

后期断裂，被白蛮文化取代，而金鸡文化是白蛮文化的体现。[1] 此后也有学者关注到大鹏金翅鸟与金鸡之间的关系。杜瑜丽提出，大理地区的大鹏金翅鸟与白族的金鸡崇拜有直接联系，通过对传说和文献的考证，探究了白族金鸡崇拜的渊源，认为白族之所以产生金鸡崇拜，与其有制龙伏毒的能力有关，并且这种崇拜深入了白族的婚姻、丧葬、日常生活的种种仪式当中。[2]

按照考古人类学的方法，对于这件大鹏金翅鸟造像的解释，首先要还原南诏大理国时期与这件金翅鸟有关的文化情境。

南诏大理国文化是云南青铜文化的延续与发展。在这样的背景下，对蛇的崇拜也传承到了南诏大理国文化体系之中。

以《南诏图传》中的洱海图为例，如下图所示：

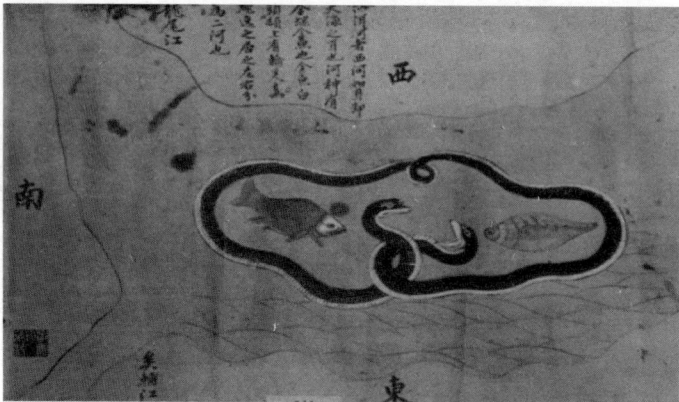

《南诏图传》中洱海图（现藏于日本京都友邻博物馆）

在此图中，洱海以两条交尾之蛇围绕，以表洱海地形。关于对此图

---

[1] 苏建灵、周昆云：《云南古代建筑顶部的鸡鸟造型》，载《思想战线》，1994年06期，第79页。

[2] 杜瑜丽：《大鹏金翅鸟与白族的金鸡崇拜》，载《云南农业大学学报（哲学社会科学版）》，2008年02期，第115页。

的解释，李霖灿指出：《图传》中出现西洱河图，是由于图中提到的二月二十八要祭奉西洱河，所绘的双蛇鱼螺之图，是表现"用牲牢而享祀西洱河"。[①] 田怀青认为图中所绘的二蛇交尾反映的是南诏时期的生殖崇拜。[②] 何正金则认为图中西洱河以蛇、鱼、螺表示，源自洱海周边白蛮群体的原始宗教崇拜，随着佛教的影响及本主崇拜的兴起，蛇逐渐被视为可被制服的"恶神"。[③]

从以上研究来看，将蛇作为原始宗教崇拜的神灵是较为准确的。作为滇文化的延续，南诏文化吸收了滇文化中的蛇神崇拜，将蛇视为司雨水之神。从南诏开始，政治中心位于洱海周围，洱海既是南诏政权的中心，也是政治稳固的标志，因此对洱海之神的崇拜便应运而生。

然而对蛇的崇拜在南诏文化中出现了嬗变。《南诏图传》文字卷载："蒙毒蛇绕之，居之左右，分为二耳也。而祭奠之，谓息灾难也。"[④] 以蛇作为洱海之神源自对蛇司雨水的信仰，洱海是大理坝子的主要灌溉水源，保证洱海水源的充沛，事关南诏政治中心的经济稳定。但另外一方面，如果雨水过量，则会造成洱海的泛滥，威胁农事安全。祭蛇之目的出现了两个方向的转化：一是求雨；二是避水灾。两个方向看似矛盾，实则为一体。作为司雨水的蛇神，降雨少会造成旱灾，需要祈蛇求雨；降雨量过多则会造成洪灾，也要祈蛇避雨。

---

① 李霖灿：《南诏大理国新资料的综合研究》，台北："中央研究院"民族学研究所，1967年，第48-49。

② 田怀清：《唐代〈南诏图传〉中的二蛇交尾图考》，载《中国历史博物馆馆刊》，1993年01期，第67页。

③ 何正金：《〈南诏图传〉"西洱河图"宗教内涵研究》，载《宗教学研究》，2019年04期，第203页。

④ 李霖灿：《南诏大理国新资料的综合研究》，台北："中央研究院"民族学研究所，1967年，第43页。

　　从《南诏图传》文字卷的这段记载来看，祭蛇的目的是"谓息灾难也"。这意味着在南诏文化体系中，蛇与水灾相关联。蛇的神格由"守护神"向"恶神"转变。

　　《滇云历年传》载："穆宗三十六年，洱有妖蛇，名薄刧，兴水淹城，王曰能灭蛇者受上赏。"[①]这一记载在《南诏野史》在劝利晟一节引《白古记》同载："唐时洱河有妖蛇，名薄刧，兴大水淹城，蒙国王出示，有能灭之者，赏半官库，子孙世免差徭，部民有段赤城者愿灭蛇，缚刃入水，蛇吞之，人与蛇皆死，水患息，王令人剖蛇腹，取赤城骨葬之，建塔其上，毁蛇骨灰塔，名为灵塔。"[②]在这一记载中出现段赤城，且唐穆宗在位时期南诏为劝利晟在位，可知时间大致也为劝利晟在位时期。在这次记录中，是由于"蛇妖"引起，从"缚刃入水"的记载来看，需要进入水下进行处理，推知此次水灾同样为河道淤塞所引起，淤塞位置为洱海下游龙尾江出海口，致洱海水位上涨，段赤城进入水下疏通处理，且不幸身亡，后"取赤城骨葬之"。明李元阳《云南通志》载："寻塔寺在府城南斜阳峰能，唐段赤成入鳞腹，诛鳞即死，人思其功，于鳞腹中取其骨葬之，建塔墓上，焚鳞骨塔。"[③]可知此塔为寻塔寺佛图塔，原称蛇骨塔。在以上记载中，都将洱海泛滥的原因归结于"蛇妖"。而当出现旱灾时，也就不需要祈蛇求雨。如《僰古通纪浅述》载："天旱，王（嵯巅）请西天白胡神至启坛行法术，乌云油然布于地，亦不雨，人民以竹为抢而戮之，方漏些须雨乃止。"[④]以竹戮云虽不可信，但

① （清）倪蜕：《滇云历年传》卷四，载杨世钰，赵寅松，郭惠青等编：《大理丛书·史籍篇》，北京：民族出版社，2008年，卷五，第231页。
② （明）杨慎：《南诏野史淡生堂传钞本》，载杨世钰，赵寅松，郭惠青等编：《大理丛书·史籍篇》，北京：民族出版社，2008年，卷二，207页。
③ （明）李元阳：《云南通志》，卷十三，《寺观志》。
④ （清）《僰古通纪浅述》，载杨世钰，赵寅松，郭惠青等编：《大理丛书·史籍篇》，北京：民族出版社，2008年，卷二，第78页。

可知嶲巅时期出现过一次旱灾。《滇云历年传》也记有一次旱灾："（文宗太和三年）大旱,南诏丰祐令僧寿海祷雨。"① 另《南诏野史》也载有一次旱灾："宋开熙六年六月十七河水绝流,十八日未时水复流。"② 从以上记载可以看出, 旱灾主要是由于降雨降雪量减少导致的, 注入洱海溪水水量减少或者干涸, 导致洱海水位下降, 洱海水无法注入周边田渠以灌溉农田, 加之汲水技术的缺乏而引发旱灾。处理旱灾的方式, 也与蛇没有关系, 从"以竹戮云"到"僧人祷雨", 反映了由原始宗教向佛教的过度, 而蛇司雨水的神格也被佛教所剥离, 到南诏时, 完全变成了导致水患的"蛇妖"。因此在绘制《南诏图传》时, 以双蛇环绕呈洱海形, 并标注为"毒蛇绕之"。

在南诏大理国的文化体系中, 龙与水灾并无关系。在青铜时代的滇文化, 并没有出现龙的图像。③ 龙文化进入云南, 同样是随着四神文化在东汉时期进入云南地区的, 在四神文化中, 龙作守护之意, 但当时云南各民族并没有将龙作为神灵进行崇拜。随着佛教传入南诏大理国, 龙王信仰才随之进入南诏大理国的文化体系之中。

中国的司雨水之神是龙。从文献资料看, 最早可追溯到《山海经》中的应龙。④《神龙求雨书》中载："丙丁不雨,命为赤龙南方,壮者舞之。戊己不雨,命为黄龙,壮者舞之。庚辛不雨,命为白龙,又为火龙西方,老

① （清）倪蜕：《滇云历年传》卷四,载杨世钰,赵寅松,郭惠青等编:《大理丛书·史籍篇》,北京：民族出版社,2008年,卷五,第236页。
② （明）杨慎：《南诏野史淡生堂传钞本》,载杨世钰,赵寅松,郭惠青等编:《大理丛书·史籍篇》,北京：民族出版社,2008年,卷二,第235页。
③ 在滇文化青铜器动物纹样中,主要有蛇、虎、蜥蜴、豹、猪、鹿、兔、猴、牛、犬、羊、蟾蜍、鹦鹉、孔雀、马、猪、鸡、鸭,并没有龙,详见邢琳：《滇文化青铜器动物形象浅析》,载《四川文物》,2017年01期,第37–46页。
④ 《山海经》中载："旱而为应龙之状,乃得大雨。"详见《山海经》卷十四《大荒东经》,四部丛部初编本,第80册,上海：上海书店,1989年版。

人舞之；壬癸不雨，命为黑龙北方，老人舞之。"[1]此俗在秦汉得以延续，《新论》载："龙见者，辄有风雨兴起，以迎送之，故缘其象类而为之。"[2]到了唐代，开始大肆宣扬龙与雨水的关系，《唐会要》载："十六年，诏置（龙）坛及祠堂。"[3]在这段记载中，朝廷以国家诏令的形式设立祭坛以祀龙求雨，此后各地纷纷仿效，并深刻影响了此时的佛教文化。随着佛教的影响力日益扩大，前往佛寺求雨逐渐成为祈雨的常见方式。[4]甚至帝王也亲自前往寺庙求雨，如后唐清泰元年"（帝）幸龙门佛寺祷雨"。[5]明显可以看出，祈龙求雨之俗虽出现较早，但大规模传播是在唐代以后，在佛教的影响力之下出现的。

以佛教作为纽带，中原的龙与印度的蛇在神格方面有了契合，因此在佛经翻译中，Naga 一词便被直接翻译为了龙。[6]这点在敦煌早期文献中就已出现，如 S.7957 号《佛说灌顶召五方龙王摄疫毒神咒上品经》、S.3976V 和 S.3990 号《大云轮请雨经》中均出现了将 Naga 一词翻译为龙的情况。[7]这些早期的龙王信仰，与印度神灵体系有着密切的关系，与汉地文化结合后，再由佛教翻译首创。[8]至隋时，译经中还强调龙为蛇化，如《起世经》载："金翅鸟王飞入其宫，诸龙既见金翅鸟王，心生恐怖，以恐怖故，即失天

---

① 欧阳询：《艺文类聚》卷一百《灾异部·旱》引，上海：上海古籍出版社，1965年版，第1723页。

② 马端临：《文献通考》卷七十七《郊社考十·雩》引《新论》，北京：中华书局，1986年版，第707页。

③ 王溥：《唐会要》卷二十二《龙池坛》，上海：上海古籍出版社，2006年版，第504页。

④ 杜文玉、王颜：《中印文明与龙王信仰》，载《文史哲》，2009年06期，第127页。

⑤ 王钦若编：《册府元龟》卷一一四《帝王部·巡幸三》，北京：中华书局，1989年，第1364页。

⑥ 季羡林：《比较文学与民间文学》，北京：北京大学出版社，1991年，第108页。

⑦ 方广锠：《英国图书馆藏敦煌遗书目录：斯6981号~斯8400号》，北京：宗教文化出版社，2000年，第268页；方广锠、李际宁、黄霞：《中国国家图书馆藏敦煌遗书总目录·馆藏目录卷》，北京：中国人民大学出版社，2016年，第3876-3877页；黄永武：《敦煌宝藏：第33册》，台北：新文丰出版公司，1975年，第37页。

⑧ 王航：《敦煌文献中密教龙王信仰研究》，载《敦煌研究》，2019年02期，第117页。

形，现蛇形相。"①这样的翻译实际上反映了对蛇观念的延续。

入长安的佛经继续延续了这种翻译，在早期经典中仅表现大鹏金翅鸟作为护法的神格，这一观点延续至隋朝。②而大鹏金翅鸟制龙的传说在东汉时期就出现过，《佛说长者子懊恼三处经》中有载："时佛世尊与阿难俱，著衣持钵，入城分卫，见长者夫妇，独有一子而堕树死，啼哭悲伤，甚不可言。佛见此儿所从来生，从忉利天寿命终尽，过生于长者家，死即生龙中，金翅鸟王复取食之，三处悲哀，悉共发丧。"③这段记载中出现了金翅鸟食龙的说法。唐代的译经中也多有此说，如《迦楼罗及诸天密言经》中明确表示："唯苦迦楼罗龙有四，生鸟亦四种。化生之鸟力制其余，湿生之龙不具胎鸟屈伏之势，例此以明。且沧海无涯，群龙游泳，将喍也。鼓其羽翅扇波涛，水为涸流，龙无头寄恣其食不遑度宁。"④随着般若力翻译的流行，在此后的译经中，大鹏金翅鸟制龙的说法成为主流。

关于云南地区的龙王信仰，有学者根据"九隆神话"认为，在南诏政权形成之前的云南就已经出现了对龙的崇拜。"九隆神话"现存的最早记载出自《华阳国志》："永昌郡，古哀牢国，哀牢山名也。其先有一妇人名曰沙壶，依哀牢山下居，以捕鱼自给。忽于水中触一沉木，遂感而有娠。度

---

① （隋）阇那崛多等 译：《起世经》，载（日）高楠顺次郎、渡边海旭规划：《大正新修大藏经》，大正新修大藏经刊行会，1934年，河北省佛教协会2019年印行，第01册，第24卷，第313页。

② 如《金刚场陀罗尼经》载："迦楼罗法门一切诸法，是陀罗尼法门。文殊师利白佛言：世尊，云何迦楼罗是陀罗尼法门？"详见（隋）阇那崛多译：《金刚场陀罗尼经》，载（日）高楠顺次郎、渡边海旭规划：《大正新修大藏经》，大正新修大藏经刊行会，1934年，河北省佛教协会2019年印行，第21册，第1345卷，第854页。

③ （东汉）安世高译：《佛说长者子懊恼三处经》，载（日）高楠顺次郎、渡边海旭规划：《大正新修大藏经》，大正新修大藏经刊行会，1934年，河北省佛教协会2019年印行，第十四册，第525卷，第800页。

④ （唐）罽宾国三藏大德般若力译：《迦楼罗及诸天密言经》，载（日）高楠顺次郎、渡边海旭规划：《大正新修大藏经》，大正新修大藏经刊行会，1934年，河北省佛教协会2019年印行，密教部第21册，第1278卷，第331页。

十月，产子男十人，后沉木化为龙，出谓沙壶曰：君为我生子，今在乎？
而九子惊走，唯一小子不能去，陪龙坐，龙就而舐之，沙壶与言语以龙与
陪坐因名曰元隆。"①《后汉书》引用了这段神话："哀牢夷者，其先有妇人
名沙壹，居于牢山，尝捕鱼水中。触沉木若有感因怀孕，十月产子男十人，
后沉木化为龙出水上，沙壹忽闻龙语曰：若为我生子今悉何在？九子见龙
惊走，独小子不能去，背龙而坐，龙因舐之其母鸟语：谓背为九，谓坐为
隆，因名子曰九隆。"②关于《后汉书》中的这段记载，学术界争论颇多。方
国瑜认为"九隆神话"为常璩、范晔从应劭所著的《风俗通义》转录，而
《风俗通义》中的《哀牢传》又是杨终所撰，后又被严可均《全两汉文》
辑录，也就是说《华阳国志》和《后汉书》中的《哀牢传》已转录数遍，
并非一手史料。③《风俗通义》中的《哀牢传》已失佚，现存《风俗通义》
中的《哀牢传》是后人根据《华阳国志》及《后汉书》补录的。④

　　要注意的是，《华阳国志》成书于东晋，《后汉书》成书于南朝。从写
作方式上来说，《华阳国志》汇集诸多杂志而成，范晔以《汉书》为底本，
以《东观汉记》为主要参考，另加入众多"汉记"而作⑤；从写作角度来看，
由于常璩、范晔均身处分裂时期，出于对大一统国家的期盼与向往，多以
"中原视角"进行书写和解释。⑥

---

① （东晋）常璩：《华阳国志》，载文渊阁藏《四库全书》，第463册，第175页。
② （南朝）范晔：《后汉书》，卷一百十六，南蛮西南夷列传第七十六，载文渊阁藏《四库全书》，
第0253册，第659页。
③ 方国瑜著：《云南史料目录概说》第1册，北京：中华书局，1984年，第27~29页。
④ （汉）应劭 著，王利器 校注：《风俗通义校注》，北京：中华书局，1981年，第490。
⑤ 《后汉书·校点说明》（第1册），北京：中华书局，1973年，第2848、2849页。
⑥ 李艳峰、王文光：《"前四史"的民族传记与秦汉时期的民族史研究》，载《学术探索》，2020
年第10期，第66页。尤其是《华阳国志》中"用夏变夷"、民族一统等民族思想，代表了秦汉
以来儒家的传统民族思想。详见张勇：《论西南方志中的民族思想——以常璩〈华阳国志〉为
例》，载《西南民族大学学报（人文社会科学版）》，2014年35（06）期，第33页。

因此，关于史籍当中所记载的"九隆神话"应该看成中原视角下的"九隆神话"。从目前考古发掘资料情况来看，在今洱海之哀牢山一带地区并没有发现在汉晋时期有龙崇拜的遗物或遗迹。根据以上资料可以认为，"九隆神话"确实出现于西汉至东汉早期的西南地区，排除其虚构成分不议，当此神话流传至中原地区时，"隆"已录作"龙"，中原史学家便以"龙神话"将"九隆神话"改写，以符合中原地区的文化情境。

云南地区出现龙王崇拜，最早体现在了《张胜温画卷》中。在此画卷中，第13—18开皆绘龙王。[①]李霖灿考证为《法华经序品》中的八大龙王，其中莎竭海龙王的九蛇头冕为印度风极重的形象，而第16、17、18开中龙王形象又极具中国风，疑除白难陀龙王和莎竭海龙王外，其余龙王为章嘉国师所列。[②]关于八大龙王，《正法华经》中载："有八龙王，与无数千诸龙眷属俱。"[③]《添品妙法莲华经》详述为："有八龙王，难陀龙王、跋难陀龙王、娑伽罗龙王、和修吉龙王、德叉迦龙王、阿那婆达多龙王、摩那斯龙王、沤钵罗龙王等。"[④]从这些经文中可以看出，龙是作为护法神出现，随着佛教与本土文化的结合，诸方龙王转变为类似道教的神灵，以降雨、治病、驱邪、灭鬼为其主要职责。[⑤]《张胜温画卷》中出现八大龙王，说明在大理

---

[①] 13-18开绘有白难陀龙王、莎竭海龙王、难陀龙王、和修吉龙王、德叉迦龙王、优铊逻龙王、摩那斯龙王、阿那婆达多龙王，另外第11、12开中有龙王形象，但无名号。详见台北故宫博物院藏《张胜温画卷》。

[②] 李霖灿：《南诏大理国新资料的综合研究》，台北："中央研究院"民族研究所，1967年，第27页。

[③] （西晋）月氏国三藏竺法护译：《正法华经》，载（日）高楠顺次郎、渡边海旭规划：《大正新修大藏经》，大正新修大藏经刊行会，1934年，河北省佛教协会2019年印行，第9册，第263卷，第63页。

[④] （隋）天竺三藏阇那崛多共笈多译：《添品妙法莲华经·妙法莲华经序品第一》，载（日）高楠顺次郎、渡边海旭规划：《大正新修大藏经》，大正新修大藏经刊行会，1934年，河北省佛教协会2019年印行，第9册，第264卷，第135页。

[⑤] 王航：《敦煌文献中密教龙王信仰研究》，载《敦煌研究》，2019年02期，第119页。

国时期接受了龙王作为护法神的存在，而《张胜温画卷》绘制已是大理国时期，在《南诏图传》中并没有绘制龙的形象，因此龙王信仰传入云南也较佛教传入云南较晚，至少在南诏及南诏之前的云南并没有出现龙信仰。

综上来看，在南诏大理国的文化体系中，蛇是引发水旱灾害的根源，这一点延续自滇文化以来的本土信仰。在这一信仰之中，蛇由司雨水之神逐渐转变为导致水旱灾害的"恶神"，因此在南诏大理国的文化体系中，是将蛇当作"恶神"来看待。这一点在《南诏图传》中的西洱河图有所体现。而关于对龙的崇拜，虽然龙的形象在汉时就随着四神文化进入云南地区，但地位不高，并没有被云南早期各族人民所崇拜。史料记载的"九隆神话"中的龙，是被中原文化改写过的。随着佛教传入云南，直到大理国时期才出现了龙王信仰，但龙是护法及降福祉的神，与蛇仍然有着本质的区别。因此南诏大理国时期的龙蛇观是在延续本土文化的基础上，吸收外来佛教文化而形成的，既有自身的独特性，也与中原文化有着紧密的关联。可见，在南诏大理国的文化体系中大鹏金翅鸟的神格并非制龙而是制蛇。

在防御自然灾害时，人们经常显得无能为力，甚至放弃了斗争的希望，就算对大鹏金翅鸟加以崇拜，也不可能阻止洪灾的发生。因此当灾害再次来临时，人们就会追忆以往大鹏金翅鸟显圣的奇迹和有求必应的情境，从而再度燃起希望。而这些显圣的奇迹仅仅存在于人们的记忆之中，从来没有人见过大鹏金翅鸟压制蛇的场景，也从来没有人见过洱海的"蛇妖"，但在本土文化和吐蕃文化的多重影响之下，历史记忆传承下去，成了"真实的历史"，让他们相信大鹏金翅鸟能够解决洪水的问题，而洪水又必然会退去。虽然洪水的退去是一种自然规律，但在这种历史记忆的影响之下，他们将洪水的退去视为大鹏金翅鸟显圣的奇迹，从而再度燃起希望，恢复信心，确信这一次神将与他们同在。如果没有大鹏金翅鸟或是其他的神灵，他们在灾害面前便会一筹莫展，很难有信心面对未来，继续生活下去。

另一方面，南诏大理国时期也在积极修建水利工程，同时还在塔上立大鹏金翅鸟，也是希望这些水利工程能够发挥作用，甚至发挥超过本身设计的作用，同时保护水利工程的安全。正如人们在修建堤坝后，会在堤坝上建一座小庙，以祈求超自然力量来保护这座堤坝，同时表达了人们希望制服狂暴河水的信心。[1]

综上，大鹏金翅鸟镇水的神格是其制蛇神格的延伸。在南诏大理国的文化体系中，"蛇妖"是洪水泛滥的根源，大鹏金翅鸟能以制蛇来镇水，因此多立于容易洪水泛滥的河湖边，如洱海西岸和盘龙江西岸，并且立于塔上，以立体的图像呈现金翅鸟制蛇镇水的神格。

但大鹏金翅鸟并非仅仅出现在南诏大理国的文化情境中。它最早诞生于古印度的文化情境中。

大鹏金翅鸟作为被崇拜的神祇，最早出现在婆罗门教的信仰体系之中。婆罗门教（Brahmanismus）是印度早期的宗教信仰，是伴随着印度河文明出现的。婆罗门教作为一种宗教，出现在吠陀时期（公元前1500年至公元前800年左右）。随着印度原始公社开始瓦解，以及雅利安人的到来，婆罗门种姓[2]为维护自身利益逐渐建构起一套完整的宗教体系，这便是婆罗门教。[3]婆罗门教信奉的三大主神中，[4]毗湿奴的坐骑便是金翅鸟。

在《摩诃婆罗多》的神话史诗体系中，金翅鸟是达刹之女毗娜达所生，

---

[1] 关于在堤坝上修庙的事例，详见（清）明之纲、（清）卢维球：《桑园围总志》，卷14，1932年刻印版，第1-8页。

[2] 印度历史上种姓繁多，但出现较早并且最为主要的是四个种姓，即负责宗教祭祀的婆罗门、作为武士及王室贵族的刹帝利、农民和商人及手工业者的吠舍、作为贱民和奴隶的首陀罗，除此之外还有不可接触者。

[3] 姚卫群：《婆罗门教》，北京：中国社会科学出版社，2011年，第2页。

[4] 婆罗门教中并没有一位占绝对地位的主神，但在吠陀时代后期，逐渐从多神崇拜向主神崇拜发展，但主神并不是一位，影响较大的三位主神是大梵天、毗湿奴、湿婆。

原文载："毗娜达那时也如愿以偿，心中很是欢快。她生下了两个儿子，一个是曙光（阿噜诺），一个是金翅鸟（迦楼罗）。两个儿子之中，曙光发育不全，做了太阳神的先驱。而金翅鸟则灌顶登基，做了鸟禽之长。"[①] 金翅鸟诞生后，便与诸神交战取食，并拿走甘露，[②] 但未食用甘露，此举受到那罗延的赞许："由于他行为不贪，那罗延对他很是满意。永恒之神对那大鹏说道：我要施你恩典。大鹏挑选心愿说：我要高踞于你之上！他说完这句话，又向那罗延提出：即便我没有甘露，我也要不衰老，不死亡。金翅鸟得到了这两个恩典之后，对毗湿奴说道：我也向阁下施一恩典，请世尊挑选个心愿吧！黑天（毗湿奴）挑选力大无比的金翅鸟做坐骑，世尊又以金翅鸟为旗徽，对他说：你仍将高踞于我之上。"[③] 从这段记载来看，大鹏金翅鸟作为毗湿奴的坐骑是受到那罗延的指派，至少从文本记载中可以得知，金翅鸟与毗湿奴的地位是相同的，并非从属地位。

佛教诞生后，大鹏金翅鸟发生了巨大变化。在《阿含四部》中对大鹏金翅鸟的描述并不多，但大致可以了解佛陀时代佛教体系中的金翅鸟的地位。如《杂阿含经》载："譬如众鸟。以金翅鸟为第一。如是一切善法。不放逸为其根本。"[④] 按照此段记载，佛教仍承认金翅鸟为鸟王，这可算是对婆罗门教的一种继承。但《杂阿含经》中也有这样的记载："须弥山下道逕丛林，林下有金翅鸟巢，多有金翅鸟子，尔时，帝释恐车马过，践杀鸟子，

---

① （印）毗耶娑 著，黄宝生 等译：《摩诃婆罗多·卷一》，北京：中国社会科学出版社，2005年，第82页。

② 甘露是婆罗门教圣物，由众神和阿修罗搅动乳海，并从乳海中提出。为争夺甘露，天神和阿修罗发生战争，最终阿修罗战败，天神获得甘露，服用甘露后能长生不死，因此在史诗中，多称天神为"不死者"。详见（印）毗耶娑 著，黄宝生 等译：《摩诃婆罗多·卷一》，北京：中国社会科学出版社，2005年，《初篇》第16至17章。

③ （印）毗耶娑 著，黄宝生 等译：《摩诃婆罗多·卷一》，北京：中国社会科学出版社，2005年，第84页。

④ 恒强 校注：《杂阿含经·中卷》，北京：线装书局，2012年，第31卷，第882经，第695页。

告御者言，可回车还，勿杀鸟子（别译'鸟卵'）。御者白王，阿修罗军后来逐人，若回还者，为彼所困。帝释告言，宁当回还为阿修罗杀，不以军众蹈杀众生。于道，御者转乘南向，阿修罗军遥见帝释转乘而还，谓为战策，即还退走。众大恐怖，坏阵流散，归阿修罗宫。"① 这段描述体现了两种对金翅鸟的认识：一是金翅鸟居住在须弥山下；二是金翅鸟不再是一位神，而是须弥山中的一个"众生"。这两种认识完全改变了婆罗门教体系中的金翅鸟，将动物神回归为动物群体，是佛教对婆罗门教诸神"降格"的一种方式。再如象神，在婆罗门教体系中，象神是加内塞（Ganesha），传说为湿婆之子，地位崇高，但在佛教体系中则降格为护法神，并回归大象形象，很少以象首人身的形象出现，多以护法神或坐骑身份出现，皆为象形。如《摩诃止观》中载："言六牙白象者，是菩萨无漏六神通，牙有利用如通之捷疾，象有大力表法身荷负，无漏无染称之为白，头上三人一持金刚杵，一持金刚轮，一持如意珠，表三智居无漏顶（云云），杵拟象能行表慧导行，轮转表出假，如意表中，牙上有池表八解是禅体，通是定用，体用不相离故，牙端有池，池中有华，华表妙因，以神通力净佛国土利益众生。"② 仅有香象菩萨以象首人身的形象出现，如唐朝道掖所撰《净名经集解关中疏》中载："香象菩萨什曰，青香象也，身出香风，菩萨身香亦如此也。"③

　　在佛教建立初期，大鹏金翅鸟被佛教借用，但被做了"降格"处理，不复在婆罗门教中的地位，回归为一个地位较低的鸟神，在佛教早期典籍中也极少出现。这也是佛教创立初期，既继承婆罗门教，又贬低婆罗门教

① 恒强 校注：《杂阿含经·中卷》，北京：线装书局，2012年，第46卷，第1222经，第1058页。
② （隋）智颛说：《摩诃止观》，载（日）高楠顺次郎、渡边海旭：《大正新修大藏经》，大正新修大藏经刊行会，1934年，河北省佛教协会2019年印行，第46册，第1911卷，第1页。
③ （唐）道掖撰：《净名经集解关中疏》，载（日）高楠顺次郎、渡边海旭：《大正藏·古逸部·疑似部》，大正新修大藏经刊行会，1934年，河北省佛教协会2019年印行，第440页。

的一种大的趋势。

在密教创立后，以胎藏曼荼罗为《大日经》的中心，完成了密教的教理，大鹏金翅鸟也随之进入密教诸神体系，与佛教创立之初一样，金翅鸟的地位并未升格，依然作为护法神出现在曼荼罗之中。在胎藏界曼荼罗的外金刚部院，大鹏金翅鸟位于外金刚部院南方下半部。[①] 随着密教的发展，在三重曼荼罗之外还发展出了《异本密藏记》中所说的"外金刚部院"，《胎藏旧图样》称之为"最外院"，由于以天部居多，也称为诸天院，共十二大院，佛经中多称十三大院，为惯称，实则少一院。[②] 此院由于诸尊繁多，绘制多有不同，但主要是安置位置上的变化，基本主体及诸尊差别不大，排列在阿修罗和鸠槃荼之间。由此，大鹏金翅鸟被引入密教体系。

**胎藏界曼荼罗外部金刚院中迦楼罗图像** [③]

---

① 《大日经》中胎藏曼荼罗始为三重，即中央八叶院、释迦院、文殊院，但在善无畏依据《大日经》的解释中，释迦院和文殊院应该互换，详见（日）铃木宗忠：《胎藏曼荼罗的三重观》，载《基本大乘秘密佛教》，1959年，第238页。

② 详见（日）平川彰著，庄昆木译：《印度佛教史》，北京：北京联合出版公司，2018年，第457页。

③ 全佛编辑部：《密教曼荼罗图典·胎藏界（下）》，北京：中国社会科学出版社，2003年，第130页。

　　大鹏金翅鸟图像在印度早期石刻中基本为人形，这与婆罗门教中关于大鹏金翅鸟的传说是相对应的。佛教造像的出现与优填王及波斯匿王造像传说有关。根据对早期经典的分析，可以推测造像传说在印度本土经典中出现在1世纪末左右，这一时期正是佛像出现的时间。[①] 这仅仅是文献的记载，从加尔各答博物馆的收藏来看，巽迦（Shunga）王朝早期就已出现关于佛教的造像，巴尔胡特（bharhu）窣堵波残片和桑奇大塔石刻上出现了释迦牟尼立像。[②] 此外，还在印度中部地区发现了公元前2-3世纪的立像，将印度早期造像年代向前推了数百年。[③]

　　公元前1世纪至公元12世纪，佛教在南亚、东南亚地区散布开来，金翅鸟造像随之出现。现将这一时期在南亚、东南亚地区出现的典型金翅鸟图像整理如下：

---

① 蒋家华：《古代印度佛教瑞像的生成研究》，载《云南社会科学》，2013年第06期，第139页。

② 巴尔胡特石刻位于中印度地区的萨特纳县城以南，残片部分在窣堵波外围，现藏于加尔各答博物馆，根据栏楯上的铭文，显示巽伽王朝时期一位叫达纳胡提的人物捐建了塔门和栏楯，因此学术界根据铭文和造像雕刻风格，认为巴尔胡特塔和石刻栏楯公元前180年至公元前2世纪晚期，详见（法）阿·富歇著，王平先、魏文捷译：《佛教艺术的早期阶段》，甘肃人民出版社，2008年，第28-29页。桑奇大塔的建造年代学术界多倾向于公元前1世纪至公元后1世纪，详见晁华山：《佛陀之光——印度与中亚佛教胜迹》，文物出版社，2001年，第34页；（法）雷乃·格罗塞著，常任侠、袁音译：《东方的文明》，中华书局，1999年，第244-245页。

③ 王镛：《印度美术》，北京：中国人民大学出版社，2004年，第38、130、131页。

**公元前 1 世纪至公元 12 世纪在南亚、东南亚地区典型金翅鸟图像点线图**

1.巴尔胡特遗址出土金翅鸟石刻杖首线描图（公元前一世纪），现藏于加尔各答博物馆；
2.笈多王朝大鹏金翅鸟抓蛇硬币图案（5 世纪），印度国家博物馆藏；3.尼泊尔昌古·纳拉
扬神庙大鹏金翅鸟跪像点线图（5 世纪），尼泊尔昌古·纳拉扬神庙藏；4.吴哥时期大鹏金
翅鸟石刻线描图（7 世纪），金边国立博物馆藏；5.柬埔寨宋博石刻中大鹏金翅鸟石刻点线
图（7 世纪），柬埔寨宋博石刻，金边国立博物馆藏；6.柬埔寨 kho ker 古庙石刻大鹏金翅
鸟立像线描图（10 世纪），柬埔寨 kho ker 古庙出土吴哥时期金翅鸟石刻，柬埔寨国家博物
馆藏；7.高棉时期铜质镀金迦楼罗铜像线描图（12 至 13 世纪），柬埔寨出土高棉时期铜质
镀金迦楼罗造像，夏威夷大学马诺阿分校约翰杨博物馆藏；8.铜质鎏金迦楼罗线描图（12
世纪），尼泊尔出土，美国鲁宾艺术博物馆藏；9.金翅鸟合掌立像线描图（12 世纪），台北

故宫博物院藏；10.室利差咀罗遗迹毗湿奴线描图（6至7世纪），室利差咀罗遗迹出土；①
11.占婆时期大鹏金翅鸟驮毗湿奴像（8至9世纪），法国吉美博物馆藏；12.夏连特王朝时期大鹏金翅鸟驮毗湿奴像线描图（8至9世纪），爪哇出土，美国亚太博物馆藏；13.大鹏金翅鸟驮毗湿奴像浮雕线描图（8至9世纪），爪哇出土，爪哇博物馆图片资料；14.迦楼罗驮毗湿奴像线描图（11世纪），爪哇东部出土，印度尼西亚国家博物馆藏；15.战斗中的迦楼罗和毗湿奴（12世纪），柬埔寨金边国家博物馆图片资料。

　　从这几尊造像可以看出，毗湿奴或坐或站于大鹏金翅鸟双肩，金翅鸟则用双臂扶住毗湿奴。大鹏金翅鸟基本呈鸟头人身，不见人面人身金翅鸟驮毗湿奴像，部分造像中金翅鸟手中或者脚下抓蛇。这一类型的金翅鸟造像基本变化不大，在10世纪之后依然延续此风格。另外从这一演变趋势来看，金翅鸟作为坐骑出现的话基本也是以鸟首人身的形象出现，这与中国的坐骑观念不同。从婆罗门教开始，印度宗教体系中诸神皆为人的观念影响着印度早期的造像，不单是大鹏金翅鸟，其他动物神在印度文化传说体系中的描述均为人的形象。②大鹏金翅鸟图像的变化，也符合这一发展过程。

　　从5世纪开始，金翅鸟制蛇图像通过西域丝绸之路传入中国，在克孜尔171窟及58窟两幅《天相图》壁画中绘有金翅鸟图像，如下图所示：

---

① 张翔：《城市、建筑、造像：缅甸室利差咀罗古城遗迹初探》，载《南京艺术学院学报（美术与设计）》，2019年01期，第163页

② 如在《摩诃婆罗多》中蛇母迦德卢为人，所生蛇子也多描述为人身蛇尾，如蛇王多刹迦、婆苏吉的拟人化程度非常高，但蛇尾部分一直在被强调，在众神搅动海水求取甘露时如此描述："为数众多的阿修罗，紧紧抱住蛇王的一端；全体天神会合一处，牢牢揪住蛇王的尾巴。"蛇王的尾巴被着重描述，详见（印）毗耶娑著、黄宝生等译：《摩诃婆罗多》，北京：中国社会科学出版社，2005年，卷一，第60页，其他诸如象神、狮神等，均以具有典型动物特征的人形出现。

 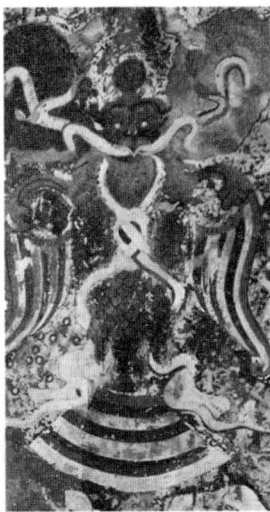

1                                      2

**龟兹石窟壁画中金翅鸟图像**

1. 龟兹石窟第 171 窟《天相图》中金翅鸟（5 世纪）；[①]2.库木吐喇石窟第 58 窟《天相图》中金翅鸟图像（7 世纪）。[②]

　　上图 1 中金翅鸟为人面、鸟喙、鸟身，口中衔蛇。龟兹风格佛像形成于公元 4 世纪，延续至龟兹佛教的衰亡时期。龟兹风格佛像是在龟兹本地传统文化基础上吸收印度、中亚文化因素发展形成的，其中犍陀罗风格影响较大。[③]第 171 窟壁画中的大鹏金翅鸟图像与印度地区婆罗门教与早期佛教中的意义表达基本一致，即制蛇的意义在图像上明显地被反映出来，但头饰及身部装饰则带有明显的龟兹本地传统文化特征。这幅壁画的出现意味着大鹏金翅鸟制蛇的意义开始在丝绸之路上传播。公元 7 世纪，库木吐

① 赵莉、杨波：《龟兹石窟"天相图"演变初探》，载《敦煌学辑刊》，2018年第3期，第54页。

② 张世吉、邵军：《跨越空间的图像移植——关于六挐具图像生成的思考》，载《中国美术研究》，2020年02期，第94页。

③ 赵丽娅：《龟兹石窟佛像的艺术风格及其特点》，载《敦煌学辑刊》，2020年01期，第111页。

喇石窟第 58 窟《天相图》壁画也出现了大鹏金翅鸟形象，如上图 2 所示。

此图与克孜尔龟兹石窟第 171 窟如出一辙，但更接近鸟形。虽然关于克孜尔石窟的族属问题目前学术界争议较大，[①] 但至少可以证明大鹏金翅鸟图像从公元 5 世纪至 7 世纪一直在丝绸之路传播，并且意义始终未变。

金翅鸟图像传入中国后，开始与"蛇"脱离，口中或爪中不再衔蛇，除了早期克孜尔石窟中的金翅鸟依旧衔蛇外，隋唐之后中原地区的大鹏金翅鸟图像很少再衔蛇，这与汉传佛教对大鹏金翅鸟的理解发生变化有关。

再来看人形金翅鸟的嬗变。目前在中国所见较早的人形金翅鸟图像位于敦煌石窟第 257 窟，该窟建于北魏统一河西之后，在主尊佛像上檐正中位置绘有大鹏金翅鸟图案，如下图所示：

宝庆寺金翅鸟与弥勒造像组合线描图（唐）

---

① 关于克孜尔石刻的族属问题，杨芊认为克孜尔受敦煌文化的影响，详见杨芊：《克孜尔千佛洞》，载《文物》，1979年第02期，第90页。有学者认为体现的是吐蕃文化，详见吴焯：《克孜尔石窟刻划图画的内容、作者和时代》，载《文物》，1986年第10期，第61页。姚士宏指出克孜尔石窟是受到印度小乘佛教的影响，详见姚士宏：《克孜尔石窟壁画上的梵天形象》，载《敦煌研究》，1989年第01期，第36页。中野照男认为克孜尔石窟第二期（600年至650年）为印度-伊朗文化影响，虽然石窟中壁画与敦煌壁画有相似，但不能就简单的地域性问题进行比较，克孜尔石窟应该反映了更为古老的样式。详见（日）中野照男，刘永增译：《克孜尔石窟故事画的形式及年代》，载《美术研究》，1994年03期，第24页。

**敦煌石窟第 257 窟主尊造像上檐金翅鸟图像线描图（北魏）**

此金翅鸟图像为鸟首人身，背有双翅，双臂平伸，均握荷叶，与同时期印度地区金翅鸟图像十分类似，但此后传入中国的金翅鸟图像并没有继续保持印度及东南亚风格，拟人化的趋势越来越明显，原因是受到前文提及的"天龙八部"概念的影响。

最早的"天龙八部"图像按文献记载出现于"灵鹫寺"。《弘赞法华传》载："宋景平元年，瓦官寺沙门帛惠高造灵鹫寺，有沙门释惠豪，智见通敏，巧思绝伦，于中置灵鹫山图，齐变无方，郁似睹真，其山林禽兽之形，天龙八部之状，历代未有。自兹始出，龛成之后，倾国来观，后世造龛，皆以豪为式。"[①]"宋景平元年"是指南北朝时期刘宋政权，即公元 423 年。虽然关于此灵鹫寺位置存疑，但按"历代未有"及"后世造龛，皆以豪为式"的说法来看，"天龙八部"造像起源于南朝，其形态为"山林禽兽之形"，说明其中的迦楼罗仍然呈鸟形。

---

① （唐）慧详：《弘赞法华传》卷一，载（日）高楠顺次郎、渡边海旭规划：《大正新修大藏经》，大正新修大藏经刊行会，1934年，河北省佛教协会2019年印行，第51册，第2067卷，第13页。龙红、邓新航、王玲娟：《巴蜀隋代佛教石窟艺术初探》，载《南京艺术学院学报（美术与设计）》，2015年05期，第127页。

　　僧佑《出三藏记集》载："宋明帝齐文宣造行像八部鬼神记。"①在这段记载中，"天龙八部"被记为"八部鬼神"，从宗教学意义上说与印度地区一样受到诸神皆为人的观念影响，"天龙八部"既为"鬼神"，也要以人的形象出现。而在汉传佛教体系中，与婆罗门教的观念不同，大鹏金翅鸟的拟人形象并不是驮神坐骑，而是护法神的形象。

　　上述寺院今已不存，现存最早的拟人化"天龙八部"出现在麦积山石窟4号窟，据窟中题字可知为北周大都督李允信所凿，其中浮雕人形化的"天龙八部"可以说在北周时期形成。②长安地区的寺庙画师改变了前期"天龙八部"的"山林禽兽之形"的模样，从而创作了它们拟人化的一面，其目的是缩短神人之间的距离。③这种拟人化的大鹏金翅鸟在唐朝很快就流行起来，散布到全国各地。

麦积山石窟第4窟天龙八部浮雕
中的迦楼罗点线图（北周）

①　（梁）僧祐：《出三藏记集》，苏晋仁、萧炼子点校，北京：中华书局，1995年，第487页。

②　花平宁、魏文彬《中国石窟艺术：麦积山》，南京：江苏美术出版社，2013年，图版131、132、133。其中关于麦积山石窟4号窟"天龙八部"浮雕之定名，最早由西北军政委员会文化部组织的石窟勘察队在勘探报告中确认定名，详见麦积山石窟勘察队：《麦积山石窟内容总录》，载《文物参考资料》，1954年02期，第25页。

③　龙红、邓新航、王玲娟：《巴蜀隋代佛教石窟艺术初探》，载《南京艺术学院学报（美术与设计）》，2015年05期，第127页。

至晚唐时期，天龙八部图像已经在很多地区流行，并且拟人化程度极高，几乎通体呈人形，背后无双翅，仅在面部保留少量鸟类特征，如鸟喙、尖鼻等，以示身份。这在敦煌绘画中也多有体现，如下图所示：

**法藏敦煌彩绘插图长卷《观世音菩萨普门品》中天龙八部**
**（10世纪，法国国家图书馆藏，编号 P.45）**

人形金翅鸟在初传入敦煌时的图像中为鸟喙人身，背有双翅。随着拟人化程度的不断提高，在进入天龙八部的整体图像体系后，已不再刻绘双翅。尤其是自唐以后，中原地区的人形金翅鸟不再见有双翅，已成完全的人形。

随着佛教的传播，大鹏金翅鸟信仰也传入吐蕃地区。关于佛教传入的时间，一般认为是在拉脱脱日年赞时期，即5世纪左右传入吐蕃的。[①] 松赞干布时期，佛教基本成为吐蕃国教，吐蕃大规模建造寺院，在吐蕃佛教体系中的大鹏金翅鸟传说也出自这一时期。《松赞干布遗训》记载着这样一个

---

① 克珠群佩：《西藏佛教史》，拉萨：西藏人民出版社，2019年，第2页。

传说："松赞干布准备在雅隆河谷一带修建昌珠寺，但这一地带有一湖，湖中有巨龙，苯教徒蔡米襄查琼查请命降服巨龙，随即施法请出琼鸟，琼鸟飞于湖上时，一条五首龙蛇自湖中窜出，蔡米襄查琼查无力降服，只好请持咒者祖查祖襄施法，祖查祖襄又召唤出一只鹰鸟，此鸟迅速削断五头蛇，不久湖水干涸，松赞干布便在此地建寺，成为昌珠（意为鹰龙寺）。"[①] 这段叙述包含两个逻辑：一是苯教琼鸟无法降服五首龙蛇；二是咒术师召唤鹰鸟降服五首龙蛇。这两个逻辑实际上体现的是佛教与苯教之争。《松赞干布遗训》的成书时间大约是 12 世纪，[②] 此书实际上是利用历史文本叙述的方式反映松赞干布时期的社会文化情况，书中关于昌珠寺建立的传说，也是对松赞干布时期佛苯之争的叙述。作为两种截然不同的宗教形式，虽然经历了佛教传入之初的融合与借鉴时期，但随着本质性的差异越来越大，到赤松德赞时期，握有实权的苯教大臣玛祥·仲巴杰等贵族开始反对佛教。赤松德赞成年后，又联合佛教徒反对苯教，最终苯教失败，经过多次冲突，佛教重新与王权结合在一起，巩固了吐蕃政权。[③]《松赞干布遗训》中昌珠寺的传说苯教徒蔡米襄查琼查制龙失败便体现了苯教的衰落，持咒者祖查祖襄召唤的鹰鸟强于蔡米襄查琼查所召唤的琼鸟则代表了佛教的弘兴。

　　另外一个值得注意的细节是，《松赞干布遗训》文献中提到的"鹰鸟"。这只"鹰鸟"能够制服五头蛇。在印度神话中，五头蛇是多刹迦之子，《摩诃婆罗多》中载："有一些七头蛇和双头蛇，还有一些五头蛇，他们毒似劫末烈火，令人恐惧，有成千上万条被拘于祭火。"[④] 而在婆罗门教神话中能制

---

① 此传说详见《松赞干布遗训》，北京民族宫抄本，第253–254页，同见克珠群佩：《西藏佛教史》，拉萨：西藏人民出版社，2019年，第21页。

② 高文德：《中国少数民族史大辞典》，长春：吉林教育出版社，1995年，第1298页。

③ 克珠群佩：《西藏佛教史》，拉萨：西藏人民出版社，2019年，第46页。

④ （印）毗耶婆 著，黄宝生 等译：《摩诃婆罗多·卷一》，北京：中国社会科学出版社，2005年，第128页。

服蛇族的，就是大鹏金翅鸟。在藏文语系中，khyung 既指鹰也指鹏，是在佛教影响下导致的地方化不完全形态词。① 松赞干布时期，大量迎请天竺僧人至吐蕃译经，到赤德松赞时期，完善了译经机构，大量翻译梵文经典。② 因此，松赞干布时期与金翅鸟相关的文化随着佛教的传入出现了。特别指出的是，松赞干布时期对经文的翻译分工如下：天竺阿阇黎古萨热的施主是尼泊尔公主尺尊，译师是吞米；婆罗门香嘎拉的施主是松赞干布，译师是达摩廓霞；汉地堪布之施主是文成公主，译师是文成公主本人及拉隆多吉贝；尼泊尔尸罗曼珠的施主是尺尊公主，译师是尺尊公主本人及吞米桑布扎。具体分工为请天竺阿闇黎古萨热翻译对法藏经部及广中略三种《般若经》；请尼泊尔阿黎尸罗曼珠翻译经藏部及《华严经》《观音经续》等；请婆罗门香嘎拉翻译律部、偈文及密乘事部经续等等；请汉地堪布翻译历算、药物及医疗法等。③ 也就是说，松赞干布时期所译经文多为梵文经典，这也就意味着大鹏金翅鸟在吐蕃的发展是直接受到印度佛教的影响。虽然汉地佛教对藏地佛教有着深远的影响，但从大鹏金翅鸟这一方面来看，唐时已翻译了大量与大鹏金翅鸟有关的经文，如《迦楼罗及诸天密言经》《孔雀王咒经》等，这些经文已在唐朝有汉文版，但却不见藏文经文翻译。而松赞干布时期所译藏文经典在《遗教广史》中记载有：《集宝顶经陀罗尼》《月灯经》《宝云经》《十万颂般若经》《佛说大乘庄严宝王经》《千手千眼

---

① 谢继胜：《风马考》，台北：台北唐山出版社，1996年，第34页。
② 松赞干布时期所迎请的僧人除天竺僧人外，还有尼泊尔、克什米尔等第的僧人，如古萨热、婆罗门香嘎拉、迦什弥罗之达努等，详见巴卧·祖拉陈哇：《贤者喜宴》，黄颢译，载《西藏民族学院学报》，1981年01期。赤德松赞时期继续迎请天竺僧人，如《贤者喜宴》记载这一时期迎请印度僧人毕玛拉米扎、咱纳斯纳、泥婆罗鸿等，详见巴卧·祖拉陈哇：《贤者喜宴》，黄颢译，载《西藏民族学院学报》，1983年04期。
③ 关于译经翻译工作记载的原文载于《嘛呢宝寻》，转引自克珠群佩：《西藏佛教史》，西藏人民出版社，2019年，第27页。

观世音陀罗尼》《莲花藏》《十一面观世音经》《十一面观音陀罗尼》《不空绢索经》《后不空索经》《殊胜莲华经》《自在轮经》《仪轨咒续》《如意宝珠陀罗尼》《无碍大悲心经》《光明部庄严经》《莲花顶髻续》《观音六字明经》《妙法白莲华经》《白莲华续》《诸种河流经》《光显经》《百八名经》《遍示佛相经》,《遗教广史》为《贤者喜宴》中所引,[①] 这些经文中多提到金翅鸟,可证明吐蕃时期与金翅鸟相关的文化是直接从印度地区传入的。

显密在藏地的发展推动了大鹏金翅鸟在吐蕃佛教中的发展。藏文文献《苏卡甲匝》(ཟུར་ཁ་བརྒྱ་རྩ,zur-kha-brgya-rtsa)描述了大鹏金翅鸟,通体为天蓝色,角、喙和爪都由陨铁塑成,一共有三只眼,眼为红色,旁有五只五色金翅鸟作为护法,分别是白色、红色、蓝色、黄色和绿色。除此之外《苏卡甲匝》中还提到"花斑鹏"和"持火剃刀黑鹏",花斑鹏的肢体黄色,肚子白色,脖子火红色,面部天蓝色,背部的上半部是绿色的,右爪作Varada手印,左爪持念珠做期克手印。利喙由金刚生成,爪由铜生成,角由陨铁生成,两角之间有一珠宝。大鹏的身体饰有蛇和珍宝,翅膀背面黑色,前面白色,中间红色,尾部蓝色。位于四周的是另外四只大鹏:东方的是黑蓝色大鹏,南方的是红色大鹏,西方的是白色大鹏,北方的是黄色大鹏。持火制刀黑鹏一身黑色,利喙和尖爪皆由铁生成,两角之间置有一颗宝石,眼睛为金色闪着尖焰。[②] 在藏文文献《宝生佛》中提到白色法轮大鹏(vkhorloi-khyung),也被称为"佛鹏"。除了"佛鹏"外,还有红色莲花大鹏、大宝鹏、持剑业力大鹏、金刚大鹏。这与《苏卡甲匝》中所说五只大鹏异曲同工,皆是在描述大鹏金翅鸟曼荼罗,依据以上两份文献,大

① 石硕:《松赞干布时期佛经翻译问题考辨》,载德吉卓玛编:《吐蕃佛教史研究论文集》,中国藏学出版社,2015年,第513页。

② 木仕华:《纳西东巴艺术中的白海螺大鹏鸟与印度Garuda、藏族Khyung形象比较研究》,载谢继胜、沈卫荣、廖旸:《汉藏佛教艺术研究》,北京:中国藏学出版社,2006年,第311页。

鹏金翅鸟曼荼罗绘制如下图：

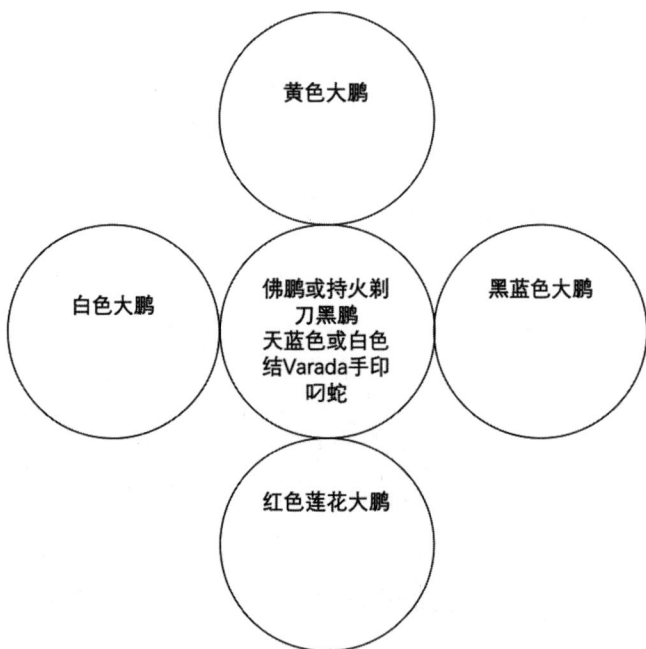

《苏卡甲匝》中金翅鸟曼荼罗

　　在《格萨尔王传》中，提到了格萨尔王出生时果姆的头顶出现了一位"雕头人身的白人"，被称为"哥哥白海螺大鹏鸟"（phu-bo-dung-khyung-dkar-po）。[①]"白海螺大鹏鸟"除出现在《格萨尔王传》中，在东巴经文中也是一位重要的神祇。"白海螺大鹏鸟"在东巴经典《休曲署埃》及《祭什罗法仪舞的规程·大鹏鸟舞》中写作 🦅 🦅，按方国瑜《纳西象形文字谱》中考，音为 dv33pher31ce33tchy31。[②] 这四个音节的含义是"洁白如白海螺的大鹏鸟"，是纳西语和藏语两种语言合二为一的词语，是藏语"白海螺大鹏鸟"（dung-khyung-dkar-po）一词的音译、意译与纳西语固有词结合而成

---

① 《格萨尔王传·诞生篇》（藏文版），兰州：甘肃人民出版社，1987年，第50-51页。

② 方国瑜编纂，和志武参定：《纳西象形文字谱》，昆明：云南人民出版社，1981年，第175页。

的纳西语词语。[①] 从东巴经的形成时间来看，正是吐蕃地区佛教的快速传播时期。[②] 东巴经受藏文化影响极大，李霖灿早已发现：藏文早已混入东巴形字之中，有两个重要的神祇都是由藏文演变而来（第 2015、2014 字）。[③] 东巴经中的诸多神祇也与佛教有关。因此，东巴经中的记载，一定程度上反映了大鹏金翅鸟在吐蕃佛教体系中的变化。

在以上文献的记载中，反映了佛教传入吐蕃初期的大鹏金翅鸟的情况。在这一时期的神话中，大鹏金翅鸟的地位是较为独立的，并且有着自己独立完整的曼荼罗，这也是在顿渐之争后对印度佛教的直接引用的表现。但随着佛教在吐蕃的本土化变化，大鹏金翅鸟也发生了改变，逐渐向护法神过度。佛教在吐蕃的本土化，是与当地的苯教以及其他文化相结合的产物，在一份吐蕃时期的仪轨《Gzi-brjid》中有如下描述："威尔玛和大鹏结合，于是威尔玛和大鹏合二为一制服龙。"[④] 我们再结合《松赞干布遗训》中关于昌珠寺建立的传说来看，大鹏金翅鸟扮演的角色皆为护法，也就是说佛教传入吐蕃后，随着佛教在吐蕃地区的本土化发展，大鹏金翅鸟在吐蕃佛教体系中逐渐变为护法神角色。

---

① 木仕华：《纳西东巴文白海螺大鹏鸟字源考》，载《中国民族古文字研究会会议论文集》，2010年，第571页。

② 关于东巴经的形成的具体时间，学术界目前争论较多，但基本认为形成时间大致在公元3世纪以后，公元7世纪以前，详见林向肖：《东巴文、东巴经形成时代的探讨》，载《中国民族古文字研究（第二辑）》，1993年，第202页。

③ 李霖灿：《么些象形文字字典》，中央博物院专刊乙种之二，1940年，引言。

④ 原文为：wer（威尔）ma（玛）khyung（大鹏）dang（和）bsdebs（结合）pa（于）la（是）（此为第一行）khyung（大鹏）gi（语气助词）wer（威尔）ma（玛）klu（龙）vdul（制服）grol（解脱）（此为第二行）。该文献最早由 D. L. Snellgrove 译成英文版，载于 *The Nine way of ben——Except from the Gzi-brjid.* London Oriental Series. 1967.Volume 18.pp：62-63。后由谢继胜转载汉译文于《风马考》第15-20页。再由木仕华重译，详见木仕华：《纳西东巴艺术中的白海螺大鹏鸟与印度Garuda、藏族Khyung形象比较研究》，载谢继胜、沈卫荣、廖旸：《汉藏佛教艺术研究》，北京：中国藏学出版社，2006年，第315页。

在早期吐蕃佛教体系中，大鹏金翅鸟多出现在佛像背光之上和佛像底座，出现位置也多有不同，基本可分为佛像背光顶部、背光下部及佛像底座三个位置。

位于佛像顶部的大鹏金翅鸟一般在佛像头部正上方，与佛像背光相连，但不与佛像本身相连，如下图所示：

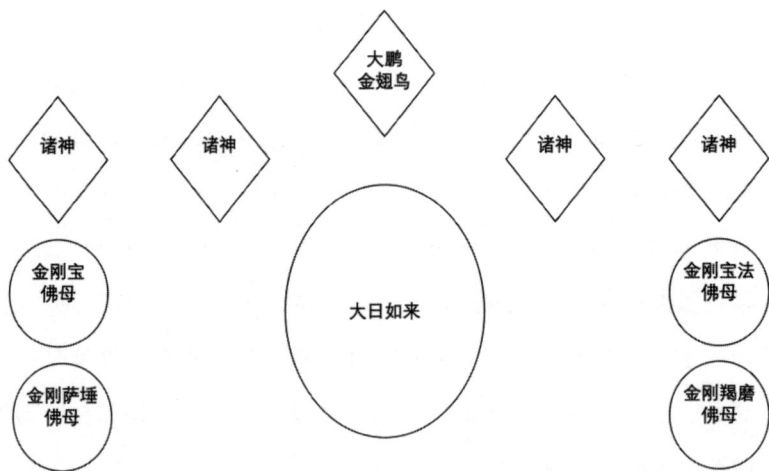

**阿齐寺集会大殿内殿神灵示意图（十二世纪）**①

大鹏金翅鸟位于佛像背光曼荼罗正上方是从尼泊尔造像发展而来，在印度传统造像中，佛像背光顶部多饰以狮面，但至少在 9 世纪以前被迦楼罗取代。此后吐蕃佛教造像中延续了这一风格，如下图释迦牟尼初传法轮像：

---

① （澳）克里斯汀·鲁扎尼兹著，熊文彬、赵敏熙译：《喜马拉雅西部早期佛教泥塑：10世纪末至13世纪初》，北京：中国藏学出版社，2018年，第153页。关于阿齐寺修建时间，其三大殿经鲁扎尼兹断代为12-13世纪，而内点应在这时间之前，详见（澳）克里斯汀·鲁扎尼兹著，熊文彬、赵敏熙译：《喜马拉雅西部早期佛教泥塑：10世纪末至13世纪初》，北京：中国藏学出版社，2018年，第227页。

这尊佛像是布达拉宫所藏尼泊尔风格杰作，佛像主题表现了释迦牟尼在北印度鹿野苑第一次传法的场景。佛经里传统称为"初转法轮"，但按一般情况，此佛像旁应有一组胁持僧人才能完整表现初转法轮像，这种初转法轮像起源于犍陀罗艺术，其母题从犍陀罗传播到印度次大陆的其他地区和尼泊尔，甚至西藏及更远的地区。在西藏，鹿和法轮标志装饰多见于寺庙屋顶，在布达拉宫和大昭寺的镀金屋顶上最

释迦牟尼初传法轮像（11 世纪）[①]

为显著，直到现在还可以看到按照此传统所建的寺庙屋顶。

该造像为红铜打制，有镀金残痕，分四部分铸造，部分镂空，通高50.8厘米，佛陀结跏趺坐于长方形狮子座上，施初转法轮印，着通肩式袈裟，背光装饰华丽，分为两部分：下部两侧有镂空透雕对称图案，表现巴都拉（sardula，狮身神）与武士形象，背光下部与上部以一根横梁分隔；上部为紧那罗（kinnara）形象，两只紧那罗尾部缠绕相连，紧那罗尾部的延伸构成桃型背光形状，顶部由大鹏金翅鸟口中衔蛇，并用爪与摩羯鱼（makara）相连。这件作品为典型的尼泊尔过渡时期（880-1200年）造像，[②] 但顶部狮面由大鹏金翅鸟所替代，这说明，此像可能是为一名藏族施

---

① （瑞士）乌尔里希·冯·施罗德 著；罗文华 译：《布达拉宫藏品》，北京：文化艺术出版社，2010年，第87页。

② 尼泊尔尼车毗结束时间目前尚无定论，大约为9世纪末期，而末罗王朝兴起于1200年，因此习惯上将尼车毗时期至末罗王朝之间称之为"尼泊尔过渡时期"。

主所造。[①]

　　这说明至少在 9—10 世纪时期，藏传佛教佛像背光顶部护法神才被大鹏金翅鸟替代，此时已经是藏传佛教后弘期，前弘期佛像并不见金翅鸟造像与佛像同时出现。[②] 其中一个原因是前弘期时的佛像多无背光，底座多为莲花座或无底座，因此少有护法神伴随雕刻。佛像身后塑背光流行于印度东北部造像，[③] 此类造像在 8—9 世纪时流行圆形背光，9—10 世纪时六拏具背光流行，[④] 与克什米尔风格佛像有着较大区别。[⑤] 也就是这一时期，印度东北部造像影响到了尼泊尔地区，同时受印度东北部艺术风格影响，尼泊尔造像风格开始走向成熟。此后尼泊尔佛像背光多表现为头光、身光呈现卵圆

---

① （瑞士）乌尔里希·冯·施罗德 著，罗文华 译：《布达拉宫藏品》，北京：文化艺术出版社，2010年，第86页。

② 前弘期的佛教造像传世极少，白玛嘎波（1526—1592）将前弘期吐蕃的金铜造像划分为三个时期，即早期法王松赞干布时期，中期法王赤松德赞时期，晚期法王赤祖德赞时期。白玛嘎波详细描述了各个时期的造像特征。早期佛像面部饱满，眼睛细长，鼻子尖挺，嘴部棱角分明，下颏丰厚，面部较长，衣裙稀少，莲花座多雕单层或双层莲花或无莲花座，只有一个简朴的厚垫。中期佛像面部较圆，颜色较深，面部装彩较厚，多用紫铜合金的紫青铜铸造，工艺比早期逊色。晚期多用白铜合金的白青铜，多用银和紫铜镶嵌细部，如用银镶嵌眼睛，用紫铜作角膜或舌头。他所描述的造像特征与7—9世纪印度等地区的金铜造像风格接近。因此，很难从现今传世的金铜造像中确定哪些是前弘期西藏工匠的作品。详见中国国家博物馆：《中国国家博物馆馆藏文物研究丛书·藏传佛教金铜造像卷》，上海：上海古籍出版社，2019年，第5页。

③ 印度东北部造像是指8世纪晚期至12世纪早期，波罗王朝控制了印度东北部比哈尔和孟加拉大部分地区时期所形成的艺术风格。

④ 所谓六拏具，即藏传佛教中六种以动物象征组成的法相装饰，常用于佛座、佛像背光或券门之上，因其藏文翻译原文的最后一个字为"拏"字，故称作六拏具。六拏分别为：伽嚕拏，为大鹏，慈悲之相；布啰拏，为鲸鱼，保护之相；那啰拏，为龙子，敉度之相；波啰拏，为男童，资福之相；福啰拏，为兽王，自在之相；救啰拏，为象王，善师之相。详见张世吉、邵军：《跨越空间的图像移植——关于六拏具图像生成的思考》，载《中国美术研究》，2020年02期，第93页。

⑤ 中国国家博物馆：《中国国家博物馆馆藏文物研究丛书·藏传佛教金铜造像卷》，上海：上海古籍出版社，2019年，第3页。

形，多为火焰纹，六挐具背光也开始在尼泊尔出现。

这一时期藏传佛教受尼泊尔风格影响较大，开始在佛像身后铸造头光和身光，并以佛像为核心在周围作曼荼罗则成了藏传佛教的一大特色，这就是六挐具背光，而金翅鸟则居于六挐具背光顶部中心位置，并且口爪中衔蛇，如下图所示：

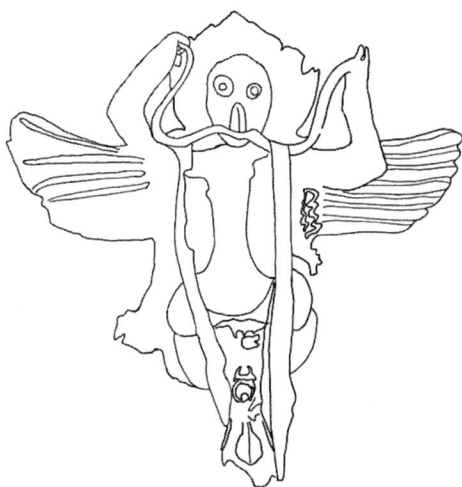

那科寺译师殿大日如来佛顶部金翅鸟线描图（10 至 12 世纪）[1]

六挐具背光实质上以大日如来为核心形成供养法曼荼罗。《续一切经音义》载："曼荼罗或云曼咤罗、具足、应云摩贺曼挐上声攞，此云大坛，即众圣集会所。"[2] 供养法曼荼罗指佛教吸收印度社会原有之祭祀形式，供养诸神、圣贤、僧徒等之法式，[3] 在早期供养法曼荼罗中以花、香围绕，以塑造

---

① （澳）克里斯汀·鲁扎尼兹 著，熊文彬、赵敏熙 译：《喜马拉雅西部早期佛教泥塑：10世纪末至13世纪初》，北京：中国藏学出版社，2018年，第96页。

② （宋）希麟集：《续一切经音义》，载（日）高楠顺次郎、渡边海旭：《大正新修大藏经》，大正新修大藏经刊行会，1934年，河北省佛教协会2019年印行，第54卷，第935页下。

③ 侯慧明：《论密教早期之曼荼罗法》，载《世界宗教研究》，2011年第3期，第36页。

庄严神圣之境界，表达对位于曼荼罗中心的佛、菩萨敬畏之情，古印度犍陀罗地区开始出现以诸神围绕替代花、香围绕。佛教在发展过程中，为了适应民众精神信仰的需求，将印度许多民间神和婆罗门教之神纳入佛教诸神体系，佛教对作为一种多神崇拜的宗教，在曼荼罗中供养自然界动物神灵告慰诸神可能是曼荼罗中绘制或雕造神像的思想渊源。[1]

此类六拏具曼荼罗可称为大鹏金翅鸟供养法曼荼罗是以大鹏金翅鸟为主供养佛、菩萨的曼荼罗，[2] 分布如下：

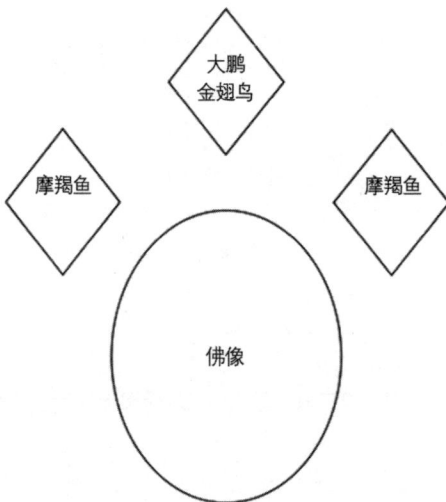

**大鹏金翅鸟供养法曼荼罗位置示意图** [3]

从拏具图像内容和数量上看，在不同时期拏具图像存在较大差异，但是基本可以将其图式组合拆分成以下三个图像单元：上部是大鹏金翅鸟，

---

[1] 侯慧明：《论密教早期之曼荼罗法》，载《世界宗教研究》，2011年第3期，第36页。

[2] 关于供养法曼荼罗可以以其母题为命名，例如除大鹏金翅鸟供养法曼荼罗之外，供养法曼荼罗中还有化佛供养法曼荼罗，可见于云冈石窟，详见金建荣：《北魏时期云冈石窟佛像背光研究》，载《四川文物》，2017年01期，第58-67页。

[3] 金建荣：《北魏时期云冈石窟佛像背光研究》，载《四川文物》，2017年01期，第58页。

其后两侧是摩羯鱼,中部及下部两侧是童子骑狮羊踩神象。[①] 在早期造像中,多只在佛像背光处塑造大鹏金翅鸟与摩羯鱼,中部及下部两侧是童子骑狮羊踩神象在早期并不多见,此后开始以多种护法神代替,使得六拏具图像发生多种变化。因此要注意六拏具曼荼罗图像并不是六种护法神同时出现才能称为六拏具,六拏具图像于 10 至 12 世纪随着密教在中国的传播而迅速扩散。在这一过程当中,六拏具可能出现删减,成为五拏具、三拏具等,同时六拏具所代表神也时常变化。因此可以将这一时期具有六拏具图像的造像做出对比,如下表所示:

10 至 12 世纪六拏具变化统计表

| 造像地点及名称 | 时期 | 伽噌拏 | 布啰拏 | 那啰拏 | 波啰拏 | 福啰拏 | 救啰拏 | 资料来源 |
|---|---|---|---|---|---|---|---|---|
| 西藏那科寺译师殿大日如来佛 | 10-12世纪 | 金翅鸟 | 摩羯鱼 | 无 | 无 | 无 | 无 | (澳)克里斯汀·卢扎尼兹著,熊文彬、赵敏熙译:《喜马拉雅西部早期佛教泥塑:10 世纪末至 13 世纪初》,北京:中国藏学出版社,2018 年,第 96 页 |
| 西藏托林寺白殿阿底峡像全图 | 10世纪 | 金翅鸟 | 摩羯鱼 | 无 | 无 | 无 | 无 | 西藏自治区阿里地区文化局:《阿里壁画·托林寺白殿》,杭州:浙江大学出版社,2015 年,第 62 页 |

---

① 张世吉、邵军:《跨越空间的图像移植——关于六拏具图像生成的思考》,载《中国美术研究》,2020年02期,第94页。

| 造像地点及名称 | 时期 | 伽嚕挐 | 布啰挐 | 那啰挐 | 波啰挐 | 福啰挐 | 救啰挐 | 资料来源 |
|---|---|---|---|---|---|---|---|---|
| 西藏托林寺白殿宗喀巴大师壁画 | 10世纪 | 金翅鸟 | 迦陵频伽 | 卢神 | 无 | 无 | 无 | 谢斌、王谦、何鸿：《托林寺壁画》，杭州：浙江摄影出版社，2019年，第17页 |
| 西藏古格王宫红殿北壁佛传降魔图 | 10世纪 | 金翅鸟 | 摩羯鱼 | 马 | 迦陵频伽 | 狮子 | 象 | 谢斌、王谦、何鸿：《古格王宫壁画·科迦寺壁画》，杭州：浙江摄影出版社，2019年，第19页 |
| 西藏布达拉宫释迦牟尼初传法轮像 | 11世纪 | 金翅鸟 | 摩羯鱼 | 无 | 武士 | 巴都拉 | 无 | 布达拉宫藏品，（瑞士）乌尔里希·冯·施罗德著；罗文华译，北京：文化艺术出版社，2010年，第87页 |
| 敦煌莫高窟76窟壁画 | 11世纪 | 金翅鸟 | 摩羯鱼 | 无 | 男童 | 羊 | 象 | 张世吉、邵军：《跨越空间的图像移植——关于六拏具图像生成的思考》，载《中国美术研究》，2020年02期，第96页 |

　　从以上统计可以看出，无论六拏具曼荼罗如何演变，伽嚕挐也就是金翅鸟一直是一个重要的存在，极少被其他图像所替代（其他五拏具均出现被其他图像所替代的情况）。大鹏金翅鸟始终位于六拏具曼荼罗顶部，成为链接整个六拏具图像的核心。到明代时，此类六拏具曼荼罗图像排布才基本上已形成定制，如下图所示：

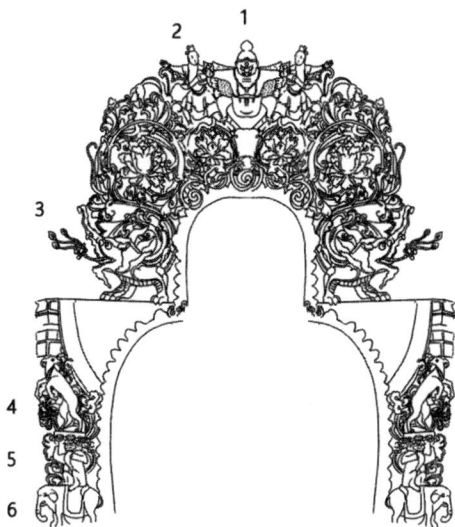

**山西繁峙公主寺大雄宝殿主像背光局部（明）**[①]

总之，大鹏金翅鸟图像在进入西藏地区以后主要作为六挐具图像中的一部分存在，位置位于佛像顶部，以作护法之用，也有少数金翅鸟作为护法神存在于佛像底座。从形制上看，均为鸟首人身金翅鸟，双臂双翅张开，口、爪处多衔蛇。

通过以上整理分析，便可将金翅鸟图像在12世纪前的流传情况汇总为下图所示：

---

[①]　张世吉、邵军：《跨越空间的图像移植——关于六挐具图像生成的思考》，载《中国美术研究》，2020年02期，第93页。此造像中六挐具为：1、大鹏金翅鸟；2、龙子；3、摩羯鱼；4、羊；5、男子；6、象，此类六挐具曼荼罗多见于中原显密图像中，在元明之后藏传佛教造像中那啰挐常被替换为卢神。

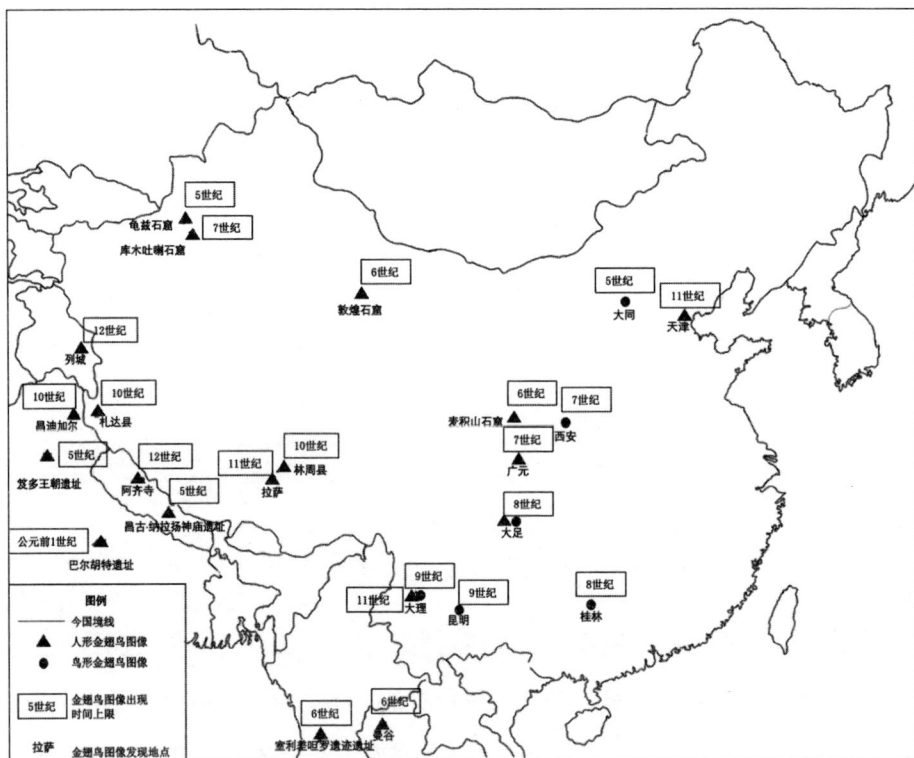

12世纪前金翅鸟图像流传示意图

从该示意图并结合前文分析，可以得出以下几个基本结论：第一，金翅鸟图像最先出现于印度东北部地区，根据《梨俱吠陀》《摩诃婆罗多》等印度早期传说史诗，金翅鸟图像首先以人形金翅鸟图像出现，并开始在周围地区传播。五世纪左右，人形金翅鸟在今尼泊尔、巴基斯塔、缅甸、泰国、柬埔寨、爪哇等地开始广泛传播，并从今尼泊尔及克什米尔地区开始传入今西藏地区；第二，从目前发现来看，金翅鸟图像也在五世纪时开始进入中国，路径是从丝绸之路沿龟兹石窟至敦煌一线传入，图像以人形金翅鸟为主；第三,五世纪时，金翅鸟图像传入到中国腹地时开始出现了在地化，与中国凤鸟文化相结合，从人形金翅鸟演变为鸟形金翅鸟，山西大同云冈石窟是目前中国境内最早出现鸟形金翅鸟的地点，鸟形金翅鸟图像的出现，标志着金翅鸟图像的在地化。第四，中原地区人形金翅鸟图像逐渐融入天龙八部图像体系中，在麦积山石窟、敦煌石窟、广元石窟中均有体现，与早期人形金翅鸟有着明显的区别，也是一种在地化的表现。

然而在今天，生活在大理地区的人对于金翅鸟却又理解为"金鸡"，[①] 这是由于金鸡神话的兴起而衍生出的一种理解。关于此神话的由来，目前主要有三种说法：一是自然环境说[②]；二是认为与动物崇拜有关[③]；三是认为与佛教有关[④]。这三种说法从不同角度探讨了金马碧鸡神话的起源，但却忽略了文化变迁的因素。

最早对金马碧鸡神话的记载，《汉书》中描述为："方士言益州有金马、碧鸡之宝，可祭祀致也，宣帝使褒（王褒）往祀焉。"[⑤] "金马、碧鸡"为"宝"，被方士所重，且被"祭祀"，说明是实体存在的一物，关于王褒前

---

① 杜瑜丽：《大鹏金翅鸟与白族的金鸡崇拜》，载《云南农业大学学报》，2008年第02期，第117页。

② 如《华阳国志》中载金马碧鸡为古代矿工崇拜之神，详见（晋）常璩 撰，刘琳 校注：《华阳国志校注》，成都：成都时代出版社，2007年，第450页。这一说法得到王国维、袁嘉谷、方国瑜等学者的支持，详见王国维：《陈宝说》，载王国维：《观堂集林》，石家庄：河北教育出版社，2003年，第29页；袁嘉谷：《卧雪堂文集》卷19《金马碧鸡铭并序》，载《袁嘉谷文集》第1册，昆明：云南人民出版社，2001年，第534页；方国瑜：《云南佛教原始之谬说》，《方国瑜文集》第2辑，昆明：云南教育出版社，2001年，第516页。汪宁生认为金马碧鸡的神话与自然气象有关，详见汪宁生：《金马碧鸡之谜》，汪宁生：《中国西南民族的历史与文化》，昆明：云南民族出版社，1989年，第66页。

③ 如楚图南认为西南地区的金马碧鸡传说是与这一地区民族对马和鸡的崇拜有关，详见楚图南：《中国西南民族神话的研究》，第39页，余嘉华、张旭等学者也持此类观点，详见余嘉华：《古滇文化思辨录》，昆明：云南教育出版社，1997年，第11–12页；张旭：《白族的原始图腾虎与金鸡》，张旭：《大理白族史探索》，昆明：云南人民出版社，1990年，第66页。

④ 夏光南：《元代云南史地丛考》，台北：中华书局，1968年，第35页。

⑤ （东汉）班固：《汉书·王褒传》卷六四下，北京：中华书局，1962年，第2830页。

往祭祀的时间，大约是西汉甘露四年（公元前50年）。[1] 如此来看，在西汉时期就出现了金马、碧鸡之说，而其中所载之"益州"应是越巂郡青蛉县，[2] 即今云南大姚县。[3] 两汉以后，关于金马碧鸡的记载开始增多，金马碧鸡逐渐从"宝"变为"神"，如《华阳国志》载："禺同山有碧鸡、金马，光影倏忽，民多见之，有山神。"[4] 金马碧鸡神话的地点发生改变是在《蛮书》中，书中载："金马山在拓东城螺山南二十余里……土俗传云：昔有金马，往往出见……碧鸡山在昆池西岸上，与拓东城隔水相对。"[5] 也就是说至少在樊绰时代，金马碧鸡迁移至了拓东城也就是今昆明地区。[6] 此后《太平寰宇记》《太平御览》中均记载了金马碧鸡之神，但多相互引用，未有创新。[7]

在元代文献中，金马碧鸡的传说与佛教相结合，《纪古滇说集》记载了阿育王长子福邦以碧鸡山为封地，谥号"伏义山河清邦景帝"。[8] 在南诏大理国时期的祀神体系中，碧鸡之神也被列入其中，如异牟寻贞元十九年封

① 韩晖：《〈文选〉所录〈子虚赋〉、〈上林赋〉及〈洞箫赋〉创作时间新考——兼考王褒卒年》，载《广西师范大学学报（哲社科版）》，2009年第6期，第41页。
② 张轲风：《云象、望气、矿藏："金马碧鸡"传说的生成过程》，载《中国历史地理论丛》，2020年35（01）期，第113页。
③ 方国瑜：《中国西南历史地理考释》，北京：中华书局，1987年，第95页。
④ （东晋）常璩 撰，任乃强 校注：《华阳国志校补图注》卷4《南中志》，上海古籍出版社，2007年，第295页。
⑤ （唐）樊绰 著，向达 校注：《蛮书校注》，北京：中华书局，1962年版。
⑥ 卢云：《"金马碧鸡"神话的形成及其南迁》，载《思想战线》，1990年01期，第43页。
⑦ 详见（宋）乐史撰，王文楚等点校：《太平寰宇记》卷79《剑南西道八》，北京：中华书局，2007年，第1600页。（宋）李昉等：《太平御览》卷44《地部九》，北京：中华书局，1960年，第212-213页。
⑧ （元）张道宗：《纪古滇说集》，载方国瑜：《云南史料丛刊》，第二卷，昆明：云南大学出版社，1998年，第312页。

福邦为"碧鸡景帝",[①]隆舜也举行过祭祀金马碧鸡的祀典。[②] 在这些文本记述中,碧鸡之神与阿育王之子有直接关系,这实际上体现的是在佛教盛行的背景下,地方神对天竺神的攀附。[③] 敕封阿育王之子,实际上阿育王信仰的出现,随着拓东城的建城以及对白蛮的征服,南诏统治者将原本在拓东城的金马碧鸡之神纳入佛教信仰体系之中,成了南诏在扩张过程中采用的文化手段之一。至迟在九世纪,金马碧鸡不再以独立的地方神祇存在,而成了南诏大理国佛教神祇的一部分。有了佛教作为依托,金马碧鸡的神话得以流传,因此目前所见元明诸史料中,这一神话依然存续。

另外一个金鸡神话与鸡足山有关,在南诏所封的"五岳"中并没有鸡足山,然清人高奣映在《鸡足山志》中提到张乐进求、皮逻阁、异牟寻、寻阁劝、段正严都曾到鸡足山礼迦叶尊者。[④] 对于这段记载,有学者认为这是明朝时大理知识分子在"心史"的驱动型创造了迦叶尊者入定鸡足山,为提升鸡足山地位而书写了南诏大理国诸王礼佛的故事。[⑤] 再考察另外一则传说《金鸡格萨尔》:远古时候的卫藏地下突然冒出一只全身长脚的吕崇(蜈蚣精),人们想要除掉蜈蚣精,就寻找金鸡格萨尔来帮忙,金鸡出生在白梵天王家,被赐名为格萨尔,金鸡格萨尔变成人,与蜈蚣精大战三天,最后变成金鸡压住蜈蚣,他的身体变成了一座山,就是今天的鸡足山,藏

---

① （明）刘文征攥,古永继点校,王云、尤中审定:《滇志》,昆明:云南教育出版社,1991年,第1025页。

② 《纪古滇说集》载:"（隆舜）幸善阐城,仍为东京,祭阿育王子金马碧鸡二山景帝及祀神明天子,各立庙,迁都郊,祀山川社稷二于善阐东京城外。"详见（元）张道宗:《纪古滇说集》,载方国瑜:《云南史料丛刊》,第二卷,昆明:云南大学出版社,1998年,第316–317页。

③ 安琪:《云南阿育王神话与南诏大理国的祖先历史叙事》,载《民族文学研究》,2013年04期,第11页。

④ （清）高奣映,侯冲、段晓林点校:《鸡足山志》,北京:中国书籍出版社,2004年,第228页。

⑤ 侯冲:《白族心史:〈白古通记〉研究》,昆明:云南民族出版社,2002年,第67页。

民们为了纪念金鸡格萨尔，每年都要不远万里来到鸡足山转山。① 这个神话明显是藏传佛教语境中的神话，如果把南诏大理国诸王到鸡足山礼佛及金鸡压蜈蚣两个神话联系起来，就能注意到在文本书写中将诸王礼佛放在山顶，金鸡压蜈蚣放在山下，一个代表的是南诏大理国文化，另一个代表的是吐蕃文化，各种神话的结合，试图提高南诏大理国的地位，彰显了王权的等级。② 徐霞客曾考证鸡足山的佛教寺院始于南诏，③ 如果在南诏时鸡足山已有佛教，那么高奣映的《鸡足山志》中记载的南诏大理国诸王礼佛之事就可能出现，但为何又会出现金鸡格萨尔制蜈蚣的神话？如果从南诏与吐蕃的关系来看，这种对鸡足山的表述，是大理地区在本土宇宙观众对藏的想象与定位，藏代表了来自外部的力量，这种力量不可缺少，也意味着战争。④ 而且鸡足山形似鸡足之概念，必然会与鸡产生关联，《金鸡格萨尔》的传说，正好符合了鸡与蜈蚣的关系，因此将鸡足山看作金鸡。

从文本的记载情况来看，关于鸡的传说始于南诏，并且都是以攀附佛教才得以流行，尤其是攀附与阿育王有关的传说。反过来，在佛教文化中，这些本土文化似乎受到了压制。目前出土的南诏大理国文物中，表现鸡的文物极少。⑤ 到了明代，碧鸡和金鸡的传说文本大量出现。可见从大理国后期，关于鸡的传说大量兴起，流传至明代，便能见诸文本。

---

① 鹤庆县民间文学集成办公室编：《鹤庆民间故事集成》，昆明：云南人民出版社，1989年，第108页。

② 舒瑜：《鸡足山的诸王权——基于王权与山岳关系的讨论》，载《西南民族大学学报（人文社科版）》，2016年37（10）期，第21页。

③ 朱惠荣：《徐霞客与明末鸡足山》，载《学术探索》，2001年02期，第50页。

④ 舒瑜：《藏族与大理鸡足山：以传说和仪式为视角》，载《青海民族研究》，2014年03期，第16页。

⑤ 例如在墓葬中，大理国墓葬所出土陶俑中均为人俑，已不见云南地区汉墓中出土的鸡俑，既有宋代的风格，又有鲜明的地方特色，详见李东红：《白族火葬墓的几个问题》，载《思想战线》，1991年06期，第65–69页。

　　南诏时期，金翅鸟被制作出来时，其中表达的一个信息就是金翅鸟能够制蛇。但从大理国后期开始，金鸡神话逐渐兴起。到了明代，随着金鸡的传说大量流传，文化情境发生变化，在新的文化情境中，将金翅鸟理解成了金鸡。同时随着汉传佛教的传播及本土金鸡制龙神话的演变，金翅鸟能制蛇也被制龙所取代。那么是否可以说，将金翅鸟理解成金鸡或者将金翅鸟制蛇理解成金翅鸟制龙是"错误"的？前文已述，图像学的研究与考据学不同，并不是考据真伪问题。这种对图像"错误"的理解恰恰反映了文化情境的变化。今天之所以认为大理地区出土的金翅鸟是制龙的象征，是因为在现在的文化情境中，大鹏金翅鸟就是金鸡并且能制龙是"常识"。那么这些"常识"是如何形成的，是如何进入现有的知识谱系中的呢？这条线索便要从人们如何理解图像入手。

　　以图形学的理论对大鹏金翅鸟图像的生成做出解释在本研究中行之有效。在研究中，将金翅鸟图像作为图像志来解读所传达的信息，即图像制作者的信息，从本质上来说就是解读图像制作者所处的文化情境信息。在金翅鸟图像的生成过程中，图像制作者受到本土文化和外来文化的共同影响制作出了金翅鸟图像，其实是中原文化和本土文化的交汇，因此能够读出中原文化和本土文化的相关文化信息。从这一理论视角来看，既不完全进行历史学的考证以探究金翅鸟的起源和发展问题；也不从艺术史或美学角度对金翅鸟的艺术价值、艺术形式以及艺术形式的发展做出判断；更不完全从考古类型学的角度对金翅鸟进行类比以做出器物演变规律的研究。图像学的理论视角是指向图像生成的文化逻辑，即对文化的变迁进行研究，因此可以透过金翅鸟图像，研究图像生成的文化逻辑。金翅鸟图像就像照片一样，将当时人们对金翅鸟以及宗教的理解以生动的方式定格下来，通过金翅鸟图像的研究，完全可以发现南诏大理国时期的文化发展规律。

　　在图像学的研究中，以图像作为突破口研究文化已经非常成熟，但所用的图像资料主要还是传统意义的图像，例如照片、绘画等。本研究证明，也可以将文物作为图像来看待，文物以图像的形式同文本一样在进行着叙事，而图像叙事所传达的信息本质上就是图像所处的历史阶段的文化信息，将文物作为历史图像资料的一种，透物见人，对文物图像背后的文化发展规律展开研究。正如前文所说，相比文本叙事，文物的图像叙事以及所传达的图像志信息更加直观，也更加真实。本研究在验证图像学理论的正确性的同时，也证明了将文物作为图像叙事文本（抑或是图像志）来对其所处的文化情境展开研究是可行的。

反过来，用文物被制作出来时所处的文化情境来解释文物的意义则可以做出更准确的解释，也就是"他者"视角下的文物，以上便是考古人类学的研究方法。

通过对考古人类学引入中国的反思发现，考古人类学应该是围绕文物的图像志叙事为核心，结合其他相关资料，运用人类学，尤其是历史人类学的方法，分析文物所处的文化情境，再将文物置入到文化情境中，以"他者"的视角进行分析，最终回归到对文物的解释。这就是"他者"视角下的文物，以"他者"的视角对文物的意义做出解释，则更加接近于客观事实。图像学理论也表明，观者会对图像做出不同的解释，这与观者的知识谱系和所处的文化情境有关，因此考古人类学的研究方法的核心就是将文物置入到特定的文化情境中分析，不同的文化情境可能会得出不同的结果，而这种不同的结果，正是反映了文化的发展和变迁，也是可以通过考古人类学的方法得出的一个成果。

也就是说，南诏时期，金翅鸟图像的制作者以及观者不单对密教文化产生了认同，同时也接受了禅宗、吐蕃佛教的文化，这样的认同是随着文化传播与融合而形成的，这也可以视作文化传播史来看待。随着这种文化的传播与变迁，到南诏时期金翅鸟的作者所看到的就已经是呈现展翅鸟形的大鹏金翅鸟，因此南诏时期就把金翅鸟塑造成了展翅鸟形，当观者看到金翅鸟图像后，自然而然地就会认为这是用来制蛇镇水的，这是因为在当时的文化情境下，金翅鸟制蛇镇水的神格嵌入了当时人们的知识谱系中。到大理国后期，随着禅宗的影响力提升，文化情境和知识谱系也发生了改变，人形金翅鸟图像也成了大理国文化体系中合理的存在。而随着金鸡文化的兴起，金翅鸟又被认为是金鸡。在南诏的政治体系中，金翅鸟则又成为权力意象的载体。很多汉译佛经中，受中原龙文化影响，直接将"Naga"一词翻译为龙，于是金翅鸟制蛇的神格在中原文化中便成了制龙。明清记载南诏大理国的文献中，也多从中原文化视角出发，便出现了南诏塔上之鸟神格是制龙的记载，时至今日，大理地区的人也认为金翅鸟是能够制龙，这提供了另一条重要的线索，可以看到在几个世纪里龙蛇观的变化，本质上就是文化情境发生变化。这无关对错问题，只是在不同的文化情境中，对大鹏金翅鸟做出的不同解读。如下图所示：

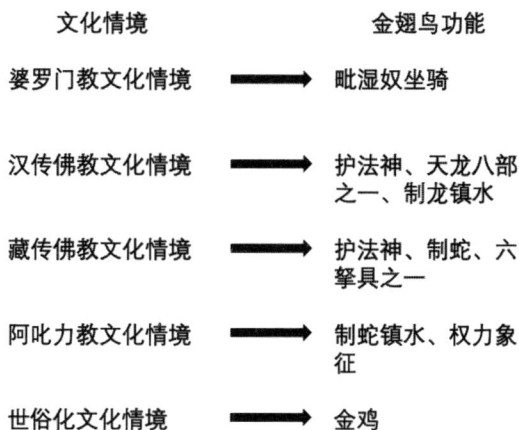

| 文化情境 | | 金翅鸟功能 |
| --- | --- | --- |
| 婆罗门教文化情境 | ➡ | 毗湿奴坐骑 |
| 汉传佛教文化情境 | ➡ | 护法神、天龙八部之一、制龙镇水 |
| 藏传佛教文化情境 | ➡ | 护法神、制蛇、六挐具之一 |
| 阿吒力教文化情境 | ➡ | 制蛇镇水、权力象征 |
| 世俗化文化情境 | ➡ | 金鸡 |

**文化情境与金翅鸟的功能对应图**

这就意味着在不同的文化情境中，金翅鸟含有不同的功能和意义。这并不能说哪种解释是"错误"的，因为金翅鸟的功能和意义是由文化情境决定的，文化情境在发生变化，金翅鸟的功能和意义也在发生变化。只有通过对当时的文化情境做出历时性的分析，才能明确在"当时"文化情境下"他者"对金翅鸟的功能和意义的解释，避免用今天的文化情境和知识谱系对过去的事物进行分析，这样会导致分析的片面性和单一性，以不同的文化情境用"他者"的视角对金翅鸟的意义做出全面的阐释，这就是对金翅鸟研究的最终目的。

# 余论：未来已来

> 近年来，更加多样的研究方法已经出现。一些考古学家仍在研究区域历史问题，另外一些则开始从事理论构建和跨文化的比较研究，赋予该学科更加国际化的前景。中国考古学已经为我们理解世界历史做出了重大贡献，展望未来，其黄金时代还将会持续多年。①
>
> ——刘莉，陈星灿：《中国考古学：旧石器时代晚期到早期青铜时代》

通常来说，一篇学术性的文章都要有问题意识，也就是要通过系统的论述来解决一个问题，并且在解决问题的过程中，构筑起一套较为完善的方法论。本文所要研究的问题，就是什么是考古人类学？

为了回答这个问题，我们回顾了百余年来中西方人类学和考古学之间的关系。通过回顾我们可以发现，两门学科自诞生之日起就已经密不可分，二者的理论也相互交织在一起，究其原因，是西方的学者们十分注重对出土器物的解释，由于考古材料毕竟也是人类的行为展示，因此人类学的理论提供了非常好的解释工具，在这样的背景下，考古人类学的诞生既是偶然也是必然。

中国的学术研究起步比较晚，这种客观事实导致了中国的人类学和考

---

① 刘莉，陈星灿：《中国考古学：旧石器时代晚期到早期青铜时代》，北京：生活·读书·新知三联书店，2017年，第23页。

古学相对来说发展比较落后，也出现了人类学和考古学隔阂明显的情况，但这却也恰恰是一种优势，我们可以直接摒弃西方理论体系中糟粕的部分而吸收他们的精华，并且可以在干扰极少的情况下发展中国特色的理论体系，考古人类学的中国化就是最好的证明。

正是基于学术界数十年来的讨论，我们大胆地将历史人类学和图像学的观念引入考古人类学的概念之中，提出了这样一种看法：考古人类学就是用人类学的方法对考古材料进行阐释。具体来说，就是将一切文物视为图像志，通过图像志的分析并结合其他有关资料，利用历史人类学的方法，还原有关的文化情境，并在特定的文化情境之下，以"他者"的视角对文化进行阐释。这样的分析会导致两种结果，一是所分析出来的结果可能与我们所知的"常识"相悖；二是结果的多样性。

在对石寨山 M1：57 号贮贝器的分析中会发现古滇人将蛇视为司雨水之神进行祭祀，这与我们所知道的常识是不同的，就像在著名的古典小说《西游记》中描述的那样，龙王才是管理雨水的神祇，那么是否能说古滇人的认识是错误的或是说我们的常识出现了错误？显然是不能的，因为古滇人和我们现在相隔数千年，文化情境早已发生了变化，与其说是常识发生冲突，不如说是文化情境发生了变化。再如对大鹏金翅鸟造像的分析上，我们会发现在不同的文化情境中，对大鹏金翅鸟意义的解释也有所不同，这同样也不是谁对谁错的问题，而是在不同的文化情境中"他者"所具有的不同常识下的理解问题。

早期的人类学家经常会犯一个错误，他们会以一种"先进者"的姿态去指责所调查的对象在某些行为或者思想上的"错误"，并试图努力纠正这些"错误"。在他们看来，这是在"帮助"这些后进族群，但这些"帮助"有时候并不会得到回报，甚至会招来更多的矛盾，这些错误哪怕在今天也时有发生。同样的道理，虽然我们今天的物质和文化的发展程度是古人远远赶不上的，但是如果我们用今天的思维去解释古人的行为，并且指责他们做法的错误甚至认为他们过于幼稚，那么我们和那些带有殖民主义思想以自大狂妄的心态去掠夺亚非拉的殖民侵略者有何不同？尊重"本土的意志"是人类学的一项传统，人类学在进行田野调查时，一个前提条件就是要尊重并且接受调查对象的文化，把这一原则引入考古人类学中也同样适用。考古人类学的目的并不是为了证明古人的"错误"，而是在尊重"他者"文化的前提下去阐释考古材料。如果对文物学学科史有了解的话，学者们往往会为了一件文物的意义而争执不休。在这样的争论中，考古人类学是中立的，它不急于评判谁对谁错，而是在思考是在一种怎样的文化情境中才会出现如此这般的解释，同时在另外一个文化情境中为什么又会产生另外一种解释，这些不同的文化情境是怎样形成的，又是怎样看待这件文物的。从这样的角度来说，考古人类学的眼中没有对错之分，只有差异不同。这一点是继承了人类学对于文化的态度。在现代人类学家的眼中，文化没有高低好坏之分，每种文化都各具特点，这是自文化相对论提出之后就已经具有的观点。如果再往前找的话，"和而不同""己所不欲，勿施于人"这样的思想已经存续数千年之久。所以，同人类学一样，考古人类学所要思考的仍然是文化问题而不是对错问题。

另外一个方面也同人类学一样，考古人类学通过研究后得出的结论往往都是"他者"的常识，就像我们费尽心思去研究金翅鸟是制蛇还是制龙的问题，在大理国时期的人可能根本就不会觉得这是一个问题，因为在他们看来金翅鸟能制蛇是理所当然的。无论将"常识"看作"不证自明"还是"显而易见"，这个我们每天都用来对世界进行观察、认知及理解的概念却有着形形色色并且极不协调一致的解释，这使得它和各种各样的不可知论格格不入。然而，常识却深深嵌入我们通过感觉获取的经验和各种权术政治中，即那些限制并塑造了我们获取知识的途径的各种事实。①正如前面所提到的，这些常识会印刻在器物之中，但有时候往往是一种他们自己都不曾意识到的无意识表达，就像我们今天不会去强调"理所当然"的常识一样，这些文物的制作者们也不会刻意地将他们的常识写成注释铭刻在器物上，他们只会觉得这件器物这样制作是"应该的"。这一点就是人类学和考古人类学共同面对的难题，常识很少被刻意记录，但却在一直表达，就像没有人会为了饿肚子就要吃东西而做专门的记录，因为这是所有生物都知道的常识，但这个行为却一直在做，并且留下了很多痕迹，虽然没有直接而明显的记录，就像我们可以通过食物的消耗量来推断一个聚落的人口数量一样，大量的直接或者间接证据都在表达着这些常识。所以考古人类学和人类学都需要通过蛛丝马迹的细节，才能找到隐藏在文化和行为中的常识，去找寻那些连"他者"自己都不曾意识到但却认为是理所应当的想法，这也许就是考古人类学的难点之所在。

不过考古学本身就是困难的。我们给自己设置了不可思议的、令人感到气馁的任务。我们想要了解已经逝去数千年的人类社会，而他们的风俗、价值和态度与我们的几乎完全不同。我们必须做到这些，但是却无法同他们进行交谈，甚至我们想要了解他们是如何以及为什么会以其自身的方式进行变化。同时我们用来完成这一伟大任务的资料就是古人弃之于路的微不足道的垃圾碎片，而这些东西在很长时间之后就会化为尘土，这样的任务并不简单。②

以上可算是对本书一个简短的总结，既然是余论，那么接下来就应该讨论考古人类学的未来。正如伦福儒所希望的那样，考古人类学是考古学

---

① （美）麦克尔·赫兹菲尔德 著，刘珩、石毅、李昌银等 译：《什么是人类常识：社会和文化领域中的人类学理论实践》，北京：华夏出版社，2005年，第1页。

② （美）马修·约翰逊 著，魏峻 译：《考古学理论导论》，长沙：岳麓书社，2005年，第11页。

中一个很有活力与前途的领域，就考古学这门学科的理论与材料而言都颇有意义。[①]但不得不面对这样一个事实，考古人类学还没有发挥为社会理论贡献的潜力，考古人类学还将做考古学的陪衬品继续存在吗？或者向其他方向发展，作为享有特权的民族志，还是作为文化研究的分支？考古人类学家还没有畅谈过他们学科的前景。[②]

　　首先来说关于考古人类学的学科归属问题，通过前两章的讨论可以发现，学者们各有主张，既有认为该归属于考古学，也有人认为该归属于人类学。在这里我们先要明确这样一个事实，当今的任何研究都必然是跨学科的研究，不管是社会科学还是自然科学，绝对不可能存在"纯粹而单一"的学科研究，反过来，如果拒绝跨学科的研究，那么得出的结果往往是错误的。基于这样一个事实，如果硬要把考古人类学塞进哪个学科之中是毫无意义的，作为一个跨学科的产物，目的是为人类学和考古学提供一个新的视角和研究方法，它并不是任何学科的陪衬，它可以单独存在，也可以被任何一门学科利用。打破学科的边界是目前学术界共同的趋势，没有必要局限在一个圈子里而拒绝打开视野的机会。正是在这样的背景下，考古人类学有着巨大的发展空间。在考古学领域，如果利用人类学则可以提供更多的思路；在人类学领域，如果关注考古材料，则会使田野调查变得更加完整。如果能够在考古学的学习过程中加入人类学或是在人类学的学科体系中加入考古学，那么二者都会得到跟好的发展，这一点在 20 世纪末就已经有学者建议过（如张光直等），但一直没有付诸实践。直到近几年来，我们看到很多高校在考古学系开设了人类学课程，也有高校在人类学系开

---

① （英）科林·伦福儒、（英）保罗·巴恩 主编，陈胜前 译：《考古学：关键概念》，北京：中国人民大学出版社，2012年，第101页。

② （美）尼古拉斯·戴维、（美）卡罗·克拉莫 著，郭立新、姚崇新等 译：《民族考古学实践》，长沙：岳麓书社，2009年，第451页。

设了考古学课程。这是一种很好的发展势态，在有利于人类学和考古学进一步结合的同时，也为考古人类学提供了广阔的发展空间。

其次，再来说考古人类学的研究前景。我们经常说中华文化博大精深，但却很难窥其全貌，如何全面完整的揭示中华文化的样貌是一个庞大的课题，当然学者们都在努力做着这件事情，这也是习近平总书记所要求的。当我们在做这件事情的时候，往往关注的是"博大精深"的后半部分"精深"。在很多研究中，经常会对某一历史事件、文化表象等进行"深描"，当然这确实是有必要的，深入挖掘研究对象并揭示其本质是科学研究最基本的目的，但在这一过程中就容易忽略"博大"一词，我们会太过于集中研究一个问题而忽视了更多的问题。考古人类学的研究告诉我们，一件文物会出现在不同的文化情境中，透过一件文物我们看到的不是一个单一的文化情境，而是多个不同的文化情境，并且这些文化情境之间是相互关联的，为了解释这件文物，不但要深入分析一个文化情境，而是要多个文化情境共同分析并找出它们之间的联系，才能对文物做出更加全面具体的分析，这就是关注"博大"的一面。就像挖口井一样，要想井挖的深，口就必须开得大。正如在对大鹏金翅鸟的研究中，虽然研究对象是大理国时期的文物，但如果不关注印度、东南亚、中原、吐蕃等地区的文化情境，那么就会简单地认为金翅鸟就是一个制龙镇水的神祇造像而已，无法深入理解它在南诏大理国文化体系中的重要地位。

中华民族的"多元一体"已经告诉我们，没有哪种文化是独立存在的，因此在对中华民族文化展开研究时，应该开阔视野，不局限于一个地区一件事物。我们可以将目光放到与研究对象相关的文化情境中，甚至可以是全中国、全亚洲直到全世界。开阔视野的好处并不仅仅是得出最为全面的结果，更是能看到中华民族文化在人类文化中的地位，看到中华文明为世界文明所做出的贡献，进一步树立文化自信，提升中国社会科学在世界学术界的话语权。在这一方面，考古人类学的研究方法能提供很多启示。当然这样的研究其实一直都有，只不过很多学者并没有注意到他们已经在无意中开始运用了这样的方法。在很多时候我们并不需要时刻强调"考古人类学"这个词，我们只需要考古人类学的研究方法"在场"即可。在学术界十分流行这样一句话"我们讨厌理论，但却无时无刻不在用着理论"，这就像在用勾股定理去解题一样，在学会了勾股定理之后就只需要用这个定理去解题即可，而不需要每次解题都写上"勾股定理"这四个字。这便是考古人类学在研究领域的发展前景，它能提供一种思路去对文化和考古材料进行研究，最终融入社会科学的研究中。它时刻在被运用，但并不一定每次运用前都要说一遍名字，一种理论或方法真正有效，就是时刻在被实践。当这种研究方法被普及，甚至在无意中都能被实践的时候，就是这门学科发展的顶峰。

最后就来谈下现实的需求。众所周知，中国特色社会主义建设已经进入了新时代，在文化方面同样也进入了一个新时代。党的十九大报告指出：深入挖掘中华优秀传统文化蕴含的思想观念、人文精神、道德规范，结合时代要求继承创新，让中华文化展现出永久魅力和时代风采。[①] 在党和国家的支持下，考古发掘工作在如火如荼地进行中，新的考古材料大量出现，海昏侯墓、三星堆等发掘工作在社会上掀起一波又一波的考古热潮。这也意味着越来越多的考古材料需要进行分析解释，中华民族文化还有更广阔的领域亟待探索。现在，学者们正以前所未有的热情投入对中华民族文化的研究之中，科学技术的进步也让信息的获取和传递速度成倍增加。现在获取一篇论文、一份资料的速度哪怕放在几年前都是无法想象的，更是20

---

① 习近平：《决胜全面建成小康社会夺取新时代中国特色社会主义伟大胜利》，北京：人民出版社，2017年，第42页。

世纪的学者无法企及的。老一辈学者所期盼的未来，在今天已经实现，他们的未来就是我们的现在。有如此丰富的新材料以及现代科技为考古人类学的研究打下了坚实的物质基础，党和国家的支持以及社会的关注提供了最为有利的就研究环境，这是中国学术史上从未有过的时代。在这样一个新时代，考古人类学不但能获得优厚的发展环境，更能助力于中华民族文化的研究和发展。未来已来，考古人类学将会在中国阔步向前，真正为建设中国特色的考古学和人类学学科体系做出应有的贡献。

　　总之，考古人类学在中国有着广阔且有利的发展前景，但不管考古人类学如何发展，都必须坚持两个关键问题，即物质和文化，这两个关键词与考古人类学紧紧地绑在一起，构成了考古人类学的研究基础，二者都不可偏废。这两个关键词正能体现出考古人类学作为架起人类学和考古学交融的桥梁，今后必将广泛地运用到这些学科的研究之中。

# 主要参考文献

（按首字母音序排列）

## 期刊文献

［1］陈沛照，袁芳.从《古代社会》看摩尔根的民族学思想［J］.湖北民族学院学报（哲学社会科学版），2016，34（01）：12-16.DOI：10.13501/j.cnki.42-1328/c.2016.01.003.

［2］陈雍.从类型学断代法到考古类型学——由蒙德柳斯《方法论》说开去［J］.华夏考古，2020（04）：116-128.DOI：10.16143/j.cnki.1001-9928.2020.04.011.

［3］陈胜前.文化历史考古的理论反思：中国考古学的视角［J］.考古，2018（02）：68-78.

［4］陈胜前.考古学研究的"透物见人"问题［J］.考古，2014（10）：61-67+2.

［5］陈胜前.中国考古学研究的范式与范式变迁［J］.中国社会科学，2019（02）：182-203+208.

［6］鄂·苏日台.呼伦贝尔民族文物的研究与认识［J］.内蒙古社会科学（文史哲版），1993（01）：68-71.

［7］费孝通.开展少数民族地区和与少数民族历史有关的地区的考古工作——在考古工作会议上的发言［J］.考古通讯，1956（03）：1-10.

［8］费孝通.中华民族的多元一体格局［J］.北京大学学报（哲学社会科学版），

1989（04）：3-21.

［9］高永久，赵志远.论民族交往交流交融与铸牢中华民族共同体意识的思想基础［J］.思想战线，2021，47（01）：61-70.

［10］葛承雍.文物图像与艺术历史［J］.美术研究，2013（03）：12-15.

［11］韩士连，贺万里.图像学及其在中国美术史研究中的应用问题［J］.南京艺术学院学报（美术与设计版），2011（05）：48-55+177.

［12］何星亮.关于构建中国特色的人类学与民族学的若干问题［J］.中南民族大学学报（人文社会科学版），2017，37（05）：73-79.

［13］梁钊韬，张寿祺.论"民族考古学"［J］.社会科学战线，1983（04）：206-213.

［14］里公.加强少数民族地区的考古工作［J］.考古，1958（10）：66.

［15］李晓斌，杨晓兰.人口较少民族的经济发展与民族关系调适——以德昂族为例［J］.贵州民族研究，2010，31（05）：91-98.DOI：10.13965/j.cnki.gzmzyj10026959.2010.05.011.

［16］李东红.边疆考古的民族视角与范式思考［J］.民族研究，2008（04）：66-72+109-110.

［17］李黔滨.关于对民族文物价值的认识——以贵州民族文物为例［J］.中国博物馆，2006（01）：3-9.

［18］李文钢.历史人类学研究中的历史与文化［J］.广西民族研究，2018（02）：112-119.

［19］刘海涛.论西方"历史人类学"及其学术环境［J］.史学理论研究，2008（04）：75-81+159-160.

［20］刘海涛.评述、反思与整合：西方学界当代"民族史学"观［J］.中央民族大学学报（哲学社会科学版），2018，45（06）：21-32.

［21］容观复.科学研究必须从最顽强的事实出发——评《论民族考古与"民族

考古学"》一文［J］. 中山大学学报（哲学社会科学版），1987（02）：139-

144+98.

［22］宋兆麟. 另一条考古之路——民族考古研究的回顾［J］. 史前研究，2004

（00）：85-90.

［23］宋兆麟. 民族文物鉴定诸问题［J］. 中国博物馆，2002（03）：37-39.

［24］宋蜀华. 从民族学视角论中国民族文物及其保护与抢救［J］. 中央民族大学

学报，2004（04）：36-41.

［25］石峰.“文化变迁”研究状况概述［J］. 贵州民族研究，1998（04）：5-9.

［26］苏秉琦. 关于重建中国史前史的思考［J］. 考古，1991（12）：1109-1118.

［27］孙竞昊，赵卓. 江南史研究的“新”与“旧”：从华南学派的启示谈起［J］.

浙江社会科学，2018（01）：112-116+126.

［28］童恩正. 南方——中华民族古文明的重要孕育之地（发刊词）［J］. 南方民

族考古，1987，1（00）：5-11.

［29］汪宁生. 论民族考古学［J］. 社会科学战线，1987（02）：315-320.

［30］汪宁生. 从原始记事到文字发明［J］. 考古学报，1981（01）：1-44+147-

148.

［31］汪宁生. 中国考古发现中的“大房子”［J］. 考古学报，1983（03）：271-

294+403-404.

［32］汪宁生. 从原始计量到度量衡制度的形成［J］. 考古学报，1987（03）：

293-320+397-398.

［33］王仁湘. 边疆考古与民族考古学［C］. 中国边疆考古学术讨论会论文摘

要.2005：103-106.

［34］王昭武. 谈民族学博物馆［J］. 民族学研究，1982（01）：283-287.

［35］王传. 华南学派史学理论溯源［J］. 文史哲，2018（05）：23-37+165-166.

［36］王毓川. 观者的世界——对图像学理论的反思［J］. 中国美术研究，2021

（01）：112–116.

［37］吴泽霖，张雪慧.简论博厄斯与美国历史学派［J］.民族学研究，1981
（01）：319–337.

［38］吴泽霖.关于少数民族文物的一点认识［J］.文物参考资料，1957（04）：
63–65.

［39］徐坚.民族考古学：定义问题［J］.江汉考古，2009（04）：49–55.

［40］夏鼐.什么是考古学［J］.考古，1984（10）：931–935+948.

［41］谢沫华，起国庆.论新时期中国民族文物的保护［J］.云南民族学院学报
（哲学社会科学版），2003（04）：51–54.

［42］杨堃.谈谈民族学博物馆学［J］.中国博物馆，1986（01）：28–33.

［43］张忠培.关于考古学的几个问题［J］.文物，1990（12）：27–31.

［44］张寿祺.关于"民族考古学"形成的时间与因素诸问题［J］.社会科学战线，
1988（01）：331–338.

［45］张胜冰.滇文化与民族区域文化［J］.思想战线，1993（05）：49–55.

［46］翟国强.北方草原文化南渐研究——以滇文化为中心［J］.思想战线，
2014，40（03）：18–30.

［47］查晓英.从民族史到人类学——童恩正西南考古的参照系［J］.社会科学研
究，2019（05）：193–200.

［48］赵宾福.走中国道路：建设中国特色中国风格中国气派的考古学［J］.考古，
2021（09）：3–11+2.

［49］赵轶峰.历史研究的新实证主义诉求［J］.社会科学文摘，2018（05）：
96–99.

［50］赵世瑜.结构过程·礼仪标识·逆推顺述——中国历史人类学研究的三个概
念［J］.清华大学学报（哲学社会科学版），2018，33（01）：1–11+193.

专著（含外文译著）

[1] 爱德华·埃文斯 – 普里查德著；冷凤彩译. 论社会民族学 [M]. 北京：世界图书出版公司，2010.

[2] 布赖恩·费根. 考古学与史前文明 [M]. 北京：中信出版社，2019.

[3] 布鲁斯·崔格尔. 考古学思想史 [M]. 长沙：岳麓书社，2008.

[4] 布鲁斯·G. 特里格. 柴尔德：考古学的革命 [M]. 北京：中国人民大学出版社，2020.

[5] 贝奈戴托·克罗切（B. Croce）著；傅任敢译. 历史学的理论和实际 [M]. 北京：商务印书馆，1982.

[6] 波珀著；杜汝楫，邱仁宗译. 历史决定论的贫困 [M]. 北京：华夏出版社，1987.

[7] 陈淳编. 考古学理论 [M]. 上海：复旦大学出版社，2004.

[8] 曹意强，麦克尔·波德罗等. 艺术史的视野 [M]. 杭州：中国美术学院出版社，2007.

[9] 理查德·豪厄尔斯著；葛红兵等译. 视觉文化 [M]. 桂林：广西师范大学出版社，2007.

[10] E.H. 卡尔. 历史是什么？[M]. 北京：商务印书馆，2009.

[11] 福柯著；杜小真编选. 福柯集 [M]. 上海：上海远东出版社，2003.

[12] 高永久等. 民族学概论 [M]. 天津：南开大学出版社，2009.

[13] 戈登·柴尔德著；方辉，方堃杨译；陈淳审校. 历史的重建：考古材料的阐释 [M]. 上海：上海三联书店，2012.

[14] 贡布里希（Ernst H.Gombrich）著；范景中译. 艺术发展史：艺术的故事 [M]. 天津：天津人民美术出版社，1998.

[15] 虎有泽，贾东海. 世界民族学史：1800—2000 [M]. 北京：中国社会科学

出版社，2017.

［16］汉斯·贝尔廷著；常宁生编译.艺术史的终结？［M］.北京：中国人民大学出版社，2004.

［17］霍斯特·布雷德坎普著；宁瑛，钟长盛译.图像行为理论［M］.南京：译林出版社，2016.

［18］J·勒高夫，P·诺拉，R·夏蒂埃，J·勒韦尔.新史学［M］.上海：上海译文出版社，1989.

［19］科林·伦福儒，保罗·巴恩著；中国社会科学院考古研究所译.考古学：理论、方法与实践［M］.北京：文物出版社，2004.

［20］科林·伦福儒，保罗·巴恩主编；陈胜前译.考古学：关键概念［M］.北京：中国人民大学出版社，2012.

［21］克利福德·格尔茨著；甘会斌译.烛幽之光：哲学问题的人类学省思［M］.上海：上海人民出版社，2017.

［22］林耀华.民族学通论［M］.北京：中央民族学院出版社，1990.

［23］林惠祥.文化人类学［M］.北京：商务印书馆，1991.

［24］李振宏，刘克辉.历史学的理论与方法［M］.开封：河南大学出版社，2008.

［25］李仰松.民族考古学论文集［M］.北京：科学出版社，1998.

［26］李晓东.文物学［M］.北京：学苑出版社，2005.

［27］绫部恒雄编；中国社会科学院日本研究所社会文化室译.文化人类学的十五种理论［M］.北京：国际文化出版公司，1988.

［28］罗泰著；吴长青，张莉，彭鹏译.宗子维城：从考古材料的角度看公元前1000至前250年的中国社会［M］.上海：上海古籍出版社，2017.

［29］刘莉，陈星灿.中国考古学：旧石器时代晚期到早期青铜时代［M］.北京：生活·读书·新知三联书店，2017.

[30] 摩尔根撰；杨东莼等译.古代社会 [M].北京：生活·读书·新知三联书店，1957.

[31] 麦克尔·赫兹菲尔德著；刘珩，石毅，李昌银等译.什么是人类常识：社会和文化领域中的人类学理论实践 [M].北京：华夏出版社，2005.

[32] 马修·约翰逊著；魏峻译.考古学理论导论 [M].长沙：岳麓书社，2005.

[33] 尼古拉斯·戴维，卡罗·克拉莫著；郭立新，姚崇新等译.民族考古学实践 [M].长沙：岳麓书社，2009.

[34] 彼得·伯克著；杨豫译.图像证史 [M].北京：北京大学出版社，2018.

[35] 容观复，乔晓勤.民族考古学初论 [M].南宁：广西民族出版社，1992.

[36] 宋兆麟.民族考古之路：我的治学生涯 [M].北京：商务印书馆，2018.

[37] S.肯德里克，P.斯特劳等编；王幸慧等译.解释过去，了解现在——历史社会学 [M].上海：上海人民出版社，1999.

[38] 泰勒著；蔡江浓编译.原始文化 [M].杭州：浙江人民出版社，1988.

[39] 涂尔干.宗教生活的基本形式 [M].北京：商务印书馆，2011.

[40] 托卡列夫，托尔斯托夫主编；李毅夫等译.澳大利亚和大洋洲各族人民 [M].北京：生活·读书·新知三联书店，1980.

[41] 童恩正.中国西南民族考古论文集 [M].北京：文物出版社，1990.

[42] 童恩正.文化人类学 [M].上海：上海人民出版社，1989.

[43] 王建民.中国民族学史（上 1903–1949）[M].昆明：云南教育出版社，1997.

[44] 王建民等.中国民族学史（下 1950–1997）[M].昆明：云南教育出版社，1998.

[45] 王恒杰，张雪慧.民族考古学基础 [M].北京：中央民族大学出版社，1999.

[46] 王明珂.华夏边缘 [M].上海：上海人民出版社，2020.

［47］王文光.中国民族史的历史人类学研究［M］.北京：社会科学文献出版社，
　　 2018.

［48］汪宁生.民族考古学探索［M］.昆明：云南人民出版社，2008.

［49］W.J.T. 米歇尔.图像理论［M］.北京：北京大学出版社，2006.

［50］夏建中.文化人类学理论学派：文化研究的历史［M］.北京：中国人民大
　　 学出版社，1997.

［51］伊恩·霍德，斯科特·赫特森著；徐坚译.阅读过去：考古学阐释的当代取
　　 向［M］.北京：北京大学出版社，2020.

［52］伊恩·霍德著；徐坚译.现在的过去：给考古学家的人类学指南［M］.北
　　 京：北京大学出版社，2020.

［53］伊曼努尔·列维纳斯著；王嘉军译.时间与他者［M］.武汉：长江文艺出
　　 版社，2020.

［54］云南省编辑组,《中国少数民族社会历史调查资料丛刊》修订编辑委员会
　　 编.云南民族文物调查［M］.北京：民族出版社，2009.

［55］亚当·沙夫著；张笑夷译.历史与真相［M］.哈尔滨：黑龙江大学出版社，
　　 2014.

［56］约翰·伯格，让·摩尔著；沈语冰译.另一种讲述的方式［M］.桂林：广
　　 西师范大学出版社，2007.

［57］杨泓.束禾集：考古视角的艺术史［M］.北京：中国社会科学出版社，
　　 2018.

［58］张光直.考古人类学随笔［M］.北京：生活·读书·新知三联书店，1999.

［59］张增祺.中国西南民族考古［M］.昆明：云南人民出版社，2012.

［60］张寿祺著；罗志欢，戴程志选编；东莞市政协编.张寿祺集［M］.广州：
　　 广东人民出版社，2017.

［61］张忠培.中国考古学：走近历史真实之道［M］.北京：科学出版社，1999.

［62］庄孔韶.人类学经典导读［M］.北京：中国人民大学出版社，2008.

［63］中国历史博物馆考古部编.当代国外考古学理论与方法［M］.西安：三秦出版社，1991.

［64］赵培中.吴泽霖执教六十周年暨九十寿辰纪念文集［M］.武汉：湖北科学技术出版社，1988.

［65］赵世瑜.小历史与大历史：区域社会史的理念、方法与实践［M］.北京：生活·读书·新知三联书店，2006.


## 外文文献

［1］ADAMS J W. Consensus, Community, and Exoticism［J］. The Journal of Interdisciplinary History. 1981, Vol 12, No 2, Autumn

［2］ASCHER R. Analogy in archaeological interpretation［J］. Southwestern Journal of Anthropology 1961(17).

［3］BURKITT M C. Prehistory: A Study of Early Cultures in Europe and the Mediterranean Basin［M］. Cambridge: Cambridge University Press. 1921.
－South Africa's Past in Stone and Paint. Cambridge: Cambridge University Press. 1928.

［4］BARTH F. Ethnic Groups and Boundaries: The Social Organization of Culture Difference［M］. Boston: MA, Little Brown. 1969.

［5］BROTHWELL D R. and HIGGS E S. Science in archaeology［M］. London: Thames and Hudson. 1963

［6］BINFORD L R. Archaeology as anthropology［J］. American Antiquity 1962(28).
－Archaeological systematics and the study of culture process［J］. American Antiquity. 1965(31).

–Mortuary practices: their study and their potential [ J ] . In J.A. Brown, 1971.

–An Archaeological Perspective [ M ] . New York: Seminar Press. 1972.

– For Theory Building in Archaeology [ M ] . New York: Academic Press. 1977.

–Nunamiut Ethnoarchaeology [ M ] . Now York: Academic Press. 1978.

–Willow smoke and dogs' tails: hunter gatherer settlement system and archaeological site formation [ J ] . American Antiquity 1980(45).

–Bones: Ancient Men and Modern Myths [ M ] . New York: Academic Press. 1981.

–Working at Archaeology [ M ] . New York: Academic Press. 1983; In Pursuit of the Past [ M ] . London: Thames and Hudson. 1983.

[ 7 ] CHILDE V G. Archaeology and anthropology [ J ] . Northwestern Journal of Anthropology, 1946(3).

–The Aryans: A Study of Indo–European Origins [ M ] . London: Kegan Paul. 1926.

[ 8 ] CLARK J G D. The economic approach to prehistory: Albert Reckitt Archaeological Lecture [ J ] . Proceedings of the British Academy 1953(39).

–The Earlier Stone Age Settlement of Scandinavia [ M ] . Cambridge: Cambridge University Press. 1975.

–Analytical Archaeology [ M ] . London: Methuen. 1968.

[ 9 ] COLES J. John Grahamc Douglas Clark: 1907–1995 [ J ] . Proceedings of the British Academy. 1997(94).

[ 10 ] COHN B S. Toward a Rapprochement [ J ] . The Journal of Interdisciplinary History. 1981, vol. 12, No.2, Autumn.

– History and Anthropology: The State of Play [ J ] , Comparative Studies in Society and History. 1980, Vol 22, No 2, Apr.

[ 11 ] DAVID N. and KRAMER C. Ethnoarchaeology in action [ M ] . New York:

Cambridge University Press. 2001.

[ 12 ] DAVIS N Z. The Possibilities of the Past [ J ] . The Journal of Interdisciplinary History. 1981, vol12, N0.2, Autumn.

-Integrating ethnoarchaeology: a subtle realist perspective [ J ] . Journal of Anthropological Archaeology. 1992(11).

[ 13 ] DANIEL G E. A Hundred Years of Archaeology [ M ] . London: Duckworth. 1950.

[ 14 ] EGGAN F. Social Anthropology and the Method of Controlled Comparison [ J ] . American Anthropologist, New Series, 1954, Vol. 56, No 5, Part 1, Oct.

[ 15 ] FEWKES J. Tusayan Migration Traditions [ M ] . Washington: Washington Government Printing Office. 1901.

[ 16 ] FAGAN B. Grahame Clark: An Intellectual Biography of an Archaeologist [ M ] . Boulder, CO: Westview Press. 2001.

[ 17 ] GOULD R A. Beyond analogy in ethnoarchaeology. In Explorations in ethnoarchaeology [ M ] . Albuquerque: University of New Mexico. 1978.

[ 18 ] GALLAY A. and HUYSECOM E. Ethnoarchéologie africaine.Documents du Département d'Anthropologie et d'Ecologie [ M ] . Geneva: Université de Genève. 1989.

[ 19 ] GINZBURG C. The Possibilities of the Past: A Comment [ J ] . Journal of Interdisciplinary History. 1981, Vol 12, No 2, Autumn.

[ 20 ] GOODMAN J. History and Anthropology [ J ] . Bentley, M, ed, Companion to Historiography, Routledge, 1997.

[ 21 ] GOMBRICH E H. Aims and Limits of Iconology, and his Symbolic images [ M ] . London, 1972.

[ 22 ] HANKS C C. An ethnoarchaeological approach to the seasonality of historic Cree

sites in central Quebec [ J ] . Arctic 1983(36).

[ 23 ] HASKELL F. History and its Images [ M ] , New Haven and London. 1993.

[ 24 ] HEIDER K G. Archaeological assumptions and ethnographic fact: a cautionary tale from New Guinea [ J ] . Southwestern Journal of Anthropology 1961(23).

[ 25 ] HOEBEL E A. Man in the Primitive World [ M ] . New York: McGraw-Hill. 1949.

[ 26 ] HEGMON M. Setting theoretical egos aside: Issues and theory in North American archaeology [ J ] . American Antiquity 2003(2).

[ 27 ] HODDER I. Symbols in Action: Ethnoarchaeological Studies of Material Culture [ M ] . Cambridge: Cambridge University Press. 1982.

[ 28 ] KHAN F. The potential of ethnoarchaeology with special reference to recent archaeological work in Bannu district, Pakistan [ J ] . In Living traditions: studies in the ethnoarchaeology of South Asia, B. Allchin (ed.), New Delhi: Oxford and IBH Publishing Co. Pvt. Ltd. 1994.

[ 29 ] KRAMMER C. Ethnoarchaeology. In Encyclopedia of Cultural Anthropology [ J ] . D. Levinson and M. Ember (eds.), New York: Henry Holt and Co. 1996.
–In Ethnoarchaeology: implications of ethnography for archaeology, New York: Columbia University Press. 1979, pp.1.

[ 30 ] KROEBER A L. The archaeology of California [ J ] . In Boas F. et al.1909.

[ 31 ] KUKILCK H. The Savage Within: The Social History of British Anthropology, 1885–1945 [ M ] . Cambridge: Cambridge University Press. 1991.

[ 32 ] KOSSINNA G. Die Herkun ft der Germanen [ J ] . Leipzig, Kabitzsch. 1911.
–Ursprung und Verbreitung der Germanen in Vor und Fr ü hgeschichtlicher Zeit [ J ] . Berlin, Lichterfelde. 1926–1927, 2 vols.

[ 33 ] KEM W. Death at Work A Case Study on Constitutive Blanks in Nineteenth–

Century Painting［M］, Representations X,1985.

［34］KAEGI W. and BURCKHARDT J. Eine Biographies［J］. Basel.1947(82).

［35］LONGACRE W A. Ceramic ethnoarchaeology: an introduction［J］. In Ceramic ethnoarchaeology, LONGACRE W A. (ed.), pp.1–10. Tucson: University of Arizona Press. 1991.

［36］MORGAN L H. Houses and House–life of the American Aborigine［J］, North American Ethnology U. S. Geological and Geographical Survey of the Rocky Mountain Region.1881(4).

［37］LONDON G. Ethnoarchaeology and Interpretations of the Past［J］. Near Eastern Archaeology. 2000(63).

［38］MACEACHERN A S. Symbolic reservoirs and cultural relations between ethnic groups: West African example［J］. African Archaeological Review 1994（12）.

［39］MURRAY T. and WHITE J P. Cambridge in the bush? Archaeology in Australia and New Guinea［J］. World Archaeology. 1981（13）.

［40］MULVANEY J. Grahame Clark in the Antipodes［J］. In Arkadiusz Marciniak. John Coles (eds.) Grahame Clark and His Legacy. Newcastle upon Tyne: Cambridge Scholars Publishing. 2010.

［41］MARCINIAK A.and COLES J. Preface［J］. In Marciniak, Arkadiusz. Coles, John. (eds.) Grahame Clark and His Legacy. Newcastle upon Tyne: Cambridge Scholars Publishing. 2010.

［42］MELTZER D J. Paradigms and the nature of change in American archaeology ［J］. American Antiquity 1979(44).

［43］MURPHY E. Ethnohistory: Unsettling Knowledge［M］. The University of Michigan Press. 2011.

［44］MONTELIUS G O. Der Orient und Europa［M］. Akademie der schönen

Wissen–schaften, Geschichte und Alterthumskunde. 1899.

[ 45 ] ORTNER S. Theory in Anthropology Since the Sixties [ J ] . Comparative Studies in Society and history. 1984, 26(1).

[ 46 ] OHNUKI–TIERNEY E. Culture Through Time: Anthropological Approaches [ M ] . Stanford University. 1990.

[ 47 ] PUTNAM, Reason Truth and History [ J ] . et, GOODMAN N. Way of Worldmaking, Indianapolis 1978.

[ 48 ] PANOFSKY E. Studies in Iconology [ M ] . New York. 1939.

[ 49 ] REISNER G A. The Archaeological Survey of Nubia, Report for 1907–1908 [ J ] . Cairo: National Printing Department.1910(2).

–Excavations at Kerma, I–IIL [ J ] . Boston, MA, Harvard African Studies.5. 1923.

–Excavations at Kerma, N–И [ J ] . Boston, MA, Harvard African Studies 6. 1923.

[ 50 ] RAJENDRAN S. Legendary Archaeologist Lewis Binford Passes Away [ J ] . The Hindu. 2011, Apr.

[ 51 ] ROBB J E. The archaeology of symbols [ J ] . Annual Review of Anthropology. 1998(27).

[ 52 ] RALPH L B. An Introduction to Anthropology (5th edition) [ M ] . New York: Collier Macmillan Publishers. 1977.

[ 53 ] RIVERS W H R. The History of Melanesian Society [ M ] , Cambridge University Press, 1914 (I)

[ 54 ] STANISLAWSKI M B. Ethnoarchaeology of Hopi and Hopi–Tewa pottery–making: styles of learning [ M ] . New York: Columbia University Press.1977.

[ 55 ] STASKI E. and SUTRO L D. The ethnoarchaeology of reuse disposal [ J ] .

Anthropological Research Papers 42. Tempe: Arizona State University. 1991.

[56] STEWARD J H. Theory of Culture Change [M]. Urbana: University of Illinois Press. 1955.

[57] STURTEVANT W C. Anthropology, History, and Ethnohistory [J]. Ethnohistory. 1966, Vol 13, Issue 1/2, Winter/Spring.

[58] SPENCER W B. Guide to the Australian Ethnographical Collection in the National Museum of Victoria [M]. Melbourne: Government Printer. 1901.

[59] THOMSON D F. The seasonal factor in human culture [J]. Proceedings of the Prehistoric Society 1939(5).

[60] TRIGGER B. A History of Archaeological Thought [M]. Cambridge: Cambridge University Press. 2006.

[61] TAINO. voyage en Italie [M]. Paries. 1965.

[62] VOSSEN N. Ethnoarchaologie: ü ber die Enstehung und Zielsetzung einer neuen Wissenschaft [J]. Ethnographische–Archaologische Zeitschrift. 1992 (33).

[63] WILLETT F. Ife in the History of West African Sculpture [M]. London, Thames and Hudson.1967.

[64] WYLIE M A. The reaction against analogy [J]. Advances in Archaeological Method and Theory 1985 (8).

[65] WASHBURN S. Social life of early man [J]. Viking Fund Publications in Anthropology, Chicago: Aldine. 1961..

[66] WAGNER P. Reading Iconotexts: From Swift to the French Revolution [M], London, 1995.

# 后　记

　　本书所要讨论的问题早在 2018 年时就已经提出，最开始是发现民族考古学的理论太过于杂乱，想要做一篇文献综述进行梳理，但慢慢发现民族考古学的理论争论太大，甚至路径不一，就连"民族考古学"的译法都存有疑问，因此逐渐产生了对这个问题进行深入讨论的想法，然后便是资料收集、理论梳理、路径建构等一系列工作。而之所以迟迟没有动笔，一是由于我们自身的知识储备严重不足，无法支撑对这个问题的研究；二是其中的一些逻辑问题我们自己也很难给出较为合理的解释，尤其是对"文化情境"的分析实在难以理清思路。在这一点上，我们对社会学和人类学的学习提供了极为重要的帮助，"文化情境"可以通过社会结构所表现出来，而社会结构则又反映在了遗迹遗物、古籍文献等资料中，所以如果能透过社会结构来分析文化情境，并将文物置入到特定的文化情境中，或许可以得出更为准确的结果。

　　为此我们做了一些实验，书中提到的大鹏金翅鸟研究就是一次具有代表性的实验。我们将大鹏金翅鸟拿给不同的访谈对象观看，并通过访谈对象的理解试图统计出在相同文化情境及不同文化情境下的访谈对象的看法，以证明不同文化情境对同一事物会产生不同的理解，并且加以证明历史上不同的文化情境会有不同的理解。这似乎是一个不需要验证的问题，因为我们都知道文化情境不同，理解事物自然也不同，就像东西方文化中对

"龙"的理解就完全不一样。这看似简单的问题，却有很多需要解释的地方，就像如何界定文化情境的边界、文化认同与文化情境的关联、不同文化情境中的相同认识，以及同一文化情境中的不同认识等等问题都需要理清思路，才能真正回答"物如何归于其境"这一问题。

我们一起抽丝剥茧地分析每一个问题，跨学科的研究贯穿于本书的写作过程之中，当然也多次走入死胡同，陷入无休止的逻辑悖论。这也是一件好事，因为随着一个又一个问题的解决，我们的博士学位论文也初见端倪，所以本书的一些观点和内容，也可见于我们的博士学位论文中。因此这项研究是和我们的博士论文相互配合的，或者说这项研究就是我们博士论文的链接点和助推器，本书的研究为我们博士论文的写作提供了实验的空间，如果用理工科的话来说，本书就是我们博士论文的实验室。现在我们已经把这个实验室搭建起来并呈现到读者面前，如果有可能，我们可以一起来继续完成后续的"物归其境"实验，尝试将资料置入到特定的文化情境中，看看会得出什么样的结果，当然所置入的资料并不一定是文物，也可以是文献、神话、图像等等一切需要研究的对象。在这一过程中，发现并解决更多的问题，以进一步完善考古人类学的理论和方法。

其实到本书成稿时，我们依然认为还有很多问题没有解决，远达不到我们的期望，甚至在极为悲观的时候，我们找不到研究的意义为何。但我们仍然认为，每个阶段有每个阶段的水平，在遵循学术发展规律的同时，也要积极表达自己的观点，才能引起讨论或是批评，哪怕是批评也不要怕，因为只有这样才能促进学者的成长。所以我们还是决定将这本书付诸出版，一是想表达我们对这个问题的看法，希望引起进一步的讨论，二是也希望借由读者对我们的批评，让我们认识到自己的不足甚至是错误，为接下来的研究打好基础。不管怎样，这本书反映了两位年轻学者当前的学术状态。

这本书的完成，是建立在大量文献资料的翻阅和与老师们的讨论之上，这些名字都出现在了注释之中，所以在写作的过程中，再一次被前辈们的学识所折服，自叹不如的同时，也有了标杆和前进的方向。

最后，必须借用后记的篇幅，来表达一些感谢。

首先感谢云南大学历史与档案学院文物与博物馆学系、民族学与社会学学院民族学系及社会学系的老师们，为我们的研究提供了莫大的帮助，包括在数次的读书会、答辩及讲座中提出的建议都为我们解决一些问题提供了新的思路，云南大学的"理解中国"项目也为我们提供了田野调查的机会和资金的支持。当然更重要的是学院在我们硕士和博士阶段对我们的培养，以及学院里各位老师的治学精神，都深深影响了我们，作为我们博士论文产出的成果之一，必须要对云南大学的培养致以谢意。

其次感谢云南财经大学旅游与酒店管理学院文化产业系，为我们的写作提供了极大的支持和便利，也在和同事们的相处中得到了很大的鼓励和些许放松，能够全身心地投入稿件的校订工作中。

最后，对在我们的研究过程中给予种种帮助的家人、朋友、同学表示衷心的感谢，谢谢你们给予我们的帮助和鼓励。

成稿之际，也是新征途的开始，我们将会继续把文化研究进行下去，最重要的是，不能一直停留在理论的分析和逻辑的架构上，而是要把论文写在大地上，用我们所理解的理论和方法，真正投入实践中。如果说本书是集中在理论层面的探讨，那么下一步研究就是在实践中展开，利用实践来补充和完善理论，进一步挖掘文化，理解中国。

王毓川　田雪青
2022 年书于云南财经大学齐远楼